Beatrice Velarde

INDIA
EL LATIDO DEL VACÍO

India. El latido del vacío
Primera edición, Lima, octubre de 2016
Segunda edición, Lima, mayo de 2018

Fotografía de la portada: Beatrice Velarde
Diseño de portada: Daniela Svagelj

El gran camino no es difícil para
aquellos que no tienen preferencias.

Sosan

Índice

Prólogo

Cuando la conocí ella era una chica intrépida. Demasiado intrépida para el gusto de las mayorías, para las expectativas de una mujer limeña. Su profesión, fotógrafa, le calzaba como un guante a la chica artista y por extensión errante. A la chica de los rizos dorados a veces cortados al ras y la silueta fuerte pero voluptuosa. Beatrice desde muy joven es tomada por una fuerza centrífuga que la aleja en forma cada vez más recurrente de Lima y el confort de la vida hogareña. Ella viaja con demasiada frecuencia y lo más que se acerca a sus raíces es a la periferia. Eso que ella buscaba en países lejanos, era quizá despojarse de esquemas preconcebidos y del corsé de un sistema de valores que nos han impuesto. Es en el anonimato del viaje que se prescinde del qué dirán para encontrar el camino hacia el interior de uno mismo, a la vacuidad del ser. Búsqueda por la cual ella emprende un largo viaje al Oriente, a la India, el país del misticismo milenario; el país también de los contrastes más delirantes, de las castas y proliferación de dioses. País de climas y paisajes extremos donde se reconcilian las paradojas y donde a eso que llaman Dios y que abarca el sentido de todo se le representa despojado de atavíos como el supremo vacío. Retornar a esa experiencia primigenia era, quizás, el secreto imán que a Beatrice la impele.

Ella realiza dos viajes a la India; el segundo diez años después. En el primero describe una experiencia más existencial, la confrontación tangible con este mundo abarrotado de colores y fragancias, de excesos y privaciones que la sorprende a cada paso y donde por ser una mujer joven, occidental y trashumante, despierta la curiosidad sin tapujos de los lugareños; una curiosidad impúdica y acuciante. Eso era algo mortificante y a la vez extrañamente perturbador; ser con impunidad un fetiche ambulante del deseo. Internarse en parajes remotos y fuera de los circuitos civilizados apenas con nociones rudimentarias del inglés y nada de las lenguas vernaculares era casi descabellado, pero Beatrice, imbuida del manto protector de su convicción y desparpajo, pudo recorrer una parte considerable del subcontinente indio sin sufrir algún serio percance. A ratos al control de su loca travesía, a ratos a la deriva como un náufrago la Bea viaja en tren, a pie, o a lomo de camello; lo que sea que la transporte, siempre al encuentro de lo que venga, de la sorpresa y el encanto y el desencanto.

En su segundo viaje, podríamos decir que ella se traslada en una ruta más acorde con su búsqueda como una conciencia vigilante, interpretando los sucesos en su sentido simbólico o interno. Un episodio culminante en su travesía ocurre cuando es aceptada por un grupo de sadhus, anacoretas errantes emancipados de las castas y de las ataduras terrenales. A orillas del sagrado río Ganges que se lleva todos los desechos de sus habitantes, hasta las cenizas de los muertos, y a pesar de la barrera del idioma, ella convive con el grupo de ascetas bajo la sombra de una gran higuera de Bengala durante setenta y siete días con sus setenta y siete noches. Junto a ellos, Beatrice trasciende su condición de género y deja atrás todo rastro de identidad como parte de su propia búsqueda del vacío, que la lleva a estados inéditos de conciencia marcando un antes y un después en su vida en adelante.

En las postrimerías de su viaje llega hasta los Himalayas, donde cohabita con los monjes budistas entre pía e irreverente, sin suscribirse a nada, pero observando, siempre observando, como un centinela en el sueño. ¿Habrá alguna vez un despertar?, ¿será eso posible?

En todo caso, este libro es la narración de un viaje ambivalente, que oscila entre lo externo y lo interno, en un lenguaje que ingresa con frecuencia al *stream of consciousness* que experimenta la literatura en el famoso monólogo interior de Molly Bloom, al final del *Ulises* de James Joyce. Beatrice Velarde es una mujer fuera del *stablishment* literario de Lima y ajena a las preocupaciones locales de sus escritores. Ella nos deja en este libro su recorrido impreso con un lenguaje lúdico y hasta sarcástico, vital y desenfadado que fluye como el río, y que viene a ser como la taquigrafía de su propio latido.

Gonzalo Pflücker

El *trip* que relata este libro empezó en India y se prolongó en mi mente. Los personajes que aparecen son todos reales, así como las situaciones y escenarios mencionados. Muy pocos nombres han sido cambiados.

El libro, por cierto, se escribió solo. Teniendo en cuenta que toda verdad es relativa, yo simplemente interpreté lo que percibí y de la única manera que me provocó hacerlo, jugando con lo más intangible de este mundo globalizado: el verbo, el proverbio y la metáfora.

En primer lugar, no puedo dejar de agradecer a Alessandra Pinasco, quien me acompañó desde los tropiezos de la escritura hasta el devaneo de la literatura. A mi madre, Ángela de Velarde, quien se ocupó de mis asuntos mundanos cuando estos fueron apareciendo mientras yo me encontraba ausente. A mi taita, Luis Pedro Velarde, por enseñarme los valores y la ética que hasta el día de hoy me hacen mejor persona. A mi hermano, Álvaro Velarde, por su incondicional presencia y acertados consejos. A Jose Ugaz, por sus palabras de aliento cuando las cosas se ponían peludas, y por apoyarme a través de los océanos en todo lo que estuvo a su alcance. A Mahant Upendra Giri Maharaj Naga Baba, por enseñarme a vivir bajo un árbol en absoluto desprendimiento. A Kenneth Dawson, por ser un amigo de lujo y mi conexión a tierra en la India. A Martín Tagle, por rescatarme y salvarme la vida cuando mi salud se vio afectada. A Gonzalo Pflücker, por su inquebrantable lealtad y valiosa ayuda a lo largo de la redacción de todo el libro. A Antonio Cisneros

—Q.E.P.D.—, por alentarme a escribir mis historias. A Fernando Ampuero, que aportó una gran cantidad de ideas y me ayudo a expurgar, página a página, toda expresión de lugar común. A Alberto Graña —Q.E.P.D.— y a Raúl Schiappa-Pietra, por el invalorable apoyo en la traducción y revisión de textos. A la Embajada del Perú en Nueva Delhi —que me brindó refugio y me facilitó la logística en ambos viajes—, en especial al ministro Paul Duclos del Servicio Diplomático y al embajador Javier Paulinich; junto a ellos al embajador Jorge Castañeda, de la Embajada de Perú en Bangkok. A Daniela Svagelj, por su generosa creatividad. A Harumi Kuwae, por su colaboración perenne y silenciosa. A Lino Bolaños, que corrigió minuciosamente todo lo que al corrector se le pasó. A Martín Balarezo, cuyo apoyo fue clave para publicar la segunda edición. A todos los amigos que de alguna manera son parte de este episodio de mi vida, en especial a Isaac Vásquez, Carlos Abril, Milagros Bellido, Marianne Blanco, Renzo Uccelli —Q.E.P.D.—, Tammy Gordon, José Francisco Giraldo, Ximena Ramírez, Juan Miguel Marthans, Fray Hugo Mejía, Fernando Berckemeyer, Martín Pujazón, Lucio Salazar, Duilio Vellutino, Heinz Plenge, Armando Muñoz y Leonardo Gonzales.

Al San Pedro, que no solo me entregó las llaves del cielo, sino que me abrió las puertas de mi mente. Al XVII Karmapa Ogyen Trinley Dorje, por darme como soporte su mente vacua. A mi muerte, que me acompañó sin poseerme. A Yin Yang, por su silenciosa presencia. A Punta Hermosa, que una vez más me acogió para aislarme del mundanal ruido. De igual manera a Ollantaytambo; gracias, barrio ollantino. Gracias, Apu Pinkuylluna. Gracias, Mahakala.

14

¿Por qué a la India?

Voy a la India para aprender a jugar, para no ponerme seria. Me había empezado a creer la película cuya trama se basa en la búsqueda del prestigio y la estabilidad económica. Un argumento que envuelve, estrangula y arrastra a sus protagonistas a mundos rutinarios, alejados de la propia naturaleza humana.

De manera constante, la sociedad nos crea necesidades «reales», nos abruma con ofertas cada día más apetitosas, placeres mundanos y efímeros a los que caemos rendidos. No obstante, la búsqueda por consentirlos no es la única causa de mi insatisfacción. Mi mente me traiciona constantemente.

Desde niña uso los ojos para juzgar el mundo, lo visto con atributos que proyecto en torno a este. Me paso la vida hablándome a mí misma de cómo es esto y aquello, de lo que está bien o está mal. Catalogando a las personas. Adjudicando cualidades y defectos. Cuando termino de hablar conmigo misma, el mundo sigue siendo como yo lo veo. Lo he renovado, lo he encendido de vida, lo sostengo con mi conversación interna. Como la mayoría, pienso que estoy en contacto directo con la realidad cuando solo estoy en contacto con palabras.

Necesito romper con mi historia personal, borrarme a mí misma, poner mi mente sobre una mesa con todas sus interpretaciones, su contaminación afectiva y su interferencia intelectual. No estoy dispuesta a clasificarme o etiquetarme ni menos meterme en un molde, aunque sea construido por mí misma.

La vida me ha regalado momentos de claridad mental, me ha mostrado el *awareness*, incluso me ha dado el *software*. He tenido la suerte, la responsabilidad de ello, y aunque intento tenerlo siempre presente y de recordarlo, no siempre lo logro. He tocado las teclas de mi mente pero me falta la partitura, la constancia.

Occidente no me proporciona una pauta que me proteja de mis propios demonios. Es más, atenta contra mi estabilidad y claridad mental; mientras que del Oriente me llegan textos budistas que hablan del punto de vista correcto y del discernimiento desapasionado, en el cual todo fluye libremente en un proceso constante de ir y venir, de crecer y padecer, de surgir y desaparecer, donde la mente se libera del velo de sus propias proyecciones y descansa en aquello que Es, sin demostrar ni debatir nada. Liberación que elimina hasta la sensación de libertad.

Está claro que India representa otra mera proyección, donde el budismo encarna apenas una minoría. Pero en su conjunto, y a pesar de sus conocidas contradicciones y ambigüedades, encarna una interpretación completamente distinta y opuesta a la que estoy acostumbrada. Necesito verla, sentirla, dejarme abrazar por ella.

Desgraciadamente me sobran expectativas. Sin embargo, pienso dejar que todo fluya con la actitud del guerrero, atenta y diligente. Tomar todo con atención y nunca dar la espalda. Estar consciente en cada momento, sin rebuscar donde no hay o creo que hay. No perderme en caminos intrínsecos ni alinearme a ninguna doctrina política, religiosa, libertina o pudorosa.

Estar abierta y preparada, recibir las confrontaciones, vaciarme, darme cuenta y estar siempre en presente; ser parte del cambio que tarda en venir y quizá nunca llegue.

Beatrice Velarde

PRIMERA PARTE

Inicio

You're married? Are you married? Which country, madame? Can I help you? Tired? Massage? Where are you going? Taxi? Which guest house, madame? Son las cuatro de la madrugada. Estoy sola, cansada y aturdida. Todo el mundo me habla. Entiendo la décima parte, por darme la parte. No tengo guía ni direcciones, menos un mapa. Ninguna idea. Me cruzan turbantes, altos y variados, vivos colores, niñas vestidas como para ser bautizadas. Demasiadas pulseras y collares haciendo ruido. Mendigos, leprosos y zarrapastrosos. Me tocan muñones. Un ejército de empleados transporta baúles de latón. Algunos calatos limpian el piso con plumas de pavo real. Necesito salir de aquí, pero un par de búfalos bloquean las puertas de salida.

Raj Bajaj, el guía de una agencia de viajes que me iba a esperar, no está. He perdido todas mis conexiones y no tengo idea de qué día es. ¿Será el día en que pensaba llegar? El aeropuerto de Delhi parece enloquecido. ¿O es mi cerebro? No, este solo está adormecido. Cambiemos dólares, me digo.

—Ser, plis, *change money*.

—*There*.

Vaya, me ligó, estoy en «algodón». Pasaporte, rúbrica. ¡Cuántas rupias! ¿Pareceré rica o solo comprando pan en el gobierno de Alan García?

21

—Ser, I nid Domestic Airoport.

—*It's this bus, madame.*

Esto no es tan complicado, algo entiendo. Estoy que me desempeño.

Va a amanecer y el bus no parte. ¿Será el precio oficial lo que me están cobrando o me habrán visto la cara de gringa?

—Esquiusmi, Domestic Airoport?

—¡Chelo! ¡Chelo!

¡Aló! ¿Eso no es inglés, no? ¿Qué me estarán diciendo? Mejor espero. Sigo esperando. Y continúo esperando. Me corto las venas. Ya no hay más sitio, señor. ¡Vamooos! ¿Cómo se lo digo en inglés? Estoy que me duermo. Ni se te ocurra. ¿Cuántos bultos tengo? Tres: mochila, equipo fotográfico y bolsita para la plata. Precauciones y apegos al por mayor.

Ya, pues. Me estoy desesperando. ¡Señooor, le pago los espacios que faltan! Pero ¿qué espacios? Si estamos peor que en las películas indias, ya ni en el techo cabe más gente. Ubícate, mujer, estás mochileando, hay que guardar pan pa' mayo. Además, cuál es el apuro, tú crees que estás en Lima, que las combis asesinas te persiguen.

Vaya, esta cosa arranca. ¿Qué hora será? ¿Y cómo se pregunta eso? Algo con taim. En realidad, no tiene mayor importancia. Pero qué feo todo esto, qué sucio.

—*Madame,* Domestic Airport.

¿No me alcanzan las rupias?, ¿aquí no cambian *travellers checks*?, ¿tampoco dólares? De vuelta al International Airport. Qué trote. El primer bus, una osadía, pero tres, qué exceso. Además, el mismo. Bah, ya estoy en el avión. No tomaré más aviones.

—*Coffee, madame?*

—No, gracias, eso sí me mata. *Sorry, no, thanks!*

En inglés, querida. Acostúmbrate, además no es tan difícil. Si es universal, debo llevarlo en el inconsciente. A ver, Beatriz, practica, concéntrate, *conversation*. Sonrío. Me viene a la memoria el rostro de mi abuela, caminando de mi brazo al Centro de Idiomas de la Católica, tan linda ella, siempre me acompañaba. La recuerdo sentada en primera fila y volteando hacia mí cada vez que el *teacher* decía *conversation*. «Yo contigo, yo contigo», me pedía mi abuela. La Lula, todo un personaje. Salí aventurera como ella; despistada como mi padre; bembona como los Velarde; meticulosa como mi madre.

Y el amor de mi vida: Aquelito, que me llevó tomada de la mano al aeropuerto Jorge Chávez, que me escribió frasecitas en inglés para que me entendiera con el indio de la agencia de viajes que de nada han servido. Qué reveladora su última mirada, tanta tristeza y firmeza inquebrantable expresada en una sola mueca. Sus labios carnosos, su grueso bigote, su peruanidad al andar, su collar de piedras verdes, sus horribles *top siders*. Me pregunto si es amor verdadero o puro ego. Se prende el aviso de abrocharse los cinturones. El avión empieza a descender.

Udaipur. Estado de Rajasthan. Noroeste de India. *Where are you going, madame? Can I help you? Which country? Your name? Are you married? You're married?* Cazaclientes. Choferes de rickshaws (mototaxis) que te persiguen. Gente que te sigue. Todos te quieren hablar; si es posible, tocar. Ojos maliciosos. Sonrisas traicioneras. Acoso por los cuatro lados.

Me zambullo en un taxi blanco, modelo Ambassador británico

de los cincuenta. Le doy al conductor el nombre del hotel que Linda —mi compañera de viaje, una peruana que partió antes que yo y con quien debo encontrarme— ha escrito en mi bitácora. En el trayecto, imágenes nuevas y apetitosas me embriagan, cada una se fusiona en la siguiente, me alejan de mi pasado inmediato. El calor y el efecto de ilusión óptica que crea en la carretera sin asfaltar, el verdor hiriente de los campos que la rodean, mujeres con saris y cántaros sobre la cabeza, campos de mijo, muchachas recogiendo cosechas.

Dejo mi equipaje y salgo a echar un vistazo. Cuántos elefantes convertidos en lienzos de más de un artista. Palacios de cuentos de hadas, fortalezas en la cima de algunas montañas, hombres de la mano con pantalones ajustados —tan ajustados que parecen salidos del ballet clásico—, vacas deambulando por aquí y por allá. El lago Pichola, creado artificialmente para que los maharajás cazaran patos, abarca parte del paisaje. Sobre sus aguas, un prodigio de mármol blanco y piedras preciosas ocupa un islote: la famosa Jagniwas Island, otrora residencia de verano del maharajá, construida en 1754. La recordaba con el despliegue propio de *Octopussy*, la película de James Bond filmada allí. A su lado emerge otra isla palacio que, según entiendo, era la designada a los pícnics del soberano. La sola imagen me transporta a los pícnics de mi infancia en La Herradura, con sanguchitos de huevo duro. Se llama Jagmandir Island y está flanqueada por una hilera de enormes elefantes de piedra. Según las tradiciones religiosas de los hindúes, son ocho elefantes los que sostienen el universo. Pregunto por el City Palace, el lugar acordado para el encuentro con Linda. Lo contemplo desde lejos: multitud de balcones, torres y cúpulas delatan la influencia mongol. A lo lejos, sobre una colina, otro palacio destaca. Se dice que estos fueron construidos durante el apogeo de los maharajás, cuando el cincuenta por ciento del tesoro nacional lo destinaban a sus gastos personales y a los de su corte. Son un emblema de la riqueza del país, sin igual en la historia de la realeza europea.

La vista amerita tomar asiento. A orillas del lago abro mi primer libro, *Pueblos y enigmas de Oriente* de Herbert Kirsch. Busco «India» y automáticamente quedo enganchada con las extravagancias de los maharajás. El texto habla de los tiempos dorados, con fotógrafos retratando mujeres bellas y solteras que luego el maharajá seleccionaba. Cómo sus agentes despilfarraban esfuerzos, intrigas y gigantescas sumas en la «colección de bellezas». Otros maharajás dedicaban sus ocios a coleccionar automóviles, alguno llegó a reunir trescientos coches procedentes de todas partes. Ningún capricho les parecía demasiado caro. La casa Rolls Royce recibía los encargos más extraños. Tenía que fabricar coches cubiertos de oro o plata y tapizar el interior con joyas y brocados. Cierto rey mandó construir un coche en forma de cisne y enchapado en oro; otro encargó empotrar en su interior un armónium, donde el músico de la corte ejecutaba las melodías favoritas del soberano indio.

Así eran los maharajás, tan fabulosamente ricos que, en sus viajes al extranjero, se hacían reservar para sí y para su corte hoteles enteros. Por exigencia de uno de ellos, en un hotel en Londres, tuvieron que quitar el tapizado de cuero de todos los asientos. El indio era devoto y jamás se hubiera sentado en una silla tapizada con la piel curtida de un animal sagrado como es la vaca. Algunos príncipes hindúes llevaban en sus viajes toneles enteros de agua del sagrado río Ganges; otros echaban tierra de la patria en un rincón de la habitación del hotel para poder hacer sus oraciones en suelo indio.

Qué épocas. Cierro el libro y me dejo abrazar por el romanticismo del lugar. Permanezco un tiempo indefinido sin hacer nada más que contemplar la panorámica. Mi estómago empieza a protestar, así que decido consentirlo. Recorro algunos restaurantes, reviso las cartas. No entiendo nada. Me acerco a los quioscos que abundan entre las retorcidas calles. Miles de *sachets* cuelgan. Parecen preservativos. ¿Serán? No los creo tan liberales. Le señalo unas galletitas al encargado. Qué horror, qué malas son. Dos más, por favor, le digo con señas al enturbantado. Rodeo el lago y me detengo en las escaleras donde las mujeres se bañan vestidas o lavan a golpes cestos de ropa sucia. Algunas exhiben el busto, luego de echar jabón a la blusa que minutos antes llevaban puesta. Qué bellas, qué morenas, qué miradas que tienen. Les voy a sacar una foto. Parece que no les gusta. Cómo gritan, no las entiendo. Mejor me voy.

Por las calles, bazares y apretujadas tiendas venden de todo. En cada una de estas, el piso está acolchonado con quién sabe qué y cubierto con pulcras telas blancas. Las mercaderías, perfectamente acomodadas, se exhiben de techo a piso con cierto horror al vacío. Los clientes, al igual que el vendedor, se descalzan antes de entrar. Termos, teteras y tazas abundan por doquier. La compra y venta parece darse en torno al tradicional chai —una bebida que lleva té negro, leche de búfala, cardamomo, clavo de olor, canela y jengibre—. No existen sillas, no las usan. Todos se sientan con las piernas cruzadas sobre la manta blanca. Algunos voltean a sonreírme, me ofrecen algo, me dicen algo. Yo les esbozo una sonrisa, bosquejo mentalmente una historia, por si algún día la escribo.

De pronto, una cabina de Internet me «hace ojitos». Entro para compartir mis primeras impresiones. Adentro está Linda.

—Linda, hola, ¿cuándo llegaste?

—Ayer. Te estuve esperando, habíamos quedado en encontrarnos. Vas a tener que pagarme el taxi.

—Está bien. Pensé que era esta tarde. Qué gusto verte, ¿qué tal tu viaje?

—San Francisco, alucinante, no te imaginas. Pero mis maletas se perdieron de salida. Conocí a otra peruana allá, Miranda. Se ha unido a nosotras, llega hoy. ¿Y tú?, ¿qué tal tu viaje? ¿Qué tal Hamburgo? ¿Y tu amiga?, ¿cómo la encontraste?

Miranda llega con maleta de rueditas. Divina ella. Instaladas las tres en un cuarto, intercambiamos sensaciones. Linda vino por Estados Unidos; yo, vía Europa; Miranda, creo, por China. Una ruta algo extraña para mi sentido común de hoy. Finalmente, las tres peruanitas en la Venecia del Oriente.

—Qué barato todo, ¿no?

—Linda, el detergente que me pediste. Son cinco euros con cincuenta, en dólares no sé, hay que ver.

—¿Tanto? ¿Por qué tan caro?

—Me lo pediste cuando estaba en Alemania, allá todo está carísimo.

—Acá los detergentes son una mierda —sostiene Linda, que lleva dos semanas en India, de retiro en un ashram (centro de meditación)—. Le han hecho hueco a mi polo preferido. ¿Acaso no han visto como lavan su ropa? ¡A machetazos!

—Para qué quieres poner el mosquitero, Linda, si no hay

mosquitos. ¿Dónde lo vas a colgar si no hay ni un clavo?

—En el ventilador, ya que lo he cargado, lo uso.

—Linda, por favor, ¿por qué mejor no prendemos el ventilador? Hace calor.

—Ay, no fundas, Beatriz. Necesito meditar. Por favor, un rato de silencio.

—*Okey*, meditemos todas. Ommmmmmmm. Qué larga la hacen, carajo. Me muero por un lomo saltado.

La primera cena es de reyes, como un modo de estar a la altura del lugar. En la azotea del *guest house*, y con vista al lago, degustamos los nuevos sabores y sinsabores indios. Mis compañeras me traducen la carta, solo la sección vegetariana, porque ambas son veganas.

Nuestros días transcurren de tienda en tienda. Horas de horas con cada vendedor. Compartimos jarras de té, descubrimos sus artimañas, respondemos a sus preguntas y a sus insinuaciones. Las horas de compras se intercalan con fotos y con descubrimientos de aquel nuevo mundo. ¿Por qué todos escupen rojo? ¿Será tuberculosis? ¿Qué son esos *sachets?* Anda, Miranda, pregunta. ¿Compramos uno? ¿Esos son dulces? ¿Probemos? Qué ricos, qué grasientos. Disculpe, señor, ¿desea dulces? Observen a ese hombre, nos sigue desde hace horas. Qué importa, no lo mires. Cuida tu cámara. Miren, un corso. ¿Por qué tan seria la mujer del elefante? Es una boda. Ah, con razón.

Seguimos el cortejo, detrás de las damas que cargan sobre sus cabezas vasijas de cerámica finamente pintadas y adornadas con flores. Todos parecen felices, menos la novia. Seguro que la están casando con un desconocido. Una mártir más de los matrimonios arreglados. Beatriz, ¿qué estás tomando? ¿Fotos o *slides*? ¿Estás en color o en blanco y negro?

Una tarde, saciadas de imágenes y agotadas por las eternas disyuntivas (¿color o blanco y negro?, ¿diapositiva o papel?), decidimos volver al hotel. En el camino nos topamos con un tremendo comité de indios comiendo en plena vía pública. Se les nota tan desdichados que contradicen el esplendor monárquico del lugar. Una foto más y terminamos invitadas al acontecimiento. Es la cena por el décimo primer día de un intocable fallecido, víctima del sistema de castas. Resulta lógico que festejen que la vida se lo ha llevado de su estado inferior, o «fuera de casta», a una existencia mejor, donde sea que eso quede. Es tan denigrante que les hagan creer que su sola sombra ensucia o deshonra a cualquier indio de otra casta. O que les obliguen a tocar una campana antes de entrar a un pueblo para que los demás se arrimen. ¿Esta es la espiritualidad de una de las religiones organizadas más antiguas del mundo?,-me pregunto-. ¿Quién habrá creado todo este cuento?

Pienso en eso y al mismo tiempo la parentela del difunto nos abruma con actitudes respetuosas y acogedoras. Sentados todos sobre hileras de esteras, mujeres y niños a un lado y varones al frente, comemos arroz picante sobre hojas de plátano y dulces sumergidos en almíbar. Ojos grandes y profundos siguen nuestros actos, mientras el aceite se nos chorrea de los dedos. Agradezco en silencio el honor de vivir esta experiencia. Poder compartir con los intocables su comida, su sumisión, su religiosidad preñada de aceptación, su forma de soportar la miseria durante miles de años. Es un festejo, pero un yo mío se pone serio, emite juicios, y me los creo. Aún cargo conmigo el «esto está bien», «esto está mal».

Me gustaría detener el tiempo en este lugar; sin embargo, la vida nos pisa los talones. Nuestros pies caminan a dos metros por delante de nuestro cuerpo, y nuestros ojos quieren ver más de esta India intensa e intrigante. Antes, me desprendo del peso de mis apegos. Regalo ropa, calzado y mi mosquitero. Pendiente del malestar ajeno, ofrezco cuantiosa medicina.

Nos embarcamos en nuestro primer bus local. Una versión tercermundista de *La Nave del Terror*. Viajamos durante toda la noche, como un lunar femenino en medio de un puñado de hombres de oscuro rostro y grandes turbantes blancos, quienes nos miran tanto como nosotras a ellos. Sin duda les parecemos tan extrañas como ellos a nosotras. En medio de angostas carreteras de trocha, el bus avanza a tropezones desbordando pasajeros. Se detiene constantemente para embarcar más carga, pero especialmente para que todos, hasta el último acomodado en el techo, puedan descender a tomarse un chai y abastecerse de alguna fritanga. Imposible probar esos conglomerados de grasa que se dicen llamar comida al paso. El pronóstico es una noche realmente tortuosa, razón por la cual me arrimo de saque un Rohypnol, que me cancela instantáneamente.

Desierto

De un codazo despierto de mi profundo sueño rohypnoliano. *Back to the India reality*. Con el acoso de siempre y la pepa, me siento como cuy en el juego de apuestas del Jirón de la Unión. Correteo entre el sueño y la vigilia, mientras las chicas, con la ayuda de una guía, la *Lonely Planet*, buscan dónde alojarnos. Mi estado, acentuado por el calor, me impide colaborar. Escucho que algo me reprochan. Algo intuyo, ¿será mi irresponsabilidad? Les prometo no volver a dormirme de esa manera, reconozco que India es para estar bien despierta. Aún somnolienta, e invadida por estados de culpa condicionados, las sigo. De pronto, frente a frente, surge el gran Fuerte de Jaisalmer. Imponente. Realmente impresionante.

Al traspasar su gigantesca muralla, de ochenta metros de altura, mi sueño se transforma en un ensueño propio de *Las mil y una noches*. Una suave e irreal luz alumbra el laberinto de umbrosas y retorcidas calles adoquinadas. De algunas ventanas flamean coloridas telas bordadas. Camellos, jalados por camelleros vestidos de tonalidades tierra, ocupan el ancho de las callejuelas. Con los apliques de espejos, de los típicos saris rajasthani, las damas sacan destellos al empedrado del suelo. Los hombres, al igual que los niños pequeños, llevan grandes y coloridos turbantes. Las estructuras son todas de piedra arenisca.

31

Antiguos proyectiles y gastados cañones salpican las almenas. El espíritu de la época se siente a cada paso. Las leyendas acerca de los guerreros rajputs, que gobernaron este lugar más de mil años, fluyen de los labios de sus descendientes. Su código de honor y caballería, semejante al de los caballeros medievales europeos, me los va traduciendo Miranda desde lo alto de la muralla, mientras mi mente materializa en el horizonte terribles ejércitos del pasado cabalgando por el inmenso desierto.

Haciendo un esfuerzo por apartar mi imaginación y prestar atención a Miranda, que tan amablemente me traduce, me lleno del «temperamento poco pacífico de los clanes guerreros rajputs, los cuales, marcados por el orgullo y el concepto de independencia, terminaron aniquilándose entre ellos, sin ser capaces de formar una coalición para hacer frente a un agresor común. Actitud que terminó por convertirlos años más tarde en simples vasallos del poder mongol. Su sentido del honor y su valor eran tales que, cuando eran conscientes de que serían derrotados por fuerzas mayores, el código de caballería exigía que se declarara el jauhar, ritual por el cual las mujeres, junto a sus niños, se suicidaban para evitar ser deshonrados por sus captores. Se lanzaban a una inmensa pira funeraria, mientras los hombres se vestían con una túnica azafrán y partían a batirse con el enemigo», y con aquella crónica de una muerte anunciada.

Miranda sigue y sigue leyendo, para mí es suficiente, ya no puedo retener más información. La historia misma se ha apoderado de mi voluntad, me ha convertido en parte de ella. Le agradezco, e inmediatamente me pierdo por el vasto recinto amurallado. Juego a las escondidas entre velos y placeres desenfrenados, tantos bélicos como lujuriosos. Revivo los cuentos infantiles, los amores furtivos y los instintos guerreros. El sol poniente se une lentamente al hechizo, tiñe el Fuerte de Jaisalmer, lo ciñe de una dorada luminosidad. Sin embargo, el tiempo atropella al momento. No nos podemos quedar a fantasear, hay que avanzar. Hacer el safari a camello es ahora la prioridad.

Con la *Lonely* llegamos donde Mr. Desert, el *top model* del desierto, ganador consecutivo de tres concursos de belleza. El hombre Marlboro de la India, perpetuado en todos los carteles publicitarios de cigarrillos de Jaisalmer. Se presenta con tarjeta en mano. En esta aparece su nombre: Bissa L.N. The face of Jaisalmer, el nombre de su empresa: Sahara Travels, una foto de su rostro y un lema que dicta: «No hagas ninguna reserva hasta no ver mi cara». No dudamos en aceptar sus servicios. Optamos por el safari de cuatro días por el desierto de Thar, frontera con Pakistán.

En su Jeep nos traslada a unas ruinas cercanas, de suntuosa arquitectura tallada en piedra y evidente influencia mongol. Allí nos esperan nuestros futuros camellos: Kalua, Bablu y Rajú; junto a ellos, los camelleros: Kajum y Batras, dos musulmanes pakistaníes, de amplias sonrisas blancas y envueltos en túnicas negras.

Subir al camello, así como descender, es parte del asunto y requiere templanza. Los camellos se echan con las patas bajo la panza para que una pueda subir. Cuando logras equilibrarte entre las dos jorobas, un camellero les da la orden de incorporarse a través de insólitos sonidos que emite con la boca. Los mamíferos levantan primero las patas delanteras, dando la sensación de un mortal hacia atrás, que es aplacado bruscamente cuando estiran las patas traseras. De manera semejante se inclinan para que una pueda descender: encogen las patas delanteras para luego contraer las traseras, minutos antes de terminar de bruces en la candente arena. Es como estar en El Martillo, aquel despiadado juego mecánico.

El desierto se presenta salpicado por una agreste y polvorienta vegetación, de cuyos matorrales, o de la nada misma, irrumpen mujeres y niñas. Con cántaros sobre sus cabezas buscan agua. En un acto de codicia se aglomeran en los diseminados estanques, extraen el agua con una soga que atan a sus cántaros. De los codos a las muñecas, al igual que en sus tobillos, les brillan gruesos brazaletes de plata que resuenan como una melodía, que unida al sonido del viento, y a la del chorro que emerge y salpica, forman una sinfonía que deja a la *Quinta* de Beethoven hecha una «zapatilla».

Música propia y monótona del desierto, violada reiteradas veces por mis propios pensamientos, que encuentran en su vacuo sustento el reflejo de mi propio comportamiento. El desierto silencioso y calmo me enfrenta conmigo misma, con mi forma de observar el mundo. El mundo creado por mi mente. Mente que se ramifica por momentos, que proyecta una carpa a utópica distancia, cuyos contornos se desvanecen para reaparecer invertidos y reflejados sobre una superficie líquida. Espejismo que poco a poco se vuelve real y más cercano, hacia allá vamos. Nos recibe Mr. Desert con bidones de agua fresca.

En las dunas de Sam acampamos la primera noche. Los camelleros retiran los arneses a los animales, se concentran en las labores de cocina. Mr. Desert, por su parte, reparte dulces y engreimientos al estilo *delivery*, nos arropa con su altanería y sus historias al estilo *Alí Babá y los cuarenta ladrones*. Las estrellas se presentan, la fogata nos calienta y la conversación se prolonga.

Entiendo casi nada de lo que dicen. Ya ni lo intento. Charlo en mi mente. Comparto la experiencia con mi gente. Con los que sé que les gustaría estar presentes.

En un momento, Linda me acompaña a buscar una duna apartada, el andar del camello nos ha revuelto el estómago. Al volver a lado del fuego, saciadas de risas, historias y evacuaciones, Mr. Desert nos suelta un rollo ecológico de la pitri mitri que nos impulsa a volver discretamente a la duna. Rebuscamos la arena.

—Parece que es el sitio —le indico a Linda—. La tengo adherida a la media.

—La mía esta acá, ya la encontré.

—*Okey*. Levantémoslas. Abre la bolsa, Linda, que de paso boto la media, ¿me regalas uno de tus pañitos húmedos?

—Te lo vendo.

—Gracias, Linda. Puedo vivir sin ellos.

—Listo, ya estamos. Desierto protegido, conciencia limpia.

A la mañana siguiente, después de ser despojadas del sueño con un fuera de contexto «*check out, check out*», vuelvo a la duna. La letrina pública se explaya a plenitud. ¿Habrán sido las nuestras?

En esas sandeces pienso, mientras me desplazo sobre un dócil animal de aspecto prehistórico. Por momentos observo cómo mis compañeras insisten en hacer correr a sus camellos, el mío es lento y perezoso. Avanzo rezagada, sintiéndome parte de una antigua caravana del desierto. Kajum y Batras, montados en el mismo animal, avanzan de forma desordenada, casi en zigzag. Apropiados de mi *walkman* escuchan su música, al tiempo que se bambolean a destiempo. Sus brazos se mueven acompasados de lado a lado, como olas, como alas de aves. Sus túnicas flamean sensualmente. Me seduce la imagen. Por momentos corren hacia mí y de un grito arrean a Rajú, mi camello. Este empieza a correr, y mi mente se detiene por escasos minutos, toda yo estoy presente, sintiendo el escaso viento, el roce de mis muslos en su lomo. Pero Rajú no duda en recuperar su paso de procesión. El sol se estampa en mi cara. Sudo como un camello, como mi camello. Lo siento cansado de su destino, de aquel andar que tanto nos cautiva a nosotras. Las riendas sujetas a su nariz me boicotean el ánimo por un instante. Me invaden las ganas de parar, no por mí, sino por él. Observo gozar a mis compañeras, las siento lejanas, intento acoplarme a su vacilón pero no hay forma, somos distintas.

Las siguientes noches, sin Mr. Desert, no son lo mismo. Kajum y Batras bailan para nosotras. Las mujeres no bailan, nos dicen. Pero nos traducen las letras de sus canciones, todas son historias de amor. La atmósfera en sí es empalagosamente romántica, nos traspasa, nos gobierna. Dejo de ser quien soy, de pensar lo que pienso, de recordar lo que recuerdo. Soy una con el lugar, con su gente, con la experiencia.

En nuestra primera experiencia en la Indian Railways dejamos Jaisalmer. Mientras esperamos nuestro tren, bajo un enredo inexplicable de gente, búfalos, vacas y deposiciones, pregunto por el baño. Solo hay para varones, es la respuesta que recibo. Seguido de un: «*Do it here, madame*». Interpreto que haga mis necesidades al borde de la vía férrea, no lo puedo creer. ¿Los ingleses se olvidaron del baño para damas? Estoy indignada. ¿Con los ingleses?, ¿con los indios?, ¿conmigo? No sé con quién, pero lo estoy. Indignada y aguantada. Las piernas cruzadas.

Felizmente el tren llega puntual. Buscamos nuestros nombres y compartimiento correspondiente, escritos —tanto en alfabeto hindi como en alfabeto latino— en las hojas de papel colocadas en la puerta de cada coche, como si fueran listas de desaparecidos. Aunque, dada la apariencia de posguerra del tren, la sensación de ser trasportadas a un campo de concentración, para terminar convertidas en jabón, es avasalladora.

Al interior del coche nos encontramos con la auténtica India, con indios que suben con un cargamento de comida, para su propio consumo o para ponerlo a la venta. Todos comen con los dedos, que luego se limpian en sus atuendos. El olor a especies, grasa y pezuña recorre los vagones. El basurero es el pasillo y se llena rápido. Los hombres en su mayoría fuman bidis —unos delgadísimos cigarrillos liados a mano y atados con un hilo de color—. Otros escupen rojo, que no tiene nada que ver con la tuberculosis, como especulábamos inicialmente, sino que proviene del betel —fruto ligeramente embriagador que se *chaccha* como estimulante y que, además, resultó ser el contenido de aquellos *sachets* semejantes a los de preservativo—. Todos desfilan, uno por uno, para preguntarnos: «*Which country?*». Los hombres nos miran sin descaro y las mujeres nos analizan con mirada parca, comentan entre ellas. Hablan a gritos, ellas son especialmente chillonas. Los ventiladores y las luces tienen la mala costumbre de dejar de funcionar en las paradas largas, justo cuando no pasa nada de aire por las ventanas, y sucede a menudo. Se dice que muchas veces alguien tira de la alarma porque está cerca de su casa. No me consta.

Bajamos, antes que amanezca, en un pueblo perdido, donde conectamos con otra nave del terror, versión matutina, que nos trasporta a Ajmer. Al descender del bus, junto con dos noruegas y una belga, nos encontramos rodeadas de una mancha de caballeros que en algo están y con obvias intenciones de levantarnos. Meten mano a la belga, luego a una de las noruegas que no deja de gritar: «Oh, my God!». Miranda saca, ante la sorpresa de las europeas, un *paralyzer spray* que no duda en destrabar. Luego de cocinarlos a la pimienta negra no nos queda otra que huir del pueblo más rápido que corriendo, por miedo a que vuelvan por el vuelto.

Maratónicamente andando

El viaje recién empieza y presiento que mil detalles se nos pasan. Que viajamos superficialmente, sin penetrar en aquella India enigmática, en la que todo parece oculto bajo secretos de impermeable densidad. Mis compañeras, esclavas de la prisa, en cada arribo piensan en el siguiente punto, en el *ticket* que hay que comprar y para cuando. La mente turbada me acompaña por momentos, la ansiedad se vuelve colectiva, el querer ver más nos gobierna. Las tres vinimos hasta estas tierras remotas en busca de algo más, que va más allá de las imágenes, de las impresiones, pero no le damos cabida. Simplemente corremos desesperadas por explorar un mundo que ofrece demasiados espacios para escapar. Sin aceptar que la auténtica mutación no está en la alteración de nuestras formas de ver el mundo, requiere la liberación de nuestro aferramiento al yo, a lo que creemos que somos, a lo que nos hemos convertido.

Me gustaría hablarles de ello, pero estamos en otra. A su vez, ellas son el reflejo de mi idiosincrasia, el peso de un pasado que no me abandona. Me siento turista, dependiente. Les sigo el ritmo porque hablan el inglés, y gracias a ello podemos movernos en este mundo tan complicado y ajeno. Además, las aprecio y hay que reconocerlo.

Pushkar es un detonante. Emblema de la India mística y

epicentro del movimiento hippie en los años sesenta, cuyos seguidores venían hasta acá en busca de un encuentro espiritual. Hoy en día, el hechizo que alguna vez los atrajo sigue vivo, se siente. Con hippies veteranos para reafirmarlo, en perfecta comunión con pacifistas contemporáneos y santos hindúes. Un lugar mágico, santo, de peregrinación, que huele a hierba y es recontra *peace and love*.

A mi parecer nos los estamos perdiendo todito. Todo porque la *Lonely* —que para algunos viajeros es como el Papa para los cristianos— recomienda puntuales precauciones ante posibles engaños y chantaje emocional de los supuestos santones, también llamados sadhus, y de algunos sacerdotes hindúes. Por supuesto, nosotras también cargamos nuestros propios prejuicios y proyecciones, y son una lista larga. ¿Por qué echarle toda la culpa a la guía?, no siempre papelito manda. Resulta más sensato abstenerse. No tocar este mundo hindú colmado de bribones. Limitarnos a fotografiar, compartir atardeceres con gente estrafalaria, comprar y comer. ¡Qué estrechas! Tres limeñitas sueltas en el Club de la Rinconada. En todo caso, estos llamados sadhus, reconocidos como personas santas, que pretenden alcanzar la Iluminación, son un fiasco. Parecen una población adicta al hachís que vive de la limosna. En Perú los llamarían mendigos, pero hay que reconocer que acá son más pintorescos. Todos pintarrajeados, con *dreadlocks* que a veces les llegan hasta el suelo, vestidos con las tonalidades del sol poniente y echando humo de largas pipas de arcilla llamadas chillums, creadas y usadas en la India desde el siglo XVIII. Son devotos de Shiva, el santo patrón del cannabis, el Bob Marley de la India. Quien, según cuenta el mito, se enfureció con su familia y se fue a dar una vuelta por la Tierra sin rumbo fijo. Agotado por el calor del sol, se cobijó a la sombra de una alta planta de cannabis y se quedó dormido. Al día siguiente, por curiosidad, probó sus hojas y sintió que lo refrescaban. Inmediatamente la adoptó como su comida favorita. Luego la dio a conocer a los hombres, para que obtengan felicidad y conocimiento. Además, dicen que la tomaba como bebida, el famoso Bhang. Por ello, entre sus numerosos títulos también ostenta el de Señor del Bhang.

Un sacrilegio sería dejar de probar el Bhang Lassi, la popular «bebida de la alegría», a base de cannabis y yogur, que gentilmente te ofrecen en los restaurantes y puestos callejeros: *«Strong, medium or light, madame?»*. Pido *strong*. Total, qué tan fuerte puede ser. Ante las críticas y advertencias de Linda y Miranda aflojo hasta el *medium*. Un brebaje espeso color pasto que me devuelve la sensación del San Pedro, que no me pone en nada. Transcurrido un tiempo considerable, decido dejar la chingana donde nos encontrábamos en busca de otros aires. La sensación de estafa me acompaña. Pero al ponerme de pie, mis piernas empiezan a desvanecerse en forma de olas, las imagino como dunas. Comienzo a perder el sentido de ubicación. Pensamientos confusos e indomables me albergan y la imaginación se me dispara frenéticamente.

Por un momento, una ráfaga de miedo atraviesa mi espectro, pero me reto: ¿Qué te pasa, Beatroz? ¡No hagas papelones, ah! Solo es un estado alterado de conciencia, producto de una pócima. Así que afloja, relaja el nervio. Sin embargo, la latente sensación de vulnerabilidad, más física que mental, me devuelve al hotel a encerrarme con llave, para, a solas, debatirme con mis propios demonios y no perder más allá de la compostura, el

41

pasaporte ni los *travellers checks*. Con mis temores arrinconados, comienzo a disfrutar de las figuras y diagramas que surgen ante mí, que permanecen y desaparecen solo para reaparecer en otras formas, en medio de una habitación donde las paredes laten. Voladaza había estado.

Una tarde decido separarme por primera vez de mis amigas. Les pido prestada la Lonely, cojo mi diccionario de bolsillo y las dejo en el *guest house* lavando ropa en distintos baldes. Mantener los colores de la ropa aún es una preocupación.

En micro recorro Nag Pahar, la Montaña de la Serpiente, hasta llegar a Ajmer. Allí ojeo por primera vez la guía. Muchas explicaciones, cuantiosos datos, nutridas páginas, demasiado inglés junto. Miro el diccionario y considero que no es necesario. Busco el mapa del lugar. A sus lados observo los recuadros. Reconozco los rubros: dónde comer, dónde dormir y otros. Me detengo en otros. Otros tantos números y algunos símbolos. Descarto el signo de carta que sé que es el correo, el circulito pintado a la mitad que es la estación de buses, el de dólar que es la casa de cambios, la cruz que es el hospital y la casita que es el museo. Códigos conocidos que no me interesan en este momento. Detengo un rickshaw y le muestro todos los numeritos no descartados del plano. No tengo idea de qué tratan, pero pienso averiguarlo.

Una tumba me enfrenta de entrada con el Islam y la agresividad de sus seguidores. Se trata de una descomunal cúpula de mármol, con plataforma de plata e inscripciones persas, atestada de musulmanes y murciélagos, donde descansa Khwaja Muin-ud-din Chishti. Un santo sufí que llegó a Ajmer proveniente de Persia en 1192. La devoción que genera es tan visible como recóndita para mí. Las miradas hostiles me dan la impresión de no ser bien recibida, pero me importa un bledo. Estoy fascinada. El tufo de los cuerpos sudorosos se une al humo mancomunado de variados inciensos. Al cruzar una puerta ingreso a una mezquita hecha ciudad, mercado y fiesta. Me obligan a taparme la calva. No aceptan mi gorrito de elefantes, debo alquilar un velo infecto de olor impuro. Me exigen comer flores y, de pasadita, me enyucan con las donaciones. «Registro de visitantes», que le dicen.

Adentro, en pabellones diferentes para hombres y mujeres, con rezos conjuntos y sincronizados, siempre en dirección a La Meca, todos gritan, ofrendan flores y dinero. De grandes calderos de hierro brota un humo denso. Apretados locales venden telas con ribetes dorados y canastas de paja con simétricas decoraciones florales. Tratantes de camellos, que han tenido éxito en sus negocios, clavan herraduras en las puertas del santuario. Por el calambre al ojo que me produce tal gama de colores, y con la única motivación de controlar mejor mi exposición fotográfica, hago una prueba de color con mi Carta Gris Kodak 18%. Acción que no merece la muerte, pero sí la expulsión del tumultuoso lugar con mi profesionalismo convertido en herejía; además de ser despojada violentamente del velo alquilado y sin posibilidad de recuperar mi vuelto.

Al conductor del rickshaw, que me sirve de «tour conductor», le señalo el siguiente número del mapa, situado en el límite de la ciudad. Una casi ruina, que es también casi templo y casi fachada, me da el alivio a la agitación que el episodio recién vivido me ha dejado. Entre una infinidad de altísimas columnas de piedra, talladas con letras árabes, musulmanes de largas barbas y pequeños gorritos desenrollan recias y extensas alfombras persas. En estas se extienden boca abajo, con la cabeza apoyada en las manos. Intercalan sus plegarias con la lectura de las rasgadas y manoseadas páginas de lo que parece ser el Corán. Minúsculas lámparas de aceite proyectan una irrisoria luz sobre los viejos libros. Otros devotos repasan los muros esculpidos con adulaciones a Alá. Se detienen frente a algunos fragmentos, los leen y releen a grito pelado, tapándose los oídos para no escucharse a sí mismos.

Regreso de noche a Puskhar, encantada por mi primer encuentro con el Islam, y con la certeza de que el espíritu aventurero y el gusto por el riesgo van más allá del idioma y el entendimiento intelectual. Sé que sola, tarde o temprano, me las voy a arreglar.

En algún transporte nocturno, que luego pasa al olvido, nos alejamos de la Tierra de los Reyes rumbo a la India Británica: Nueva Delhi.

Peruvian Embassy

En Delhi todo lo que hemos visto hasta el momento parece reunido y aumentado. A cada *guest house* recomendado que decidimos ir, los choferes de rickshaws, que nos siguen en mancha, intentan disuadirnos con sus clásicos: «Ese *guest house* está en remodelación», «ya no vale nada», «lo están reparando», «se incendió no hace mucho», «acabo de llevar a un pasajero y está lleno». Varios tomos de cuentos chinos. Su única intención es llevarnos a los hospedajes donde ellos reciben comisión. Muchos viajeros caen. Más sofisticadas son las artimañas para los turistas de altos presupuestos que llegan a India con reservas de hotel. A ellos les ofrecen llevarlos, sin comentar palabra alguna, para luego, ante una supuesta agencia de viajes con rótulo de turismo gubernamental falso, recomendarles que reconfirmen su reserva, que ese servicio es gratis. Los turistas consideran que no es necesario pero como es gratuito, se bajan. Una vez adentro, les preguntan dónde se alojan, marcan el número y les pasan el teléfono. Responde el «recepcionista», pide sus nombres y entonces le dice que lo siente mucho, pero que han tenido que cancelar su reserva porque tienen *overbooking*. Lo que el turista no sabe es que el «recepcionista» en realidad está en la habitación de al lado, que no está hablando con el hotel. De esta manera, el de la agencia de viajes, en complot con el chofer, sugiere otro hotel donde pueden sacar buena comisión. A veces le insisten al turista, ya instalados en el taxi, que la vía de acceso a su hotel está cerrada. El turista piensa que es un cuento y persiste en que lo lleven donde él dice, pero aparece un supuesto policía que hace señas, se crea una acalorada discusión en hindi entre el uniformado y el chofer. Luego este se dirige hacía su cliente y le informa que no quiere seguir porque los disturbios ya han causado varias muertes. Con el policía allí presente, el turista empieza a reconsiderarlo, para terminar, por sugerencia del chofer, en un hotel mucho más caro y donde la comisión es aún mayor.

Agotadas con tanta patraña decidimos ir primero a la Embajada del Perú. Tengo un encargo que dejar, y mejor que ellos nos orienten.

Los colores del Pabellón Nacional, con la vicuña, el árbol de la quina y la cornucopia del Escudo peruano nos dan la bienvenida. Apenas dos compatriotas entienden nuestro hablar. No hay embajador designado en este momento. Entre reconocimientos, chismes y gaseosas nos dan la residencia. Con cancha de tenis, piscina, huerto, pérgola, jardines y un séquito de empleados, la casona nos queda un poco ancha. Pero como dice el dicho: «A caballo regalado no se le mira el diente».

La habitación principal no la ocupamos por respeto. Sin embargo, el despliegue de fotos familiares del anterior embajador, aún no retiradas, que por cierto es parentela de un tormentoso exnovio mío, me hace sentir entre amigos. Retratos que los empleados besan como muestra de aprecio y gratitud. Nos acomodamos en habitaciones separadas con balcones y baños propios.

El confort nos quita el pie del acelerador por unos días y nos ofrece una visión parcial y privilegiada de Nueva Delhi: la ciudad creada por los británicos para ser designada capital de India. Antes de esta lo fueron Agra y Calcuta. Abierta y espaciosa, la Delhi por la que transitábamos ostenta anchas calles arboladas, parques y fuentes. Residencias, embajadas, edificios gubernamentales y un comercio a gran escala conforman esta estrecha parte de la capital.

Miranda y Linda desarrollan en Delhi su vocación por las compras. Recorren los grandes emporios o pasan horas y horas, días y días, tiradas en el suelo de alguna arteria vial regateando con alguna mamita india. Yo, por mi parte, camino sola, a otro ritmo, busco qué me pueda gustar. Los fríos emporios me agotan con solo verlos. Mi impaciencia me impide sentarme durante horas en los mugrientos suelos por el simple hecho de regatear un dólar. Soy presa de mi intolerancia, del aburrimiento. Sin embargo, todos los días recorro las mismas calles, con las mismas dudas: ¿lo compro o no lo compro? ¿Lo necesito o no lo necesito? Pero esto no lo voy a encontrar en otro lado… ¡Y es tan barato! ¡Pero cargarlo! ¡Qué lata! ¿Y si después me arrepiento? Dudas que se apaciguan cuando llego a las tiendas de antigüedades. Allí no solo me estanco, me refugio. Desentierro empolvados objetos que van más allá de mi presupuesto, pero que representan un manjar para la vista. A cierta hora me dirijo al lugar acordado con las chicas, sea este Pizza Hut, Baskins Robbins o McDonald's. Desde uno de ellos emprendemos juntas el camino de regreso.

Ya en las puertas de la mansión, frente al resguardo diplomático, la seguridad tibetana de la embajada nos abre las

47

puertas y un exuberante equipo de sonido espera ser activado.

Bailamos mientras comentamos las compras. Yo no dudo en preguntarles mil y una veces si les agradan o no mis nuevas adquisiciones. Actitud enfermiza que me ayuda a creer que valió la pena el día.

Una noche somos invitadas a una fiesta. Nos reciben con toallas, fragancias, jabones y burbujas. Con actitud hospitalaria, nos conducen de entrada a la ducha. Sin llegar a digerir la situación, soy la única que se baña en espuma perfumada. Bailamos hasta el amanecer desde los últimos *hits* de las películas indias hasta *La novicia rebelde* en versión *techno*. La diversión se nos va de sopetón al volver a casa con un grupo de gentiles muchachos. En una carrera frenética nos obligan a compartir con ellos su pasión por la velocidad, además de refregarnos en la cara el poder del varón. Por mis adentros deseo sobrevivir, miro a mi izquierda buscando mi muerte.[1] Ni rastro, solo encuentro un indio borracho, tras de él la ventana, y encuadrada en ella Delhi a ritmo de correcaminos. Intento trasportar mi mente a otro escenario: Valle Sagrado de los Incas, a ciento cuarenta kilómetros por hora en moto, sintiendo el calor de la pista a quince centímetros de mis rodillas. Poniendo a prueba la amistad, la confianza y la vida. Mi mente rebobina, claro, me dice, con tus

---

[1] Mi muerte me es inseparable, una especie de edecán desde temprana edad. Gracias a la influencia que causó en mí el brujo yaqui, don Juan, quien a través del etnólogo Carlos Castaneda nos dice: «La muerte es nuestra eterna compañera, siempre está a nuestra izquierda, a la altura de un brazo, vigilando hasta el día que te toca (...) La muerte es la única consejera sabia que tenemos (...) Cuando estés impaciente, lo que debes hacer es voltear a la izquierda y pedir consejos a tu muerte». (*Viaje a Ixtian*, pp. 61-63).

amigos si te la juegas, pero con estos indios no te entregas. Ya no quiero ni mirarlos, observo por la ventana. Pienso en rezar y me viene el Ave María en francés, repetido como loro en el Sagrado Corazón. No estoy para eso. De un salto, mi memoria repasa la pesadilla escolar, con la monja en el balcón atormentándonos con el Himno Nacional, el himno del colegio, el Santo Rosario en francés y la liturgia del día. Los cigarros a escondidas en el baño sin duda sabían mejor. Llegamos a la embajada. Uf, las piernas me tiemblan, los litros de alcohol se han ido, tengo el pulso arrítmico y el corazón se me sale más allá de las gracias. Gracias a la vida por habernos dejado vivas. Y, por supuesto, gracias a los chicos por traernos a casa.

Tomamos un tour *full day* para intentar comprender de un solo viaje el patrimonio histórico de Delhi. La ciudad más fundada, saqueada, ocupada y capturada por los distintos imperios que coexistieron en India. Hoy una de las más contaminadas del mundo.

Protegidas en un bus *deluxe*, junto a un apasionado guía y a otros turistas, nos sumergimos en el velo oscuro que cubre la mayor parte de la ciudad. Una densa nube de partículas contaminantes bajo la cual algunos indios, vestidos enteramente de blanco, juegan críquet en las áreas verdes, una herencia británica que les da un toque de irrealidad.

Las apretujadas y congestionadas calles de Old Delhi representan el primer contraste con las abiertas y espaciosas avenidas de Nueva Delhi. Accedemos a ellas al atravesar los fragmentos de una antigua muralla defensiva, exactamente por la Puerta de Kashmir, escenario del Motín de 1857. Allí se dio el primer levantamiento del pueblo indio contra el dominio británico.

Una revuelta que terminó en masacre por un lubricante para balas. Apareció el rumor, posiblemente cierto, de que un nuevo tipo de bala distribuida entre las tropas, muchas de las cuales eran musulmanas, estaban engrasadas con grasa de cerdo. Un rumor semejante decía que estaban engrasadas con grasa de vaca. Los cerdos son impuros para los musulmanes y las vacas sagradas para los hinduistas. Los actos de insensata crueldad que se dieron entre ambos bandos reflejan la hostilidad que mantienen hasta la actualidad ambos credos.

Old Delhi, la capital de la India musulmana entre los siglos XVII y XIX, nos introduce en el esplendor mongol y en especial en el emperador Shah Jahan (1592-1666), a quien se le atribuye las construcciones más significativas del imperio. Una de ellas es Jama Masjid, la más importante mezquita de India, construida durante catorce años (1644-1658). Otra de sus obras emblemáticas es el Red Fort, muy próximo al Jama Masjid, cuya extensión abarca dos kilómetros. Lo construyó como mezquita-fortaleza, y fue parte de su proyecto de transferir la capital musulmana de Agra a Delhi. Un cambio que quedó trunco cuando su hijo Aurangzeb lo destronó, según se dice, para poner fin a sus extravagancias arquitectónicas.

Un viernes, día libre de pago para entrar al Taj Mahal, partimos por el día a Agra, deseosas de conocer la extravagancia más representativa del emperador mongol. Al salir de la estación de Delhi, rumbo a una de las maravillas del mundo, nos sorprende ver tanto indio en cuclillas a ambos lados de la línea férrea. Defecan con la mirada en dirección al tren, mismo cine. Todos en primera fila, detrás de otras líneas de mojones, depositados posiblemente ese día o la semana anterior. En todo caso parecen muy ordenados con el turno de llegada. Nadie se oculta, tampoco los ocultan. Solo les falta hacer adiós a los pasajeros del tren, como los niños de Machu Picchu. Conforme el tren se aleja de la estación central, los emancipados del pudor, junto a sus excrementos, se van distanciando el uno del otro, encontrando pequeños centímetros de suelo virgen. Luego de media hora de recorrido, ya es posible observar, por kilómetro, algunos pocos indios descargando al aire libre.

Se dice que la belleza del Taj Mahal radica en su transformación según los cambios de luz a lo largo del día, sobre todo al amanecer y al atardecer. Imagino que sí, no me consta porque fuimos solo por el día, porque no había tiempo, como siempre, siempre corriendo, corriendo apuradas. No obstante, desde mi humilde punto de vista como fotógrafa, no valía la pena, primera vez que estaba cien por ciento de acuerdo con las chicas en cuanto a tiempos. Estar en el Taj Mahal es igual que estar en la postal, tal cual, solo que *inside*. Lo que me impresiona es la historia de amor que representa la construcción, protagonizada nuevamente por Shah Jahan, el Pachacútec del Imperio mongol en la India. Al morir su cuarta y favorita esposa, Mumtaz Mahal, dando a luz a su decimocuarta hija, en 1631, el emperador decide darle digna sepultura y una ofrenda póstuma, para lo cual inicia ese mismo año la construcción de su último lugar de descanso. Veintidós años después, en 1653, da por concluida la obra.

Shah Jahan tenía la intención de construir un segundo Taj Mahal —su propia tumba— en mármol negro. Un negativo del blanco Taj de Mumtaz Mahal. Pero antes de embarcarse en su construcción su hijo lo derrocó. Por orden de este, Shah Jahan pasó el resto de su vida como prisionero en el Fuerte de Agra, divisando a lo lejos la última morada de su esposa. Se cuenta también que al arquitecto encargado de la estructura le amputaron las manos, para que no pudiera montar otra obra de semejante envergadura. Al morir Shah Jahan, en 1666, su hijo Aurangzeb colocó su ataúd al lado del Mumtaz Mahal. Su presencia, nunca prevista, desequilibra la perfecta simetría al interior del mausoleo.

Desde el refugio del Dalai Lama

Si me hicieran el Test de Proust diría que al inicio del milenio, en Dharamsala, he sido plenamente feliz. Al ser la sede central del gobierno tibetano en exilio, y por lo tanto territorio netamente budista, Dharamsala representa una plegaria universal. Con los himalayas de fondo y las montañas como marco, el lugar está empapelado de monasterios suspendidos en el bosque. La desmedida alegría, la firmeza tan compasiva y, sobre todo, la manera tan desprendida de contemplar la vida por parte de los budistas convierten la cotidianeidad en peso pluma. La armonía fluye, los cánticos vienen por los cuatro vientos, los pensamientos se detienen. Om mani padme hum, el mantra de la compasión, brota inconsciente o consciente desde lo más profundo de cada uno. Está presente. Grandes molinos de oración te lo recuerdan. El cielo coloreado por banderines de plegarias lo reafirma. El mantra envuelve la vida, la sublime existencia. A cada metro una sonrisa te devuelve a la realidad. A la realidad aparente que parece utópica, pero que es real para esta gente.

Los locales, exiliados tibetanos en su mayoría, se mueven como aprendices mutantes, como seres en tránsito que no se quedan pegados a un cuadrado ni buscan estabilidad, menos seguridad. El desapego es su razón de ser. Los occidentales abundan, los estudiosos se multiplican. Lo activo y lo teórico se bambolea entre la voluntad y la aparente incomprensión de la mayoría. El pensamiento oriental con el occidental se amistan, se miran y muchas veces se tocan. La palabra pierde su valor condicionado. Deja de ser importante. Los orientales no intentan decirnos que no somos aquello en lo que nos hemos convertido; simplemente nos muestran nuestra naturaleza tal cual es, lejos de la «chatarra» de definiciones. Los occidentales intentamos olvidar el opinar, el comprender, el pensar, el no opinar, el no comprender, el no pensar, para simplemente ser. El «vacío» trenza los caminos. El vacío lúdico del budismo se cruza constantemente con el vacío motivado por las sociedades occidentales basadas en el bienestar. Establece el punto de encuentro. Diferencia a las hormigas de las termitas en el sentido figurado. Para los budistas el vacío o vacuidad se concentra en saber lo que la realidad no es; en liberar al mundo real de la red mental formada por palabras, lenguaje y preceptos; en vaciar la mente de las ideas, creencias, puntos de vista, deseos, esperanzas y ambiciones que el hombre busca para su seguridad física y emocional; en el desprendimiento del propio yo con respecto a toda identidad. Como el escultor revela la figura quitando partes de la piedra, los budistas nos muestran lo que no es para ver el «ser tal» de nuestro mundo natural, no verbal ni calificado, hasta llegar a la mente vacua que se asemeja al cielo sin nubes; es decir, sin conceptos. Ajeno y paralelo a nuestro vacío occidental carente de objetivo y sentido. Basado en la indiferencia por sobresaturación de información, estimulación de necesidades, seducción, eficacia y aislamiento. Sin quitar partes a la piedra como hace el escultor, el vacío de mi lado del mundo se basa en la incorporación. Eligiendo a discreción y beneficiándonos con el «crédito» para satisfacer de inmediato los deseos. Una trayectoria ávida de identidad, de diferencia, de realización personal, de ser uno mismo hasta un nivel narcisista domina la vida corriente en Occidente. El vacío es interior, es emotivo, marcado por la imposibilidad de sentir y la habilidad para acumular. El desapego se ubica a nivel emocional, en las relaciones «*sport* elegante», sin compromiso profundo, sin sentimiento de vulnerabilidad, en el desarrollo de la propia independencia afectiva y el poder vivir solo.

Más allá de las apariencias, de la buena onda y de la tolerancia reinante, se sienten las contradicciones. El compromiso que otorga el budismo Mahayana al practicante se basa en hacerse cada uno responsable de sí mismo, en trazar el propio destino lejos de la voluntad de un Ser Supremo; en dominar la mente y no permitir que los contenidos caóticos de esta gobiernen, lo que requiere esfuerzo y voluntad más que entendimiento. Propósito que encuentra aceptación dentro de la actitud occidental basada en la elección permanente, relegando al budismo muchas veces a un agregado más, como si fuera parte del *zapping* televisivo o un nuevo régimen para adelgazar. Situación claramente descrita por Gilles Lipovetsky: «El individualismo contemporáneo no cesa de minar los fundamentos de lo divino. Es más, la propia religión ha sido arrasada por el proceso de personalización: se es creyente, pero a la carta, se mantiene tal dogma, se elimina tal otro, se mezclan los evangelios con el Corán, el Zen o el budismo. La espiritualidad se ha situado en la edad caleidoscópica del supermercado y del autoservicio (...). Un tiempo cristiano, algunos meses budista, unos años discípulo de Krishna o de Maharaj Ji. La renovación espiritual es resultado del individualismo posmoderno reproduciendo su lógica flotante del individuo flexible en busca de sí mismo»[2].

Por otro lado, los orientales se dejan llevar muchas veces por lo occidental, la curiosidad los carcome. El intercambio filosófico y moral entre unos y otros transcurre en la calle, en cafés al estilo californiano, en *bistrots* franceses, o ante algún favor remunerado. Los *sponsors* están a la orden del día. El vil dinero occidental invade la espiritualidad oriental, y esta no muestra resistencia. El monasterio Dip Tse Chok Ling, que nos acoge, nos prohíbe el contacto con lamas y monjes. Sin embargo, es muy difícil cumplir las reglas. Los más pequeñitos, de seis y siete años, riendo y escapando siempre, nos espían con la misma curiosidad con que los espiamos nosotras. Un monje, como de nuestra edad, pregunta algunas noches, con gran timidez, si nos puede venir a visitar. Cómo decirle que no. Aparece sigilosamente, cuando el monasterio duerme, con un termo de té salado —té negro con mantequilla, elaborado con leche de yak y sal, propio del Tíbet—, y una curiosidad avasalladora sobre Occidente y todo lo que él representa. Linda y Miranda conversan con él en inglés durante horas; yo, en tanto, marco ocupado. Pero su sola presencia me remueve principios y leyes afincadas desde temprana edad.

Cada mañana, al amanecer, un sonido penetrante, proveniente de una trompeta, nos arranca súbitamente del sueño. Sin pensarlo dos veces nos vestimos para llegar a la puja —ritual donde se ofrecen los apegos del ego para dar lugar a la abertura—. En el interior del templo, los lamas y monjes, ubicados frente a frente, y sentados en fila sobre almohadas de firmes rellenos, recitan

---

[2] *La era del vacío. Ensayo sobre el individualismo contemporáneo* de Gilles Lipovetsky.

textos y entonan cánticos. Se balancean de adelante hacia atrás, con las piernas siempre cruzadas mueven sus manos rítmicamente. Las juntan, las entrelazan, girando y entretejiendo, como para sus adentros, el Dorje, el cetro del diamante —símbolo «masculino» de los métodos o medios hábiles que fundamentalmente consisten en la Gran Compasión— y la campana ritual, símbolo «femenino» que representa la sabiduría trascendental. Por momentos, un gong marca un nuevo principio sin fin. Soñolientas, pero alejadas de la modorra, saludamos respetuosamente al entrar, intercambiamos miradas con los conocidos y nos postramos tres veces y a tres tiempos ante las tres joyas: Budha, Dharma y Sangha. Los sonidos evocadores emitidos por trompetas, tambores, timbales y campanas —fielmente descritos por Lawrence Durrell como «una mezcla de estruendos y sonidos breves de elefantes y ratones»—[3] son parte de las resonancias que empiezan a despertar mis centros internos, activándolos a fondo. Intento vaciarme, limpiarme de impresiones sensoriales, liberarme de pensamientos y barreras mentales, pero el simple intento me aleja del logro. Por minutos me desenchufo, me pierdo, me dejo llevar por la acústica reinante. Una alegría espontánea, profundamente purificadora, me alberga, me llena. Mi mente se detiene.

El té salado aparece, secuestra nuevamente mi atención. Los monjes más pequeños lo traen en grandes teteras que con las justas pueden cargar. Sus cuerpecitos se ladean para poderlas elevar del suelo. Sus pies descalzos recorren el piso de madera del templo. Se les descuelgan las túnicas guindas sin que

---

[3] *Una sonrisa en el ojo de la mente* de Lawrence Durrell.

puedan evitarlo. Frescas y tiernas sonrisas se les escapan. Los mayores interrumpen desordenadamente sus prácticas para acercar sus cuencos a los infantes, quienes los rellenan débil y temerosamente. Nos entregan tazas al estilo occidental mientras intentan esconder sus infantiles rostros tras sus túnicas, sin conseguirlo. Nos miran casi de reojo, casi coquetamente, para salir disparados a recargar sus teteras.

Una leyenda cuenta que Bodhidharma, el primer patriarca Zen, una vez cayó dormido mientras meditaba, y al despertar se puso tan furioso que se cortó los párpados, que tras caer al suelo ascendieron dando origen a la primera planta de té. Desde entonces, el té ha proporcionado a los monjes Zen, y a los monjes budistas en general, protección contra el sueño, infundiendo tanta claridad y vigor a la mente que se ha dicho que: «El sabor del Zen y el sabor del té son lo mismo».

Al finalizar las pujas reina una especie de tertulia mañanera. Los monjes conversan entre ellos, algunos lo hacen con nosotras. Los niños corretean, se exponen a nuestras cámaras. Los lamas nos entregan obsequios en forma de bendiciones. Luego, Linda y Miranda se dirigen a sus clases de filosofía budista y compasión. Yo las veo perderse bosque abajo; acto seguido, el día es todo mío.

Con calma y sin apuros atravieso el bosque de pinos. El frío intenso de la montaña me recorre la columna vertebral, sin lograr sosegar mis ganas de gozar minuto a minuto del lugar. Entre banderas de plegarias y molinos de oraciones, los senderos se encuentran constantemente recorridos por seguidores del budismo. Giran las cuerdas de sus malas —collares tipo rosarios para recitar mantras—, repiten en alto o mentalmente el Om mani padme hum con la única motivación de aumentar la compasión en el mundo y transformar, a través del poder del sonido, el orgullo, la envidia, el apego, la avaricia, la codicia y la ignorancia. Al pasar por los cilindros tallados en bronce, con el mismo mantra, los rodean emitiendo un suave sonido que se va barajando con el susurro de sus plegarias. Los monos están a la orden del día y son engreídos por todos. Se acercan por los alimentos que les ofrecen, se retuercen, se cuelgan de las ramas, algunos abrazan a los monjes, pero la mayoría se retira, luego de las regalías, en busca del próximo transeúnte.

En el trayecto, un confuso atajo me encamina al Tibetan Works and Archives. Una biblioteca con la más rica herencia literaria del Tíbet, poseedora del cuarenta por ciento de los manuscritos tibetanos originales, además de textos budistas en todos los idiomas. Selecciono y mando fotocopiar textos prácticos sobre adiestramiento mental, ávida por aplicar los métodos para poner mi mente bajo rígido control, como cualquier occidental posmoderno. No puedo impedir ser seducida por la clarividencia de los contenidos, tan bien expuestos, tan pertinentes y coherentes. Intuyo a la vez, consolidando aquel refrán italiano: *«Traduttore, traditore»* (Traductor, traidor), que la traducción está muy lejos de la esencia no verbal del budismo, tan evidente por sí misma, que lo único que se consigue al ilustrarla es silenciarla. Un problema que reside básicamente en los métodos mismos del pensar, en la estructura de las lenguas. Para los orientales una misma palabra es verbo y sustantivo, mientras que nosotros estamos atrapados en convenciones gramaticales, donde el verbo es impensable sin sujeto y predicado. Cuando hablamos de contemplación siempre hay alguien que contempla y algo que es contemplado.

Mientras leo cuanto puedo, tibetanos de la tercera edad caminan lentamente bajo la enfurecida lluvia. Rodean el recinto con mala en mano y rezos en voz alta, una y otra vez. El sentido de las agujas del reloj marca el ritmo. Montes de piedritas, depositadas de manera deliberada en los marcos de las ventanas, los ayudan a no perder la cuenta de las vueltas dadas. Por momentos se acompañan. Van en pareja, susurrando plegarias entre conversa y conversa, y de tanto en tanto se eleva un Om mani padme hum. La escena, vista a través de los vidrios empañados, es cautivadora, embriagante y cinematográfica. Distrae mi lectura, pero la ennoblece. La transmisión viva interrumpe la meramente literaria.

Al mediodía, cuando la biblioteca cierra y las clases terminan, me encuentro con mis amigas.

—Y, chicas, ¿qué tal las clases?

—Uhmmm. ¡Bien básico, ah! —Linda acompaña su veredicto con una mueca que me transmite que no me estoy perdiendo de mucho, pero que sin inglés me lo pierdo todo.

A veces picamos juntas unos momos —masa cocida y rellena de carne o vegetales— o algo por el estilo, para luego separarnos nuevamente o, simplemente, nos dividimos en una.

Visito monasterio tras monasterio, templo por templo, y en cada uno me tomo mi tiempo. Contemplo por momentos a la gente meditando, postrándose ante su propia mente, ante el Buda que llevan dentro. Intento poner en práctica los métodos extraídos de la biblioteca. Empiezo por repasar el arte de respirar, vigilo mi aliento. La disciplina autoimpuesta se me va de las manos constantemente. Me invaden los recuerdos, me voy al pasado, al *sifu* del kung-fu danzando cerca del Faro de Miraflores, a sus setenta y tantos años, mientras insiste en «no tolsel espala, dolel linón». Seguirlo siempre fue un reto. Vuelvo al presente. Intento aplacar el cine mental para perderme en el vacío de mi conciencia, pero no es fácil, el simple hecho de desearlo es otro acto de aferramiento, como la canción que dice que la cura es más cara que la enfermedad. Pero insisto, una segunda mente entra en escena tratando de disciplinar mi mente. Absurdo capricho, error de principiante. Termina por resolverse solo. Los pensamientos que me abordan a gran velocidad, que se amontonan como burbujas en mi pasarela mental, empiezan a desfilar pausadamente. Todos mis procesos corporales comienzan a ser más lentos. La respiración se vuelve más lenta, el latir del corazón más lento, la presión sanguínea más lenta. Entre pensamiento y pensamiento aparece un intervalo. En ese intervalo habita la conciencia. Entre dos nubes hay un intervalo; en ese intervalo aparece el cielo claro. Logro percibir los intervalos, les presto más atención que a las nubes. El simple acto me aparta de la meditación. Abro los ojos. Fijo la mirada entre los ojos de Buda o en las llamas de algún Mahakala —deidad representada por un demonio, que protege al practicante de las tendencias negativas de su propia mente—. Cierro nuevamente los ojos para tomar vuelo, pero aleatorios pensamientos toman la batuta y me gobiernan. No puedo volver a disminuir el ritmo de mis pulsaciones. La emoción de haber permanecido, aunque sea por unos segundos, en la claridad de la mente, en la conciencia vacua, me empuja a salir eufórica en un mediano tiempo.

Regreso al monasterio Dip Tse Chok Ling a ver qué ondas.

En el amplio balcón con vista al valle del Kangra, que rodea nuestro *bungalow*, encuentro a las chicas. Como siempre, leyendo un cerro de libros del Dharma en inglés que, gracias a mi rebeldía, van más allá de mi comprensión. Interrumpo sus lecturas. El budismo siempre es el tema. Me gusta hablar sobre ello con Miranda, irradia tanta ecuanimidad, aunque muchas veces se deja llevar. Igual me cuesta permanecer mucho rato en la habitación, me pican los pies, el mundo me espera, así que *bye, bye*.

Recorro los cafés buscando calorías. Entro en las librerías. Hojeo los libros, las postales y las tankas —telas pintadas que se usan como herramienta de visualización en las meditaciones—. Reviso los negocios, indago sobre el significado de los objetos budistas. Exploro el pueblo hasta que de pronto un carro ocupado por lamas se detiene, me invitan a subir. No entiendo qué me dicen ni adónde me quieren llevar, pero no dudo en acompañarlos. La noche ha llegado sin darme cuenta. La lluvia ha dado una tregua y el cielo estrellado ilumina la pendiente por donde el coche asciende. El camino húmedo se advierte resbaladizo. Los pinos se reflejan en el charco. Alguna elevada hoja cede ante el agua acumulada y deja caer una pequeña ducha de gruesas gotas. Poca gente camina con los paraguas cerrados y aun salpicados. Se les siente despreocupados. El parabrisas del coche sigue funcionando arrítmicamente, los lamas no parecen percatarse, insisten en preguntarme en inglés lo que no puedo comprender. Dos grandes portales con dragones tallados a full color se abren delante de nosotros. El automóvil ingresa a un amplio patio tibetano que me recuerda la arquitectura china. Budas, divinidades y flores de loto cubren las paredes. La lluvia retoma su cometido y un lama me señala la punta de la túnica que lo cubre. Cada uno de un lado intentamos convertirla en toldo. Otro lama ríe. Abre su paraguas y ofrece compartirlo. Los tres no cabemos, nos mojamos igual. Una complicidad burlona, mezclada con traviesa picardía, se vuelve colectiva. Ingresamos, al parecer rezagados, a un anfiteatro poblado de hábitos guindas y de público en general. Dispersándonos, nos ubicamos en los pocos asientos vacantes, minutos antes de que las luces se apaguen y el telón se levante. La ópera tibetana, en vivo y en directo, se explaya en mis narices. Una especie de híbrido cultural que mezcla saltos al estilo de la «polca» rusa, delicados movimientos de manos y dedos de talante hindú, y chillonas voces balbuceando vocablos de apariencia china. Una guitarrita pequeña marca el ritmo. Los varones, en pantaloncitos cortos de cuero de yak, se cruzan o hacen rondas con las damas, quienes, bajo un despliegue de atuendos, muestran todos los trajes típicos del país. Los corales y turquesas están en todas. Un espectáculo extraño. Estrepitosamente bello, refinado y cargado de una rebosante energía montañesa. Al terminar la función, los asistentes se dirigen al comedor, la gran cena se anuncia. Me cierran la puerta en la cara. No estoy invitada. No me queda otra que regresar lateando a medianoche por el frío bosque. Abrigada únicamente por la sensación de privilegio y un ligero sinsabor por no despedirme y agradecer, como Carreño lo hubiera indicado, a quienes me llevaron. Tres días después me entero de que había asistido a la temporada de ópera del Tibetan Institute of Performing Arts, el instituto encargado de promover el estudio y la representación de las artes interpretativas. Una forma de asegurar la conservación de la cultura tibetana.

De igual manera me entero de la existencia de una Escuela de Bellas Artes. No dudo en ir. Entre buses y caminatas, llego al valle de Kangra, donde se ubica el Norbulinka Institute. Una atmósfera de montaña con cascadas en miniatura me recibe. Sugiriendo las intenciones de la propia naturaleza, entre sobrios y discretos colores, el esmerado jardín de influencia japonesa irradia una sensación de serenidad. La cantidad de tibetanos mayores, recitando mantras por los jardines, da la impresión de que se trata más de un asilo para ancianos vigorosos, devotos y dispuestos a cambiar el mundo.

Diversos recintos acogen a imperturbables y pacientes estudiantes. El detalle y la perfección se inculcan y se desarrollan en todos ellos. En el área de pintura se trabajan las tankas con motivos iconográficos. Un trabajo arduo y minucioso que resulta cautivante. Utilizan muchas veces oro líquido y la propia sangre de los aprendices. Pregunto si puedo llevar un curso y cuánto dura: siete años como mínimo. Por lo menos cuatro de dibujo antes de entrar a color. Gracias, creo que no tengo tanto tiempo. El taller de orfebrería está destinado a la creación de Budas a gran escala, cuyos destinos están preestablecidos con anterioridad para diversos templos. La talla en madera se realiza entre jardines y puentes de madera que cruzan arroyos. La sala de pintura moderna pone en evidencia que el arte contemporáneo oriental es bastante potente y proyectado. Un gran templo gobierna el lugar. Desde su azotea, donde se encuentran las habitaciones de varios lamas, la vista hacia todo el valle de Kangra es infinita.

Regreso henchida de emoción al monasterio. Dispuesta a convencer a las chicas para que no dejen de ir. Antes de cumplir mi cometido, Miranda me cuenta que han visto al XVII Karmapa.

—Estábamos caminando por la calle y pasó en su auto, totalmente resguardado. El pueblo entero dejó lo que estaba haciendo, todos se postraron ante él.

—¡No! No puedo creerlo. ¡Qué suerte! No me interesa ver al Dalai Lama, pero al Karmapa lo quiero ver sí o sí —les digo.

—Es cuestión de karma, Beatriz —interviene Linda, como sacando cachita.

—¡Aj! —un «échate agua» cruza mi mente—. Miranda, ¿no sabes si estará en Dharamsala por estos días? Si saben dónde se refugia, ¿hasta cuándo permanecerá?

—Ni idea. Nadie sabe nada —me contesta Miranda. Por su parte, Linda deja traslucir una sarcástica sonrisa que por poco acompaña de un «jojo lete, lero lero».

A un kilómetro de nuestro monasterio reside Tenzin Gyatso, el XIV Dalai Lama, jefe de Estado del pueblo tibetano y asilado político en India desde la masacre ocurrida en 1959 en Tíbet.[4] Su agenda recargada, su casi nula posibilidad de ser visto, junto con su protagonismo, me boicotean el interés por verlo. Pero a su lucha por la liberación del Tíbet no le faltan ni le faltarán ecos: todos nos sentimos tan cómplices como comprometidos con su

---

[4] El Dalai Lama escapó del Tíbet junto a cien mil tibetanos cuando una gigantesca manisfestación pacífica en las calles de Lhassa —pidiendo la independencia del Tíbet y el final de la represión china— fue brutalmente aplastada por el gobierno chino, dejando un saldo de ochenta y siete mil tibetanos muertos. Desde entonces, la decimocuarta encarnación de Chenrezi, la dividinad del budismo tibetano de la Compasión Universal, se encuentra exiliado en Dharamsala, India.

pugna por salvar a su pueblo de la tiranía china. Mientras camino por la vida, y trato de entender en qué momento los chinos se desviaron de la esencia del budismo, reparto volantes, muestro los instrumentos de tortura y apoyo a difundir, de acuerdo con mis posibilidades comunicativas, la opresión en la que vive el pueblo tibetano. Empiezo a socializar, a tener amigos.

El Sunrise es mi taberna preferida. Una minúscula cantina de exactamente tres metros por tres metros. Al traspasar la puerta no queda otra que estamparse con la única mesa. A la derecha está la cocina, donde con mucho esfuerzo entra el grasiento cocinero. Cocinero, cajero, mozo y dueño. Una especie de hombre orquesta. Las paredes, empapeladas con pósteres, postales, fotos y cartas de gente que por allí pasó, están garabateadas de arriba a abajo. El que menos ha dejado su rúbrica. En torno a la mesa nos apachurramos todos los asistentes. Generalmente caben hasta veinte, ¿cómo? No sé. Supongo que de la misma forma que entran cinco elefantes en un Volkswagen. Abundan los checoslovacos, franceses, belgas, griegos, europeos en general, toda una calaña de estrafalarios personajes. Linda y Miranda vinieron una vez, por sugerencia mía, pero no les gusto. Demasiado «pasuchi», me dijeron. De hecho lo es, pero ameno al fin y al cabo. Entre cuadernos para colorear, cartulinas para dibujar, pinceles, plumones, crayolas y juegos de mesa, las noches se pasan volando. El té es la bebida de sabor nacional y a falta de karaoke cantamos con cancionero, al unísono, temas de Eric Clapton y Bob Marley. Empiezo a esforzarme para comunicarme con mi inglés estilo Tarzán. Me retiro cada noche, no muy tarde, para que el trompetazo de la puja no me robe ni un bostezo. Atravieso el bosque camino al monasterio en medio de noches claras, parcialmente nubladas o tremendamente lluviosas. La tropa de grillos que se congrega por esas horas le sube el volumen al silencio. La presencia de algún monje trasnochador o de un mono con insomnio es más que frecuente.

El día de la partida, con boletos reservados y comprados con anticipación, me es imposible dejar el lugar, no hay forma. Estoy demasiado a gusto. Me despido de mis amigas con mucha pena y demasiado sentimentalismo. Hasta con nudo en la garganta. Con Linda una puerta se cierra y con Miranda siento que no se logró abrir del todo. Con Linda me siento responsable, proyecté en ella algo que estaba demasiado lejos de ser y luego no me quedó otra que darme de bruces con la realidad. Contrariamente, me quedan latentes las ganas de conocer más a Miranda, una mujer leal a sí misma, plantada sobre su eje, y consciente de sus atributos y carencias.

Mi viaje toma vuelo en ese preciso instante. Empiezo a valerme por mí misma y a vivir la vida a mi antojo. Sin presiones, programas ni tiempos. No tengo mucha idea acerca de dónde iré, pero no me importa. Se inicia un viaje sin propósito ni destino, como siempre debió ser.

Al día siguiente, el sol llega para quedarse. Dejo el *bungalow* para mudarme a una casita de huéspedes en el mismo monasterio. En ella vive una joven alemana, estudiante de medicina que cumple prácticas preprofesionales en un hospital para exiliados. Lea se dice llamar. La tercera habitación la ocupaban dos refugiados. Un joven, algo mayor que yo, llamado Tashi Tempa. Más parecido a un indio apache de Nuevo México que a un tibetano. Me contempla todo el santo día. Me señala las flores del monasterio y me las ofrece. Sumergido el día entero en la cocina, prepara momos vegetarianos que luego me lleva en bandeja a mi habitación. Fue torturado por los chinos por poseer una foto del Dalai Lama en su casa, por ello fugó por las montañas, escondiéndose de los fusiles durante veinticinco días, para finalmente llegar a Dharamsala, donde se encontraba su padre. El viejo, una impasible reliquia tibetana, recita plegarias a voz en cuello día y noche.

De tanto escuchar cánticos budistas decido comprarme el casete. Ya en casa, cuando pongo *play* a mi *walkman*, el padre deja de girar su mala por primera vez. Convertido en una estatua por un tiempo que parece eterno, contempla —literalmente contempla— la música que el pequeño aparato reproduce. Desde aquel momento, cada mañana se presenta en la puerta de mi habitación con sus dos trenzas ralas y grises, entre preguntando y pidiendo: «¿Sony? ¿Sony?». Su primera palabra del mundo occidental: la marca del artefacto.

Con Lea hacemos buenas migas. Es su segunda vez en Dharamsala y distingue hasta los más recónditos *short-cuts* de las montañas. Algunas tardes la recojo del hospital, donde es inevitable el té en alguna casa aledaña para dar por concluida su jornada. Conservadoramente vestidas con blusa de seda, traje cruzado de pies a cabeza y mandil a rallas, las señoras tibetanas se turnan para atiborrarnos de té, biscochos y Coca-Cola. Entre mi primario inglés que empieza a florecer, y el nulo por parte de las anfitrionas, pasamos muchas horas entre sonrisas y onomatopeyas. Nos muestran fotos familiares, de sus casas y desgracias fuera de su tierra. Las austeras moradas, pulcramente decoradas, emanan serenidad y bondad. Los altares ocupan el lugar más importante de la sala, entre fotos del Dalai Lama y varias divinidades. Luego de interminables servidas, nos disculpamos agradeciéndoles por la hospitalidad. Las despedidas son largas y emotivas, sin quitarnos por ello el tiempo acordado para recorrer cerros, villas y ríos congelados donde nos bañamos desnudas pese al frío.

Un día, al atravesar el bosque, nos topamos con un conjunto de pequeñas casitas de piedra, perdidas en el monte y con corrales incluidos. Su arquitectura podría ser inca, pero el pequeño templo, los banderines de plegarias y una austera estupa —monumento hecho para contener reliquias— las ubican en otro contexto. Budistas tántricos, los primeros que veo. Practicantes laicos que meditan entre sábanas con una «esposa espiritual». Buscan transmutar el impulso sexual manipulando las energías internas para la realización del Nirvana, a través de ciertos tipos de yoga que escandalizarían a más de una mente religiosa. Son prácticas sexuales aplicadas para encontrar estados no conceptuales en el centro mismo del deseo. Una atractiva y avanzada forma de llegar al Nirvana que esta gente amable, muy satisfecha con lo que la vida les ha dado, mantiene discretamente. Es un lugar retirado y nos queda poca luz para regresar, así que unas fotos para el recuerdo y un hasta luego. Hasta que dejamos de ser visibles, permanecen en la puerta de su templo despidiéndonos con la mano.

Cabe recalcar que el budismo en general, al ser una filosofía basada en la relatividad, tiene una postura bastante abierta con respecto a la sexualidad. La consideran un componente más del ser humano. Los budistas aspiran al «despertar total», a la conciencia de la vacuidad, pero presentan muchos caminos para ello. El budismo tántrico le otorga mucha importancia a la sexualidad como la unión de los dos aspectos polares del universo: la energía masculina y la energía femenina, que a su vez son símbolos de la dualidad universal. Comparable al Yin-Yang de la concepción taoísta. El budismo Hinayana y el Mahayana afirman que la causa de todo sufrimiento es el apego y el deseo, y el camino a la liberación es la eliminación de ambos. Consideran al deseo sexual como uno de los más difíciles de manejar, ya que provoca pasiones perturbadoras como el apego y la motivación egoísta que precisamente se trata de dominar y eliminar. En todo caso, para los laicos el sexo no debe ser ni insanamente reprimido ni morbosamente exagerado, tampoco debe hacer daño a terceros. Para los monjes, la actividad sexual está prohibida porque puede «distraer» energías que deben canalizarse hacia la meditación.

Más allá de las amistades, el tiempo junto a la anciana que cuida las vacas del monasterio es el mejor. En la puerta de su casa, su consorte recita plegarias en programación continua. Eternamente sentado en el suelo, con un gorrito rojo y una casaca amarilla sobre sus guindas túnicas. Una barba gris, como de tres días, en forma de soldaditos en rompan filas, lo acompaña. No puede ver de cerca, por lo cual se lanza hacia atrás en busca de la visión. Por momentos se detiene para humedecer el dedo pulgar de su mano derecha en la punta de la lengua y pasar la página de su libro de oración. Cuando mira, unas cejas canas, antiguamente pobladas, impiden a los párpados quitarles el pedacito de mirada que aún le queda. Sus ojos, en forma de ojales de ropa de bebé, acarician paz y asombro. Frente a él, un banquito convertido en altar le sostiene sus textos. El cetro del diamante, la campana y su bastón permanecen a su lado. Cuando me ve acercarme me hace una señal con la mano para que pase. En el umbroso interior, su mujer me espera entre tinieblas. Las cataratas le impiden mirar a plenitud. Gotas blanquiñosas saltan constantemente de sus ojos. Al sentirme entrar se sienta sobre su silla desfondada e inclina la cabeza hacia atrás. Me entrega su frasco de gotas. La medicina le arde, o quizá le pica. Intenta pasarse la manga de la casaca con borde de carnero, que siempre lleva sobre el traje tradicional, pero se detiene. Minutos después, su cabeza retoma la posición normal junto a las dos grandes turquesas que le cuelgan de las orejas, suspendidas mediante un hilo de lana rojo. Me agradece con una pequeña inclinación del rostro sobre sus manos juntas para emprender, en seguida, la ceremonia del té. Luego de poner el agua a calentar se sienta a aguardar. El silencio es interrumpido de vez en cuando, de cuando en vez, por algún acentuado «Om mani padme hum» proveniente de los rezos de su marido. Con el té servido empieza a destapar latas, extrae desde panes tibetanos hasta dulces indios. Esporádicamente acuden inquietos monjecitos. Para ellos enciende la televisión, única en el monasterio. Los niños se olvidan de mi presencia, de la de ella. Desde ese momento el mundo acaba, o comienza para ellos, a quince centímetros, la distancia a la que contemplan la pantalla. La anciana me pide que la siga, me conduce al establo. Me muestra sus vacas, algo me dice en tibetano. Las acaricia, les habla, les proporciona alimento y me sonríe agradecida. Un gracias a la vida parece salir de sus labios, de su mirada, de todo su ser. Cuando percibe que saco la cámara, me indica que espere, que la siga. A paso lento e incierto se dirige a la puerta de su casa, a sentarse junto a su marido. Ambos sonríen para mí.

Viaje a la quietud

Una mañana salgo del monasterio con ánimo de estirar un poco las piernas. Mi intención es llegar a una catarata cercana que me han recomendado. Horas después, dispersas casas van quedando atrás, aisladas las unas de las otras, sin caseríos ni cultivos. El Himalaya, con sus cumbres nevadas, se vuelve mi única compañía, se pavonea de ser el techo del mundo, el ombligo del mundo, mi Cuzco Manta querido, aparece en mi camino. Las imágenes andinas me alcanzan. La energía me saca chispas. Diez mil watts corriendo por mis venas amenazan hacerme volar en mil pedazos, como cuando los tachos de luz vuelan los plomos del estudio y ¡bomb!, todo queda oscuro.

¡El cuarto oscuro! Si hablara, qué recuerdos. Felizmente es ciego y casi sordomudo. ¿Que la foto está roja? A ver, súbele quince de magenta y diez de amarillo. Si quieres que tu moreno te salga negro, cierra medio *stop*. Hasta dos puedes. Sistema de zonas. El negativo poco denso te va a dar el cuerpo oscuro, sombras con detalle. Atmósfera, no descripción. Los copulantes amarillos se adhieren. El nitrato de plata se oxida. Cuántas cosas que estudiar para hacer una fotografía. Si el ojo se forma, para qué tanta escuela, tanta química. Son las exigencias del mercado, comadre, me sigo hablando a mí misma. Hay que dejar de ser una aficionada, aspirar a ser una profesional de éxito. De éxito y de carrera. ¡Fuera! Más bien por qué no vas preguntando si este es el camino que conduce a la catarata. Sí, pero ¿a quién?, ¿ves a alguien? Además, qué importa, hasta eso ha perdido su razón de ser. A algún lado llegaré.

Aunque está un poco agreste para mi gusto y demasiado empinado. Miro a mis lados. Blanco. Nieve sin huella. Observo lo avanzado. ¿Regresar? Mi muerte silba a mi izquierda, me recuerda que aquí no hay que «dame la mano», «tírame la línea» o «¡pásame la Manty!». Estoy físicamente sola. La adrenalina no parece ser suficiente y los cerros me la ponen cada vez más difícil. Por favor, señores, tendrían la gentileza de regalarme un paseo placentero y no una carrera de obstáculos. Parece que el Señor está en los cielos, porque aquí, solo hay silencio invadido por el viento, nada cambia. Naturaleza estática. *Okey. Fíat voluntas tua* (hágase tu voluntad). Pensar que alguna vez intenté aprender el Padre Nuestro en latín. Qué manera de perder el tiempo, ahora preferiría aprender una canción de Guns N' Roses. En fin, sigamos, que allí diviso un llano. Miro nuevamente atrás y se me escarapela el cuerpo. Y el regreso, me repito. A la vista será.

Una catarata aparece finalmente ante mis ojos. ¿Será esta la que buscaba? No es trascendente, está linda igual. Foto, foto. Mis piernas pitean, me piden que no me entretenga. *Okey.* Solo por ustedes, sigamos. ¿Pero a dónde crees que vas?, me interroga otra voz interior. Está cayendo la tarde. Laderas con hielo, no te veo atravesándolas en tinieblas, allí sí que no. Hago caso omiso.

Una luz. No parece tan lejos. Si vas despacio, con cuidado, como si estuvieras llevando en andas a la Mamacha Carmen. *Chi va piano, va sano, chi va sano, va lontano.* Me lo repito en italiano para seguir andando.

Con más de un rasguño llego a la luz. Bajo esta, una joven pareja, con un crío en brazos, me ofrece alquilarme un cuarto. Pero primero lo primero: thali —una combinación de arroz, lentejas y vegetales que te sirven hasta reventar—. Y entre repetición y repetición me observan sin interrupción. La señora pretende meterme letra, pero no se atreve. Mira constantemente al marido y él la desaprueba con mirada fulminante. Un «no molestes a la señorita» está tácitamente impreso en su amplia frente morena. El nene gatea siempre en la misma dirección: hacía mi habitación. El padre espera que esté adentro para ir por él y de paso mandarle un buen *looking* al cuarto y a su arrendataria.

—*Which country?*

—América.

—*Ah! Nice Country.*

—*Yes.* Soondar.

—*You speak hindi.*

—Tora, tora. Cuchi, cuchi.

—*Nice.*

—*Yes.*

Conversaciones trascendentales a la luz de la luna. Mi hindi avanza parejo a mi inglés.

A la mañana siguiente decido seguir subiendo. Ya estoy aquí, ¿para qué bajar?. Como no sé a dónde me dirijo, mis anfitriones no saben qué camino mostrarme. Les contesto que no se preocupen, que llegaré. Ellos se miran como diciendo: «Qué rara». Levantan los hombros y mueven la cabeza como la cobra, como buenos indios. Como opinando que sí, que no, que la c) todas las opciones, que la d) ninguna de las anteriores. Que qué sé yo. Camino y camino, subo y subo y siempre asciendo. Ya no converso conmigo, solo río. *Chai house* a la vista, Magic View es su razón social. ¿Qué hará aquí? A tantos metros de altura sirviendo té, pero ¿a quién? Desde el colchón ubicado detrás del mostrador, el vendedor se incorpora.

—*Hello. Which country, madame?*

—América.

—*Nice. Very far.*

—*Yes.*

—*Are you married?*

—*Yes.*

—*You're married?*

—*In the Dip Tse Chok Ling Monastery.*

—*Your name?*

—Beatriz. *And you?*

—Joginda. *One tea?*

—*Okey, please.*

El té viene con un porro. A ver, pues, veamos si es tan buena como dicen.

—*Nice* —le expreso al encargado. Sonríe halagado. Su ruina dental aflora en medio de un derroche de tonos rojos.

—*Do you like betel?* —le pregunto afirmando. Él mueve la cabeza en círculo. Me ofrece un poco.

—*No, thanks.*

—*One massage?*

—*No, thanks.*

Luego de una hora, y ya casi en el yo te estimo porque la vida es bella, decido continuar hacia la cima con una vista espectacular que me dice que hay más allá. El *chaski dealer* me recomienda no subir.

Alega que el camino es duro, que ha nevado, que son posibles las avalanchas. Observo el cielo despejado, mido mis fuerzas y decido subir igual. Un último té para el frío, algunos abarrotes y las gracias.

Joginda me toma del brazo. ¿Quieres comprar hachís? *Very good quality, madame.* Lo pienso. ¿Cómo vas a fumar si no sabes rolear?, me pregunto. Puedo aprender, ¿no?, me contesto. ¿En la punta del cerro? ¡Bah!, tienes razón. No, gracias, Joginda.

Tiempo después, tomo conciencia de la nieve recién caída y en mi posición de avance. Gateo por las montañas, mis veinte uñas se mantienen clavadas en la pureza helada, aferrándose a lo que está más allá de su inconsistencia, a la tierra que está mucho más abajo de ella. La insolación me hace sentir como si la lupa de un niño gigante, en complot con el sol, me persiguiera cual experimento de *scout*, para ver en qué momento me convierto en fuego. El equipo apropiado se encuentra en calidad de recuerdo y un hueco en la suela de mi bota logra convertir mi pie derecho en *fingers on the rocks*. Como para calentar empiezo a tararear: «...En cuatro patas llegaré, llegaré, caminando hasta las patas, caminando en cuatro patas...».

Cuando menos lo imagino, el clima empieza a cambiar y un ruido estremecedor me hace cambiar de opinión intuitivamente. Me siento como en El Niño de 1998, cuando al jugar a la arqueología, con Nacho Alva, ciertos estrépitos nos paralizaban el corazón y venía la pregunta de rigor: «¿Huaico? No sé, pero ¡corre!». Una milésima de segundo después —como el tiempo que transcurre entre que cambia la luz del semáforo y el coche de atrás te toca el claxon— ya estábamos a la velocidad del rayo entre caminos moches, desiertos costeros, huacas y a veces en ascenso para salvarnos de algún torrente, por lo general, inexistente. Tantas tardes vienen a mi mente ininterrumpidamente. El mismo eco, el mismo miedo, la madre naturaleza en su máxima protesta, tan lejos de la impasible obesa de la Madre Naturaleza de *Los Pitufos*. Los *cartoons* empiezan a invadir mi mente. Me siento Pitufina extraviada en la montaña. Intento acelerar el paso entre fotograma y fotograma, como la gente en la ciudad, corriendo y metiendo carro para llegar primero. Tomo conciencia de mi ritmo acelerado. Respiro. Lo intento desde el abdomen. La inhalación se me atraganta en la garganta. La ansiedad se apodera de mí, me impide tomar decisiones correctas y mantener acciones firmes. El cielo se va cubriendo, la visibilidad es mínima, y decido desbarrancarme cuesta abajo. La estática no está en mi mente. Ni siquiera atino a preguntarle a mi muerte, ni la miro. A veces hay camino y a veces se hace camino al andar. Por momentos la nieve me come, pero es afable y me suelta luego de un frío abrazo. La angustia me recorre la espina dorsal. No tengo idea de qué hora es. Siento las piernas mojadas y agarrotadas, los pies entumecidos, el trasero helado, y un fluido tibio entre las piernas me recuerda que esos días han llegado, inoportunamente, como siempre.

Finalmente, llego donde el *dealer*. Le acepto un chai y un taquito de whisky para calentar. Insiste en mi nula posibilidad de retornar al monasterio. Que me quede en su casa, me dice. Pero ñaca, ñaca. Le explico que mi marido debe de estar súper preocupado, que debo bajar ahora. *«Thanks and ñamaste»*, y a correr se ha dicho.

La noche avanza cuando me descubro en la zona forestal. Ufff. Intuyo que estoy salvada y disminuyo el paso, al tiempo que recupero mi ritmo mental: «Es mi vida... no es un infierno... tampoco es un edén... Es mi vida... qué puedo hacer si ella me eligió...». Respiro profundamente el aire de la montaña y sigo cantando: «...Tengo el corazón contento, el corazón contento, lleno de alegría... Doy gracias a la vida...». Pero nuevamente tomo conciencia de que realmente es de noche y estoy perdida. Además, me muero de frío, estoy mojada por todos lados. Miro a mi muerte y no está. Creo que corrí más rápido que ella o que corrí de ella. Ya, pues, ven, le digo. Échate un temita. Silencio absoluto. Creo que me ha dejado sola a mi libre albedrío. El alboroto que arman las hojas caídas de los árboles, bajo mis pisadas, son la única referencia de mi soledad, de mi ser diminuto ante lo desconocido que me contiene. Tal percepción vuelve monótono el canto de los grillos. Los degrada, en cierta forma, en la oscuridad de la jungla.

Camino sin ruta ni juicio cuando advierto pasos ajenos a dimensión desconocida. Retumban como eco en mis oídos. Intento identificar la ubicación del transeúnte. Lo deseo tanto como lo rechazo, me da tanta tranquilidad como miedo aquella presencia que poco a poco se siente más cerca. A pocos metros, un hombre camina a mi encuentro. Encuentro que es inevitable. A medio metro nos detenemos. Me pregunta a dónde voy. La penumbra reina y ninguno tiene linterna. Los rasgos oscuros, los ojos profundos, las grandes ojeras, la cicatriz de un lunar mal extraído en la punta de la nariz, la barba de varios días y los labios carnosos lo delatan indio. Extraviada ante aquella estampa, en medio de la exuberancia, sospecho agobio, pero me equivoco. La casualidad ilumina el desconcierto. Nos atropellamos contando nuestro día, como dos personas que no han podido hablar en mil horas. Mi entusiasmo es festejado, fomentado y recargado. Finalmente zanjamos, por mutuo acuerdo, que la vida es un pícnic. Un pícnic que a veces se llena de hormigas, pero pícnic al fin y al cabo.

Sureño, nacido en la próspera ciudad de Bangalore, empleado de la industria cinematográfica india, de familia católica y estudiante de budismo en Dharamsala, Kenny, mi nuevo amigo, me muestra que mi inglés va *in crescendo*. En medio de la conversa, fantaseo con la idea de ver al XVII Karmapa. Él me dice que es posible, que tiene contactos. Después de varias horas, ya muy de noche, nos despedimos con un apretón de manos, justo al inicio del sendero que conduce al monasterio.

Un sueño tan merecido, como arrullado por los cánticos de la puja, a la que de antemano he decidido no asistir, es interrumpido por un llamado a mi puerta.

—Tiene llamada en la oficina.

Mi nombre no lo mencionan, les es muy difícil. Corro en pijama, pensando en quién puede ser. Del otro lado de la línea, Kenny, luego de identificarse, me da las coordenadas para encontrar al XVII Karmapa.

Una ducha escasamente gozada y una nueva peregrinación entre buses y caminatas me dejan sola, con pasaporte en mano, delante de algunos fusiles apuntándome directamente. Me encuentro paralizada. Una tosca pregunta me hace volver a la realidad: *«Perou, where is this country?»*. Me está hablando un uniformado, seguridad del Karmapa. *«I need to see the Karmapa; the country is not important»* es lo único que logro decir. El tío me revisa hasta la conciencia y me dice que espere. Pasan casi dos horas hasta que aparecen otras veinte personas. Entre ellas, un italiano que lleva un polo con un «Liberemos al Tíbet» estampado por delante y una ardilla como mascota. La tiene atada con un pabilo que con las justas le permite transitar por los brazos, hombros y bolsillos del amo. Sin comentarios.

Llega el momento. Luego de un considerable tiempo ansioso, nos revisan nuevamente a todos, nos despojan de nuestras pertenencias y nos conducen al templo. Ogyen Trinley Dorje, el XVII Karmapa, con sus escasos catorce años, aparece minutos después escoltado por parte de su seguridad, un *petit comité* de *lamas* y un intérprete. El nerviosismo me hace postrarme con dificultad. El espacio se ilumina con el aura de energía casi palpable que emite su presencia. El tiempo se detiene. El silencio infunde respeto. La veneración es latente.

«Life is full of sweet», lo dice en tibetano, pero el traductor lo trae al inglés. Lo entiendo perfectamente. A partir de ese momento ya no es necesario el intérprete. Las palabras sobran cuando el entendimiento es directo, y los idiomas resultan irrelevantes. El Karmapa habla a cada uno de nosotros, directamente a nuestras conciencias. Algo completamente indescifrable y metafísico, pero claro y certero a la vez. Como si nos abriera el cerebro y depositara en su interior la semilla del *awareness*, el *software*. La vida está llena de caramelos, pero no debemos distraer nuestra mente ni dejarnos deslumbrar por ningún objeto sensual, por más atractivo que sea, empieza diciendo. Habla del sufrimiento y de la insatisfacción como producto de nuestra constante búsqueda de bienestar en lo externo. Recalca la necesidad de vivir atentos a las ilusiones, alucinaciones, proyecciones y motivaciones. Insiste en

que solo reconociendo su naturaleza y forma de actuar en nuestro pensamiento podemos llegar a ser libres, y alcanzar un nivel en el que los propios velos desaparecen y aparece la voluntad de trabajar para que los demás surjan espontáneamente.

Menciona al ego como la mente neurótica que se aferra a una sensación sólida de autoidentidad, en la cual nos apoyamos y bajo la cual luchamos contra cualquier visión que amenace su seguridad. Actitud que nos cierra al mundo que nos rodea, atándonos a un mundo de ficción y engaño. A lo cual agrega que, conforme crezca el sentimiento de espaciosidad y nos acerquemos a la visión correcta de la no existencia, nacerá una sensación de unión entre nosotros y todo lo demás. Que debemos comprender que no somos seres independientes sino interdependientes.

Continúa hablando de las guerras religiosas y las confrontaciones entre credos. Punto ante el cual pierdo la concentración y, por lo tanto, el hilo. Su sola voz me atraviesa la existencia, esa existencia que dice que no tengo. Viajo a través de sus palabras, vuelvo a mis orígenes, a mi conciencia acrecentada, a la conciencia que es consciente de sí misma. Vivo el vacío que predica, me lleno de pies a cabeza con él.

Un *«loosen your mind»* me devuelve a la realidad, si es que existe tal. El XVII Karmapa se levanta y cada uno de los presentes se le acerca. Me distraigo. De mi colección de recuerdos saco un video del Karmapa cuando tenía ocho años de edad. En las imágenes, al igual que ahora, saluda a tantos asistentes que termina, como buen niño, jugando a tirar cabezazos a la gente en vez de juntar las frentes. Es mi turno. Me inclino ante él, nuestras frentes se acercan, se unen, se fusionan por un momento que parece suspender el tiempo. La piel se me pone de gallina. Un escalofrío me recorre el cuerpo, frío que en breve se vuelve templado. Una sensación cálida borra mis pensamientos, deseos y glorias. Nos separamos sin lograr librarme de su esencia, sin la menor intención de ello. Inclino la cabeza nuevamente y le entrego la kata —un chal de seda que tradicionalmente se ofrece a los grandes maestros cuando se está ante su presencia— que sostengo entre mis brazos extendidos. La recibe, se la lleva al rostro, la bendice y me la coloca alrededor del cuello. El roce de sus suaves manos, revelando su poca afinidad por las manualidades y el trabajo forzado, me estremece. Luego me acomoda una cinta roja sobre la kata. Retorno a mi lugar, dando paso al siguiente y este al subsiguiente.

Parece que el encuentro llega a su fin. El Karmapa se despide. Desaparece con su comitiva. Los concurrentes, en un silencio abrigador, van abandonando el recinto. Decido permanecer sentada hasta que todos se vayan, asimilando la experiencia, respirando la atmósfera. Cuando no siento más ruido me retiro, y al alejarme del templo volteo para dar una última mirada al monasterio de Gyuto, refugio temporal del XVII Karmapa. Acompañado por un guardia de su seguridad personal, descubro al Karmapa paseando por el techo. Van y vienen como matando el tiempo. Parece impartiendo enseñanzas al hombre que lo acompaña, quien escucha con fabulosa atención. Una envidia sana me hace sonreír. No puedo creerlo. Me pregunto si habrá estado allí despidiendo a la gente y yo llego rezagada como siempre, o si es que Linda finalmente tenía razón: es cuestión de karma. Sea como sea, el momento es exclusivamente mío.

Superior a cualquier primicia periodística. Nota mi presencia y se detiene, voltea hacía mí. A su derecha queda el afortunado acompañante; a su izquierda, la bandera budista flamea alborotadamente. El momento se vuelve mudo. Estamos presentes solo su santidad, su guardaespaldas y yo. Nos miramos los tres. Yo lo miro a él, él a mí y su resguardo a ambos. Saco mi cámara, prohibida durante la audiencia. Me observa colocar el teleobjetivo y presencia mi encuadre. A través del visor advierto que se inclina ofreciéndome su mirada de buda sobre sus manos juntas en señal de vacuidad, de que todo lo contiene. Me regala una última sonrisa ante el «clic» de la cámara y desaparece, cubriéndose antes, con una capa dorada.

Mi vida queda detenida, en vez de caminar, floto. Hasta que, pasado largo tiempo, me invade el banal pensamiento que dice que «da fotografía es estar en el lugar exacto, en el instante preciso».

Con el ego en caída libre

El súbito despertar que me transfiere el Karmapa me deja colgada de la vida y con el ego en caída libre. Los días que siguen me dedico a andar con la mayor humildad, despojada de ideas y desprendida de mí misma. No vuelvo a sentarme a meditar como desapego a la forma. Vivir atenta y consciente es mi única meditación.

Entre tanto, la situación del XVII Karmapa Ogyen Trinley Dorje se complica, y las tensiones empiezan a hacerse latentes.[5] Su huida del Tíbet representa el éxodo más significativo desde que el Dalai Lama abandonó su tierra, y un hecho perturbador para las relaciones entre India y China, ya de por sí complicadas. Mientras India reitera no haber recibido ningún pedido formal

---

[5] El XVII Karmapa Ogyen Trinley Dorje huyó el 28 de diciembre de 1999 de la ocupación china del Tíbet. Tanto el Karmapa como el Dalai Lama son los bodhisattvas más importantes del budismo Mahayana, con la diferencia que el Karmapa se encarga únicamente de lo espiritual —Dharma—, mientras que el Dalai Lama tiene un cargo político. Se les considera bodhisattvas, porque han alcanzado el nivel espiritual más alto, proponiéndose, a su vez, darle la espalda al Nirvana para permanecer en la Tierra y ayudar a la raza humana a evolucionar cada vez más hasta alcanzar la Iluminación. Para ello están dispuestos a asumir el sufrimiento de todos los seres y a transmitir a los demás sus propios méritos kármicos. El XVII Karmapa es el primer lama reencarnado, reconocido y entronizado por el gobierno comunista de China.

respecto al XVII Karmapa, el gobierno chino le advierte que piense detenidamente qué postura adoptará. Le recuerda «los cinco principios de la coexistencia pacífica», elaborados en forma conjunta en los años cincuenta. En virtud de ellos, cada país tiene prohibida cualquier injerencia en los asuntos internos del otro. Darle asilo político al XVII Karmapa supondría una injerencia en los asuntos chinos, dado que India ya ha aceptado explícitamente «que el Tíbet es una parte inalienable de China».

Un estado de incertidumbre y tensión se apodera de Dharamsala, y el Karmapa se sumerge en la clandestinidad. Nadie sabe a ciencia cierta si permanece oculto en el monasterio de Gyuto o junto al Dalai Lama. Se especula que no solicitará a la India asilo político para no ocasionarle conflictos al país, pero también se teme que China, como represalia, refuerce la opresión en el Tíbet. Detenciones arbitrarias, purgas en los monasterios y ejecuciones entre los casi quinientos monjes encarcelados, según se dice, podrían ser las primeras medidas de venganza ejecutadas por el Partido Comunista.

La atmósfera se cubre de zozobra y complicidad; la población tibetana redobla sus rezos y las noticias solo hacen mención al tema. Se empiezan a oír las primeras presiones sobre India, por parte de otros países, para que dé asilo político a su santidad, alegando que «su destino es incierto si regresa a China». Presiones que llegan cargadas de temor ante la posibilidad de que la India rechace darle asilo y este se busque en Europa o Estados Unidos, lo que obligaría a otros gobiernos occidentales a enfrentar los mismos problemas que la India en estos momentos. Obviamente, ningún gobierno quiere líos con China. El desenlace me retiene en Dharamsala.

Mientras los días pasan, Kenny adquiere un lugar importante en mi vida. Su caballerosidad chapada a la antigua, su forma tan respetuosa de acercarse a mí, de hacerme sentir que el abismo cultural no es tal, de encontrar puntos de encuentro en nuestras inquietudes —tanto búdicas como fotográficas— me asombra. Me siento reflejada en él, y al hacerlo reconozco mis propias contradicciones. Mi constante búsqueda por mantener aquel estado vacuo que años atrás se me manifestó en Lima, y que hoy encuentra sustento en el budismo, se enfrenta por primera vez con aquella arma mortal que conlleva el acto de plasmar. El narrar y fotografiar que ha convertido mi ocio en negocio. Empiezo a ser consciente de que la imagen fija me jala los pantalones, me impide liberarme. Me encuentro llena de imágenes e impresiones inmortalizadas en mi memoria, en exposiciones, en revistas y publicaciones. Me sorprende ver cómo tengo catalogado todo mi pasado, ordenado en *print files*, en archivos colmados de imágenes que hicieron historia. Miradas que al ser reconocidas, alquiladas y remuneradas me han dado un toque de distinción; me han dado, además de un oficio, un nombre. He logrado desarrollar un estilo en mi fotografía, alimentando mi individualismo, diferenciándome de mi entorno, enajenándome de este.

No logro comunicarle a Kenny el verdadero sentir de mis cavilaciones. Él anhela que le transfiera conocimientos fotográficos, cuando al transmitirlos lo único que deseo es deshacerme de ellos y de todo lo que conllevan, como una serpiente que se desembaraza de su piel sin tener que endosarla a otra. Una disyuntiva que me azota y me impide ver el otro lado de la moneda: estoy intentando escapar del mundo de la forma, pero caigo en otro acto de aferramiento. Como pretender desembarazarse del lado izquierdo doblando constantemente a la derecha, para terminar caminando en círculo. Finalmente dejo de castigarme, de despreciar y de cuestionar mi *modus vivendi*, mi oficio de fotógrafa. Poco a poco voy soltando mis razones y reflexiones, mis apegos y rechazos.

Por otro lado, me atrae Kenny y me siento correspondida. Pero una mínima y espontánea señal de afecto de mi parte le crea tensión, le enrojece el rostro y origina una resistencia que me es muy difícil taladrar, lo que me obliga a replantear mi postura. Como única evolución cambiamos los apretones de manos por tiernos besos en las mejillas en cada despedida, y más adelante, por un distante abrazo con sabor a prohibido. Eso sí, cuando las luces del pueblo se apagan y no hay moros en la costa; él es un enigma, una especie de hombre VIP, un maestro de la tolerancia viviendo encasilladamente.

Me dejo llevar por él sin preguntar. Su amistad es un privilegio; su idioma y presencia me abren al mundo desconocido, a las villas más pobres, a los lugares más recónditos. En ellos, los hindúes, viviendo muy cerca al gobierno tibetano en exilio y manteniendo escasa relación con estos, nos abren sus puertas. Frente a una taza de té, exponen en hindi sus desventuras o preguntan sobre mí y la amistad que mantengo con un indio. Kenny me traduce usando palabras básicas en inglés, mi diccionario de bolsillo, las manos o algún dibujo. Una tarde ayudamos a pintar la fachada de una amplia casa, cuyo lúgubre interior se percibe atiborrado de ajíes. Solo una habitación sirve de dormitorio para todos. El padre, que perdió un ojo de una forma que desconocemos, fuma bidis sin control. En una mano sostiene la brocha y en la otra el cigarrillo liado. Imagino en qué momento aspira tabaco y en qué momento pigmento. La madre junto a sus dos hijas, cubiertas en seda de pies a cabeza y salpicadas de frescos matices de cabeza a pies, realizan el trabajo más intrépido. Colgadas de una maltrecha e insegura escalera de albañil pasan la brocha por donde el padre no está dispuesto a arriesgar ni se nos permite llegar a nosotros. La más joven tiene el rostro quemado. Lo disimula con un chal pero lo resalta con un gran arete sobre un orificio nasal. Es querosene, me revela Kenny a un lado. Cuando una mujer rechaza a su marido, se ve imposibilitada de darle un hijo o la familia de ella no cumple en pagar la dote, el marido la quema o, con suerte, solo la desfigura.

Coronada la obra de un verde esmeralda, buscamos la gloria en el Shiva Café. Una acogedora guarida montada en lo alto de una cascada, donde el agua ruge debajo de nosotros a ritmo acompasado, alentado por los ancestrales sonidos que unos australianos emiten con sus largos didgeridoos. Una apetitosa nube aromática, formada por los chillums que van y vienen, nos alegra a todos. Los presentes bailamos como indios americanos, sacamos polvo al polvo; mientras el sol, convertido en una pelota de un anaranjado incandescente, accede a hundirse, llevándose a su paso la luminosidad del día. Con este, el entretejido de montañas, las aguas atravesando el sonido y una alta muralla de roca maciza que conduce a una aldea cercana. El cielo se desprende de su azul rabioso, muta hacia los tonos fucsias y lilas. Resuenan las campanas de un templo cercano dedicado a Shiva y dispersas farolas se encienden anárquicamente. La música continúa, los cantos occidentales se exaltan y los chillums rotan con mayor vehemencia. Dos monjes atraviesan el lujurioso lugar.

Se sientan a mi lado, inhalan con gusto el sahumerio de perdición y anotan en mi bitácora, a la luz de la gran luna —que aparece como un camión por detrás de una montaña— el alfabeto tibetano y algunas frases básicas que, según me dicen, necesitaré cuando recorra lugares más apartados. El viento nos peina las cejas, empieza a flagelarnos, barriéndonos al interior del café. Las paredes no dejan espacio sin pintar. De cada arista emerge un dibujo, cada uno más proyectado que el anterior. Ganesh, Shiva, Parvati, Vishnu y Kali se reúnen, misma junta de directorio. Representan a su modo *La última cena*. Los girasoles y flores de loto se barajan con mujeres convertidas en ramas de árboles o floreciendo del agua. Kenny queda absorto ante una pareja esculpida. Se distinguen caminando, con los brazos extendidos y los ojos cerrados, bajo un *«what is the path?»*. Retornamos al pueblo con los brazos estirados, invocando aquel concepto. Los audífonos del *walkman* nos mantienen unidos a través de un suave *trance* psicodélico. La noche estrellada nos impulsa a buscar las apiñadas constelaciones que, escondidas entre la Vía Láctea, marcan el techo de nuestros sueños. No podemos dejar de bailar, a prudente distancia, el *trance* que nos une. El viento insolente nos obliga a danzar cada vez más enérgicamente, alentando con indiferencia nuestro *trip*. Por momentos, los audífonos se liberan de nuestros oídos sometiéndonos a las inclemencias del tiempo. Intervalos que nos impulsan a seguir avanzando y, por supuesto, a parar cada tanto, para después continuar bailando. A ese ritmo, poco a poco, los hábitos empiezan a congregarse, y los amigos, tanto indios como occidentales, empiezan a ser parte del presente. En una fonda tomamos el té del estribo.

Casi sin darme cuenta comienzo a sacar el pie del embrague y mi inglés fluye a rienda suelta. Bueno, no tanto. Estoy lejos de la perfección, pero estoy en algodón. A los extranjeros les meto letra con gran elocuencia y recibo a cambio señales de entendimiento. Kenny toma distancia en esos momentos. Me observa fluir con mis semejantes de la misma forma que un padre orgulloso observa los progresos de su hijo. Levanta de cuando en cuando el pulgar, como recalcando que lo estoy haciendo bien. La sonrisa abierta, la mirada mansa al fondo de sus oscuras ojeras y la aprobación condescendiente por parte de mi amigo me hacen sentir libre y, a la vez, protegida.

Poco a poco se van agotando los rincones por explorar. El tiempo pasa y me advierto demasiado acostumbrada a mi casa, a mi entorno, a los rumores y noticias del XVII Karmapa, al que sé que no volveré a ver.

Me propongo ir al sur. Me advierten que el monzón está por allá, que la lluvia es feroz, que los mochileros están subiendo a la montaña… Perfecto, me digo. Sin turistas.

La adrenalina que provoca la partida hacia tierras desconocidas empieza a invadirme. Es la hora del Ángelus en muchos lugares del mundo, pero en aquel retiro perdido solo se escucha: «*Sang gye/ chö dang/ tso cyi/ cho nam la/ dyang chub/ bar tu*». Me encuentro fuera de tono. Mi estado de ánimo me impulsa a tararear: «Que me pongan salsa, que me pon, que me pon, que me pongan salsa». Recupero el Sony y coloco en su interior un casete pachanguero. Desde mis aposentos observo que mis conocidos detienen sus actividades y fijan la vista en dirección a la música. La anciana de las vacas, que no por ciega sorda, aparece en el umbral de su morada. Se jala las orejas y con ellas las turquesas, como para escuchar mejor, como el lobo feroz. A su lado, su consorte toma conciencia de la interferencia minutos después de humedecerse el dedo índice con saliva para proceder al cambio de página. Mientras me deleito viéndolos por última vez, un jardinero se interpone entre ellos y yo; mira hacia mi habitación en primera fila de platea. Mi reliquia vecina, con sus ralas trenzas grises y el rostro surcado, se asoma a mi ventana. Apoya el rostro en el vidrio, al instante empañado, con la nariz aplastada olfatea como para comprobar si es la renunciante — monje no establecido en un monasterio— con la que cree vivir, supongo por la cabeza rapada, la causante de su desconcierto. Por mis adentros corren profundas ganas de jalarle los cachetes. Poco a poco los monjes se van acercando. Preguntan por la procedencia de los cánticos. Argumento que al igual que ellos fortifican sus prácticas cantando, en mi país le bailábamos a la vida. Testimonio que da lugar a una fugaz clase de baile. Mientras ellos hacen buen uso de sus túnicas, yo gozo dándoles vueltas y vueltitas. El monasterio entra en tal relajo que, ante el estruendo de la trompeta que llama a la puja, cuatro monjes hacen caso omiso al aviso. Opto por dejar el trajín de la partida para el siguiente día y acudo al cine. Los cuatro monjes deciden acompañarme.

El cine local es un apretado corredor, con bancas de madera encaminadas al maltrecho televisor. Una enlodada cortina, constantemente abierta, lo aísla de la calle. Razón por la cual, las canciones de Abba —que reviven *Las aventuras de Priscilla, reina del desierto*, la película del día— se mezclan continuamente con el Om mani padme hum que proviene de la vía. La trama, basada en el peregrinaje de un grupo de travestis por Australia, me es conocida, por lo cual mi atención se enfoca, constante y sutilmente, en mis acompañantes. Los monjes, con la boca siempre abierta, se sumergen por entero en el argumento. Por momentos ríen o comentan entre ellos, en un tibetano que me es ajeno. A la salida, y con ganas de seguir gozando de la compañía, los persuado para pasar por la cantina por un té y, de paso, avisarle a Kenny de mi partida. No muestran rebeldía.

Kenny me acompaña en taxi a la estación. Me apena la despedida, no sé si lo volveré a ver. Antes de subirme al bus me lanzo a sus brazos, pero él me rechaza con una mano en alto. Con un apretón de manos nos despedimos. En su mano noto que me entrega algo. No lo rechazo, para darle el ejemplo. Un porro armado y una bola de «chocolate», no del que se come sino del que «te pone».

En su descenso, el bus traspasa el tupido bosque de pinos, las montañas pierden altura y la radio arroja música estridente. Sin andar con preámbulos ni pedir permiso, tomo prestado el encendedor del conductor y prendo el porro. No soy la única que fuma, pero sí la insolente que exhala hachís. Muchos me observan y comentan entre ellos. Solo un pasajero me insinúa algo sobre el contenido de mi desenfreno. Niego con el mayor descaro. Intento endosarle un «cómo te atreves a tal blasfemia». No sé si lo entiende, pero poco me importa. Está buena la merca. Lucho por no carcajearme.

Un tren conectado en algún punto me transporta nuevamente a Delhi. Decido abstenerme de la embajada peruana, pero no tengo idea de dónde alojarme. Termino pagando un *railway retring room* en la misma estación. En el tercer piso, una anciana coja, con una amplia argolla llena de longevas y churriguerescas

93

llaves de la época de mi tatarabuela, me conduce por un siniestro pasillo. Familias enteras de indios deambulan, comparten el espacio, el betel, algunas fritangas y muchos bidis. Definitivamente, no es un lugar frecuentado por mochileros. Luego de probar cada una de las llaves, ante las miradas inquisidoras, me abre mi alcoba. La amplitud del cuarto contrapesa la sobrepoblación de muebles estilo Bancarto. Tres juegos de sala, varios catres juntos, un frigobar de abombado olor, mesitas para todos los gustos, algunas sillas de variada colección y un despliegue de ceniceros rajados, en el mejor de los estados, dan el ambiente adecuado. Lo mejor es el baño. Una amplia tina, primera vista en el viaje, se presenta despostillada y manchada. A su lado, el lavamanos declara ser de la tercera edad. Al frente, un wáter occidental me invita a descansar mi humanidad. Sintiéndome el último emperador, empiezo por el aseo. Primero las uñas. Me corto una por una hasta llegar al dedo delator, observo su amarillento color y no encuentro razón. Me justifico, como buen fumador. Las uñas de los pies, convertidas en garras, solicitan mi atención. Las dejo cuadradas para estar a la moda. No tengo hisopos, refinamientos aquellos. Destrozo una toalla higiénica, extraigo su algodón y lo envuelvo en un palo de fósforo. Un privilegio en el aparato de audición. Recorro el pabellón de la oreja y luego el conducto auditivo externo hasta topar con el tímpano. ¿Y si lo atravieso? Si por lo menos pudiera introducir un hilo dental y recorrer la trompa de Eustaquio, ¿adónde llegaría? ¿Y si más bien me adentrara por el martillo, el yunque y el estribo, para perderme luego por el laberinto y el caracol? Perdería el equilibrio, o quizás oiría mejor. ¿Oír qué?, ¿el ruido de la estación? Los itinerarios del ferrocarril dominan el sonido. Hace calor, el aire del ventilador remueve el polvo escondido. Me libero de la percudida ropa y me descubro en el espejo. Hombre, había espejo. Con complacencia miro mis pechos. No se pueden quejar, los he hecho gozar. Se erectan agradecidos y garbosos. No hay por dónde, niñas, ha sido un honor.

Salir renovada de mi habitación es un *shock* mayor. Solo dejar la habitación en un acto de deslizamiento para tratar de, en la medida de lo posible, pasar desapercibida es toda una hazaña. Atravesado el concurrido corredor, la escalera se presenta cubierta por una alfombra humana. Tomando una siesta, algunos horizontalmente y otros verticalmente, los indios ocupan los escalones como si fueran empleados de una fábrica en huelga. Otros se atragantan la cena. Con la mano mueven la comida del plato, o del recipiente que tengan, hasta convertirla en una inmensa bola que a la fuerza se embuten. Las desvanecidas paredes, salpicadas espontáneamente de rojo betel, me dicen mírame y no me toques. En la planta baja, la sala de espera no deja espacio para cruzar. Echados sobre papel periódico y con las cabezas apoyadas en cajas de latón, usadas como almohadas, miles de personas esperan su tren o quizás el transcurso de sus vidas. No existe violencia religiosa. Las barbas musulmanas se mezclan con los dhotis —tradicional vestimenta hindú—, los turbantes con las frentes pintadas. Las coloridas mujeres hindúes ponen el color, mientras las musulmanas conducen el velorio. Un sacerdote jainista se hace camino entre todos, desnudo como Dios lo trajo al mundo, forma peculiar de este credo de practicar el rechazo a los apegos. Se forman grupos. Las cartas y el té se ponen a tono. Una vaca observa la baraja. Pocos hacen crucigramas. Los indigentes se esparcen y se congregan, intercambian palabras y bidis. Los animales son los más diestros para abrirse camino. Un búfalo pasa por encima de una balanza. En ella queda un dibujo psicodélico bailando sin control. Los perros sarnosos son más cautelosos, se rascan mientras definen su estrategia. Los vendedores de *biscuit,* fritangas y agua te embisten con sus ofertas. Los porteadores, con camisón rojo y trapo blanco hecho turbante, te empujan, pasan por encima de la gente rendida a sus pies. Algunos te ofrecen masajes. Los taxistas te persiguen. Los cazaturistas te acosan. Los que aún conservan energía te miran. En realidad, te observan todos, siempre les queda fuerza para ello. En otra sala de espera, largas hileras de asientos rodean las paredes como en fiesta de pueblo. Los asistentes, sentados como quinceañeras que nadie saca a bailar, te miran sin parar. Congregados en el centro del recinto, las vacas y los búfalos observan el trajín. Entre los animales se apilan baúles de latón y maletas con cubierta de tipo camuflaje. Bolsitas con meriendas van atadas a estas.

Los andenes rebosan de indios. En cuclillas esperan su tren o realizan sus quehaceres cotidianos. Se cambian, se acicalan o se alimentan. Por encima de ellos saltan constantemente los agitados vendedores, que con grandes canastos de mercadería sobre sus cabezas recorren el recinto en una especie de carrera con vallas. Un pequeño grupo de operarios corre a pata pelada por los rieles del ferrocarril, cual cuerda floja. Empujan vagones de mercancías hasta que toman viada y de un impulso los abordan para engancharlos a otra máquina. Las mujeres acercan a sus pequeños críos a las vías férreas. Elevan sus cuerpos y esperan que las evacuaciones fluyan bajo los patrones de gravedad. Algún tren en marcha se los lleva. Los expande al igual que la idea de civilización que algunos foráneos recordamos. A los extremos de la plataforma se acumulan hombres y mujeres que por falta de tiempo, o de civismo, no acuden a los baños. Sus fluidos se propagan como pequeños ríos. Infinidad de trenes van y vienen, se enganchan y desenganchan o simplemente se cruzan. Un «expreso» pasa sin detenerse; exhibe en orden de comodidad todas las categorías: primera clase con aire acondicionado, segunda clase con aire acondicionado, tercera clase con aire acondicionado, *sleeper* con aire acondicionado, sillas con aire acondicionado, enganchados a ellos, con las ventanas y puertas abiertas siguen los vagones sin aire acondicionado; primera clase, segunda clase, *sleeper* y el popular vagón de viajeros, como siempre, desbordando pasajeros. Los atuendos diferencian los credos. Los sikhs conversan con los musulmanes, estos intercambian meriendas con los hindúes; los cristianos observan escandalizados a los jainistas. Veinte personas, aproximadamente, asoman por cada ventana. En una puerta abierta, unas cien miradas se dirigen a la estación. Al filo de esta, un niño orina. Su agüita amarilla se desplaza, hace un charquito debajo de él y riega de paso, ayudado por el viento, a la gente que lo rodea, quienes observan la escena pero no se inmutan. El tren sigue su rumbo sin detenerse y el niño pone fin a sus micciones con una tierna sacudidita. Conservando sus quince centímetros cuadrados, se sienta sobre el pequeño charco. Me pregunto en qué momento tomo la foto. ¿Realmente vale la pena? Si encuadras o capturas un fragmento te pierdes el resto. Hay imágenes que hay que soltar. Dejar que sigan su paso. El ruido perturbador me arranca de la reflexión. Los itinerarios del tren, anunciados por los altavoces, se fusionan con las melodías que estallan en los puestos de venta de casetes. Me siento un bicho raro y por eso asumo que todos me miran. Salgo de la estación.

Afuera, la ciudad huele a orines de gato. En medio de un desborde de carteles y anuncios de estética cuestionable se presenta el mismo tumulto que adentro, pero en movimiento. Rickshaws, ciclo-rickshaws, motos, bicicletas, peatones, vacas y búfalos se rozan sin tocarse. Los transportes mayores se imponen con el clásico *«horn, please»,* que resulta más eficiente que la misma Policía. Todo tipo de productos y servicios me son ofrecidos, desde dentaduras recuperadas en cremaciones hasta limpieza de oídos. Las sagradas vacas, en un constante festín literario, se aglomeran frente a rebosantes papeleras, alimentándose lenta y majestuosamente de periódico y cartón. Cuando estos se acaban, siempre acude una mano milagrosa con un nuevo cargamento de manuscritos. En las escasas bancas, rebanadas a tamaño unipersonal, para evitar que hombres y mujeres mantengan indigno contacto, los varones se sientan uno sobre otro.

Es demasiado. Ya estoy mareada. Decido emprender la retirada, no tengo nada que hacer en Delhi. Paso por la Peruvian Embassy y dejo en custodia algo de abrigo para Nepal. Meto el resto de mis pertenencias en una caja y las envío por barco al Perú. Si llegan, bien; y si no, qué pena.

Del Kamasutra a la ciudad sagrada

Un viento en marea alta abofetea sin piedad al bus. Lo hace surfear, lo introduce por un tubo para revolcarlo a la salida. Goza con este como un gato con un ratón. Le muestra el poder del dragón y, de cuando en cuando, le da un aventón. El bus se mantiene atrevido en apariencia y vulnerable en su interior. El paisaje, restringido a la imaginación por la turbia y castaña polvareda, trasluce un contexto rural. Los pasajeros se miran entre ellos. Los niños lloran. Los adultos se secan los rostros con mugrientos trapos, las marcas en sus frentes huyen. A los bebés se les corre el delineador hasta la barbilla. Pintadas en sus pequeñas cabezas, algunas esvásticas —símbolo de la buena suerte en el hinduísmo— se escurren por sus orejas. Una fragancia repugnante ensambla los olores de pezuña, sudor, sobaco y grasa. El tiempo parece eterno y perverso.

Tras brincos, polvo y quejidos malhumorados del motor, el bus se detiene en el pueblo perdido de Khajuraho. La tierra, levantada por la máquina a su paso, nos regresa, nos cubre. Los pobladores logran atravesarla precipitadamente; ofrecen servicios y productos. Los dulces y los salados no muestran diferencia. El agua y las gaseosas tampoco. Todo se encuentra disminuido ante el color tierra. De a pocos el lugar se revela. Grandes construcciones terminadas en punta se sugieren como un espejismo cargado de promesas. Finalmente los presagios se vuelven palpables. Veintidós templos eróticos, construidos en piedra arenisca, se sitúan uno cerca al otro. Los únicos conservados de los ochenta y cinco que la dinastía Chandella —uno de los linajes rajputas más poderosos de la India central— erigió entre los años 950 y 1050 en este lugar, hoy convertido en una pequeña aldea con una pobre agricultura de subsistencia.

El complejo de templos tiene buen lejos, pero de cerca sus elementos decorativos los vuelven únicos. Toda la gama de posiciones y posibilidades del Kamasutra comparte el espacio con dioses y diosas, guerreros y músicos, animales reales y mitológicos. Formas humanas y divinas entrelazadas rompen el límite entre lo sagrado y lo profano. Talladas sin pudor ni mojigatería, hombres viriles y mujeres voluptuosas se hallan inmortalizados en piedra, retozando con las posturas más eróticas y escabrosas. Pretendo tomar nota, pero me detengo. Para qué tanto esfuerzo, mejor tomo fotos, ¿no?

Los cánticos hindúes truenan a precavida distancia cuando cargo la cámara y empiezo a disparar. Una yegua mama del miembro viril de un hombre, otro individuo introduce su falo erecto por detrás del mamífero. Una mujer se tapa los ojos, escandalizada ante la escena. Surya, el dios Sol, rodeado de dinámicas orgías, cruza los cielos en su carro de siete caballos. En fila india varias fornicaciones anales conducen a una mano femenina sacándose una espina del pie. Un hombre, de cabeza, penetra a una dama, la cual encuentra apoyo en los hombros de dos ninfas celestiales. Poses provocativas se barajan con comilonas, escenas de guerra y cacería. Las artes de alcoba se mezclan con actos de perversión y sexo en su aspecto más carnal. Dioses y demonios agitan el océano para obtener del fondo de las aguas un cántaro de néctar milagroso. Las damas se entretienen entre ellas y los varones se las ingenian detrás de ellas. Una doncella celestial, junto a un león, se contempla en el espejo. Saca poto como cualquier latina zalamera. Otras figuras femeninas, en posturas sugerentes, interpretan música, se acarician, se lavan el cabello o se aplican maquillaje. Conforme el lente va registrando los frisos de abajo hacia arriba, las escenas de guerra y lujuria se transforman en arte y amor.

Decido cambiar de lente. Enrosco el macro. Busco los detalles. Gotas de almíbar sobre la trompa de Ganesh se secan al sol. Senos redondos, constantemente manoseados, se muestran pulidos, resaltan el color de la piedra. Órganos genitales manchados con polvos color carmesí. Once cabezas ocupan un cuerpo. Recorriéndolas descubro al propio Vishnu en la cabeza central. Penes a gran escala, eyaculan y penetran, son absorbidos y relamidos. Un brazo conduce a otro y este a otro hasta completar los ocho brazos de Shiva. Alhajas, modeladas minuciosamente, cubren muñecas y tobillos de estilizadas figuras. Los relieves transmiten la textura de las delgadas vestimentas. La sensualidad está perpetuada, envuelve y agobia. Mi ojo izquierdo, mi ojo fotográfico, me pide mayor información. Quiere saber qué pasa por el barrio. Paneo con la cámara. Ojos de camello, viejos sin edad, bicicletas sin pedal, muñecas forradas en coloridas pulseras, rasgos indios, pordioseros, bricheros, miradas sigilosas que me acechan, una obscenidad que me ofrecen. Me ofende. Despego la vista del visor. Miro al atrevido, me provoca tirarle por la cabeza a Camote, mi cámara. Pero me contengo. Una panorámica soberbia me aleja del disgusto. Los templos, elevados sobre sus terrazas, se alinean de este a oeste con las entradas hacia el naciente. Sus altas torres se alzan como el Himalaya, mostrando la preocupación de sus constructores por elevarse más allá del mundo material, hasta el moksha —la liberación final del ciclo de reencarnación—. La combinación de estructura y escultura adquiere un sentido único de perfección. Cuidados jardines circunscriben las magnificencias. Frondosos árboles las abanican. Una enérgica hueste de jardineros avanza audazmente en cuclillas, corta el césped con machetes.

Sin dudarlo cambio el lente. Un gran angular me abre el plano. ¡Ajá! Esto le gusta a la gente. Un buen reportaje se podría hacer. ¿Qué piensas? Estaba justo pensando lo mismo. Mi ojo avizor me dice que no piense tanto, que le pase la máquina. Guardo mi año sabático en una división del maletín y de este extraigo los *slides*. Rebobino y cambio de rollo. Me despido con complicidad del negativo. Dame un *coffee break,* le digo. Miro con ojos de editor, disparo sin control.

Un templo cercado por banderas de colores me llama la atención. Me descalzo y subo las escaleras. El sol boicotea mi espiar, me achicharra las plantas de los pies. No logra su cometido, me quemo por explorar. Grupos de mujeres me cruzan, cargan ofrendas. Un sacerdote hindú, con la frente atravesada por tres rayas amarillas y el cuerpo exageradamente erguido, me causa gracia. Lo rodea un sinnúmero de objetos hindúes, los mismos de siempre pero multiplicados, como en colección. Parece un chamán ante su mesa. Detrás de él y ocupando casi todo el espacio, un gran falo pulido de casi tres metros de altura, símbolo de la virilidad del gran dios Shiva, emerge de un pozo poco profundo y colmado de agua, representando la vulva de la gran madre Shakti. Ante el lingam, las mujeres hacen cola para postrarse. Oran para sus adentros, apoyan sus manos y sus frentes en el monumento fálico, el cual se encuentra marcado desordenadamente por manchas de bermellón y trazos de Om, la sílaba raíz. Ubico el mejor ángulo y saco el flash. El sacerdote protesta, me señala la cámara y emite una seña de prohibición. Le ofrezco unas monedas. Se yergue aún más, prácticamente se arquea, me sonríe y posa feliz ante mí. Sin ahorrar película disparo cuanto puedo, hasta que el sacerdote pone fin al asunto. Me indica sentarme frente a él. Me marca la frente y me obliga a repetir mantras larguísimos, una suerte de trabalenguas. No me suenan conocidos y me imagino que me repasa, como a un loro, un «te estoy tomando el pelo, me estas tomando el pelo, te estoy tomando el pelo», algo así como escribir cien veces «no debo...». Me importa un bledo, me divierte su severa actitud. Me recuerda a mi abuelo, el coronel José Ernesto La Rosa Llosa, quien de niña me persuadía con un sencillo para que aprendiera fábulas: «Estudia, joven, estudia y no serás cuando crecido el juguete vulgar de las pasiones ni el esclavo servil de los tiranos». El sacerdote interrumpe mis repasos, detiene el paporreteo, me exige más dinero. Le ofrezco más, pero no le parece suficiente. Se siembra la discordia. Yo no hablo hindi. Él no habla inglés y yo cuando quiero tampoco. Me paro, le hago una reverencia y parto con la certeza de que tengo «la foto».

Sofocada de tanta sensualidad perversa, decido alquilar una bicicleta para recorrer los campos aledaños. Una insensatez, teniendo en cuenta que estamos a más de cuarenta grados, en terreno abierto, y bajo un sol que no muestra ningún tipo de misericordia. Pero es la única forma de conocer la sencilla vida rural que actualmente abraza al Kamasutra. Un manso manto de interminables cultivos dorados, con campesinos de piel chocolate. Hombres que dormitan bajo una sombra o siguen las huellas del arado. Mujeres que se sumergen y reaparecen entre el mijo. Lo cortan y lo trasportan sobre sus cabezas en canastos tan grandes que parece un reto al equilibrio. Algunas llevan sus bebés en hombros. Los hogares impresionan por la pulcritud. Parecen de estreno, como recién terminados de pintar. Todos blancos y con poyos en el exterior, donde marcan el lugar exacto para desgranar maíz. Los interiores son incluso más limpios. Parecen a la venta, sin propietarios aún. Apenas unos utensilios de cocina, minuciosamente acomodados, las delatan como morada de un ser humano. Este aseo de la gente del campo, en un país por lo general mugriento, resplandece.

Entre tanto, el encargado del *guest house* donde me hospedo, un impertinente obsesionado en ser mi «amigo íntimo», me hace la estadía a cuadritos. Al abrir mi puerta por las mañanas siempre está allí, sonriente y ansioso. Cuando vuelvo por la tarde, lo encuentro dormitando en el suelo, delante de mi entrada. Por las noches, lo siento roncar y gemir detrás de esta. Me sigue por el pueblo, me reta por no cenar en el restaurante del *guest house*, y siempre habla de nuestra sincera y profunda amistad. Al principio le sonreía y me quitaba. ¡Indios! Después me tomé el tiempo de explicarle que no tengo intenciones de hacer amigos, que lo único que busco en su sitio es un cuarto para dormir. Pero llega el día que mi paciencia alcanza el límite y no puedo más que mandarlo al diablo. «¡Chelo Pakistán!», le grito desde lo más profundo de mi desesperación. Sé que es la peor mentada de madre que se le puede lanzar a un indio, así que espero cualquier reacción. Una prolongada escena de macho rechazado fue su respuesta, para luego hacerme la vida imposible.

Harta de él, de la temperatura y de las moscas que sobrevuelan el pueblo, decido partir. Una grata sensación de pueblo rural y erotismo descomunal me acompaña a la estación de bus. El bochorno empieza a aplastarme. El primer bus del día me ha dejado. El segundo no llegó. A la tercera va la vencida. Bien instalada en su interior decido ir al baño antes de partir. Le pido un minuto al conductor. Al subirme los pantalones, después de una prolongada dicha, descubro que no tengo la bolsita con la plata, el pasaporte ni los *travellers checks*. Maldición. Han pasado más de seis horas y el presagio no es del todo optimista. Desencadeno mi *day pack* del asiento, le agradezco al desconcertado conductor y en un taxi vuelo al *guest house*. Mi enemigo me recibe con una fulminante mirada. Pienso que nunca he visto a nadie tan serio, pero no me detengo a indagar en mi memoria si el veredicto es cierto. Subo los escalones de tres en tres hasta llegar a mi piso. Agitada estoy cuando abro la puerta de mi habitación. No ha sido ocupada, tampoco limpiada y mi bolsita está allí: debajo del colchón. Intacta. Bajo las escaleras airosa y con la bolsa en alto, como mostrando un trofeo. Casi puedo percibir el humo saliendo por las orejas del enfurecido encargado. Pienso en recomendarle la película de *Shrek,* el energúmeno, para que se ría un poco de sí mismo, pero no me tomo la molestia. Debo esperar otras tres horas para tomar el cuarto y último bus.

Varanasi, o Benarés, como antiguamente se le conocía, se disputa el título de ciudad más antigua del mundo con Tebas y Babilonia.

Al ser la Ciudad Sagrada para los hinduistas, te muestra de entrada, y a modo de resumen, todas las razas, pueblos y castas del subcontinente indio.

Diversidad que se mueve en medio de un tráfico caóticamente organizado, donde la pata del elefante roza la rueda del carruaje que arrastra un buey, quien tiene la testa prácticamente metida entre las piernas de un camello, cuya cabeza sobresale por el roce de una bicicleta con un medio de transporte más o menos convencional. Cuernos de búfalos aparecen amenazantes, mientras en medio del caos una vaca camina plácidamente en sentido contrario, con toda la frescura y derecho que le da el ser sagrada. Por momentos es necesario levantar las piernas dentro del mismo rickshaw para que los peatones crucen las calles a través de este. Suben y bajan a la volada por la inexistencia de espacio entre uno y otro.

Por la suma de cinco dólares consigo una habitación con baño occidental y balcón hacia el corazón del Casco Viejo, un caprichoso laberinto de calles, angustiosamente estrechas y apiñadas, cuya estrechez no permite transitar juntos a un hombre y una vaca. Atajos preñados de restos y fragmentos de defecación, vivos colores, cortejos fúnebres, cantos hinduistas y un sinnúmero de puestos comerciales donde no entra ni el vendedor. Perderse por las callejuelas, donde los rayos del sol nunca han sido invitados, es encontrarse con lo inesperado. Un cuerpo desnudo, que atraviesa rumbo al Ganges, pintado desde los genitales hasta el tercer ojo con una línea que simboliza el ascenso de Kundalini, el poder de la serpiente. Un asceta con una piedra colgada a su flácido pene, en un acto de mortificación y ensimismamiento. El janeo o hilo brahmánico de algodón trenzado marca el *statu quo* de algunos privilegiados. Veinte millones de sadhus. Bueno, quizá tres. Un montón. Llenos de polvo, con los pelos enmarañados, las frentes marcadas y escasas vestimentas, ponen en evidencia el tipo de vida con la que han decidido contraer nupcias, no hasta que la muerte los separe —eso es una banalidad—, sino con la recatafila de vidas que han de atravesar, ascendiendo por la maraña de castas y subcastas. Las mujeres hindúes, poniendo siempre el color, aparecen con grandes canastas de ropa para lavar o de flores para vender. Los cuerpos húmedos o secos certifican si vienen o van al baño sagrado que purifica todos los pecados. La esvástica, apropiada luego por Hitler, está presente en cada metro, en los mantos, en las cabezas rapadas de los niños, en las vasijas de cerámica para las ofrendas y en el corazón de más de uno. Los vendedores de hachís se encuentran a la orden del día y media concurrencia te ofrece masajes: «*Massage, madame, massage*».

El casco viejo bordea al río Ganges en su orilla occidental, como una prodigiosa silueta de palacios, rezagos de los maharajás y de la India monárquica. Dispuesto a un nivel más alto del sagrado río y unido a este gracias a innumerables escaleras de granito, llamadas ghats, ofrece desde el amanecer un cuadro de lo más complejo y fétido. En estas escaleras se aglomeran, día a día, millares de hindúes para los baños de purificación que su credo les exige, y para incinerar a sus cadáveres.

El ambiente de las cremaciones es espeluznante y me resulta fascinante. Los cortejos atraviesan el casco viejo entonando cantos fúnebres, para luego descender por los ghats hasta las pilas funerarias ubicadas al borde del Ganges. Llevan el cadáver en una camilla de bambú, cubierto con un lienzo. Mientras esperan que una pira se desocupe, negocian el desembolso, el cual depende básicamente de la cantidad de madera a usar. Cada tronco es pesado minuciosamente en una gigantesca balanza que permite obtener un precio exacto. Cuando una pila queda vacante, el costo pagado por adelantado y los nuevos troncos colocados, depositan el cuerpo inerte. Solo se encuentran presentes los familiares hombres, ya que las mujeres son propensas al llanto. Con la cabeza rapada, el hijo mayor —en caso de que se trate del padre; o el padre, si el cadáver es de la madre, la hija o el hijo— rodea la pira tres veces con un manojo de hierba seca. A la tercera ronda prenden la hierba e introducen el fuego por la boca del difunto para que pueda salir el alma. Cuando el fuego toma vida se sienta, junto con los otros parientes, a esperar a que el cuerpo se consuma. Demora aproximadamente tres horas, hasta que se reduce a un carbón de unos treinta centímetros, quedando en el caso del varón los pectorales y en el caso de las damas la parte de las caderas. Para llegar a ese punto, la piel se quema primero, previa hinchada de pies y manos, los cuales se mantienen rígidos y abiertos por largo tiempo como pollos de mercado. Poco a poco, los huesos van cediendo al fuego, se parten y caen al suelo. Los que trabajan en aquel oficio día tras día levantan, con ayuda de un bambú, partes de piernas, brazos o pies y los vuelven a introducir en la hoguera. Con la misma herramienta les dan vuelta, una y otra vez, como carne a la parrilla, para que se cocinen parejo por ambos lados. Cuando el rito llega a su fin, el familiar más cercano coge una vasija de cerámica, con agua del Ganges celosamente atesorada, y la vierte sobre los restos. Al quedar solo humo de fuego apagado, saliendo de un «algo» carbonizado, lo toma con dos bambúes, como si estuviera en un elegante restaurante japonés, y lo tira al río. Le da la espalda para dejarlo partir. Para que no quede huella, estampa con furia la vasija de cerámica en el suelo. Nadie mira atrás. Dando paso al siguiente, se alejan como llegaron, entre amigos y allegados.

Por delante del proceso y de los familiares que esperan, algunas barcas con turistas observan la escena desde el río, mientras el barquero les va explicando los detalles. Está prohibido tomar fotos. En tierra, los niños, como quien pesca renacuajos y ayudados por bambúes, extraen de las profundidades del agua el último rezago de un cuerpo cremado. Las niñas buscan entre las pilas algún recuerdo del difunto, ya sea una cadenita o una dentadura, o simplemente atraviesan el lugar recogiendo estiércol de vaca para llevar a casa. Otros grupos de infantes vuelan cometas o saltan la soga arrimando las vasijas rotas. Las vacas y búfalos merodean, defecan o se ponen cómodos para inhalar tranquilos el hedor propio de la descomposición. Los perros husmean y se echan, hasta que el viento cambia de sentido y el humo los invade. Situación que los hace incorporarse y buscar otro espacio a gusto, previa rascada de pulgas y sarna.

Los entrometidos extranjeros observamos perplejos. Los indios insisten en aclararnos la situación. De los niños acepto el servicio. Se pelean por contarme: «Yo, yo, yo dije primero». Me ruegan como en Lima lo hacen para cuidarme el auto. De paporreta me dan el precio de la leña, la cantidad estimada de acuerdo al tamaño o grueso del cuerpo, el tiempo en consumirse y por qué algunos están excluidos de la quema: los niños menores, porque son inocentes; las mujeres embarazadas, porque llevan un cuerpo

109

inocente; los leprosos, porque sus bacterias contaminan; los sacerdotes brahmanes, porque ya no necesitan, ya están en el cielo. Tampoco se crema a los pobres, enfermos o viejos que no tienen familia, porque nadie pone el dinero para la leña. —¿Y qué hacen con ellos?—, les pregunto. Los llevan río adentro, les amarran una piedra para que se hundan y los lanzan enteros. A veces también queman solo un poco del cadáver, hasta donde sus parientes pueden costear la leña, y los arrojan al agua a término medio. Interesante, pensaba yo, por eso que hay tanto frío suelto. Les pregunto qué pasa si tomo una foto. Con despreocupación me contestan que, al igual que los desamparados que no tienen dinero para morir dignamente, te agarran, te amarran una piedra al tobillo y te lanzan en medio del río para que te fondees. Joder, felizmente me puse a dibujar.

Siguen su explicación: el satí —la antiquísima tradición a la que los ingleses pusieron fin, obligaba a las viudas a seguir en la muerte a sus maridos, inmolándose con ellos—. La viuda subía a la pira, abrazaba el cadáver y los parientes más cercanos prendían fuego a ambos. Según la fe hindú, toda mujer que se dejara quemar conjuntamente con su marido entraba con él al cielo. La viuda que amaba a su consorte solía arrojarse a las llamas con un placer fanático; las mujeres que no tenían el valor para semejante sacrificio y lo rehusaban, quedaban expuestas al desprecio de parientes y vecinos.

Mientras los escucho, un golpe seco me hace voltear la cabeza. Desde lo alto del ghat en el que nos encontramos, un hombre desciende mientras arrastra un cadáver envuelto en una sábana blanca. Al ser jalado por los pies desde quién sabe dónde, el cráneo se encuentra destrozado. La parte superior del bulto es una sola mancha de sangre fresca que va dejando a su paso un riachuelo color rojo vino. Quien se ocupa de darle sepultura lo hace sin ganas. Indolente es la palabra. A la mitad de los escalones lanza una señal a un barquero, quien alista su embarcación sin inmutarse. Al llegar a él, el porteador se sube a la barca y esta se desprende de la orilla sin subir al desdichado. Como si fuera un agotado y perezoso esquiador de agua, veo cómo alejan al muerto hasta la mitad del río. Allí lo abandonan, sin piedra a la vista. La barca viene de regreso antes de que el cauce del río lo tome por asombro.

Uno de los niños nota mi turbación y decide sacarme de allí. Me pide que lo acompañe. Obedezco como sonámbula, dando de cuando en cuando vistazos al agua para ver como desaparece lo que acabo de ver. Deseo fotografiar, aunque sea la línea de sangre que ya tengo perfectamente encuadrada y diseñada en mi cabeza, pero decido no exponerme. Junto al niño llego a un edificio de aspecto militar. Él cruza unas palabras en hindi con los porteros y nos dejan pasar. En el interior, las cremaciones se realizan en hornos. Ya no me queda entendimiento para captar la situación. Solo percibo que aquí es más rápido, para los apurados que no pueden esperar tres horas a fuego lento. Eso está muy lejos de mi comprensión. Le doy las gracias al niño y a los que meten cuerpos como pasteles a hornear y, luego de ofrecer unas rupias por la explicación, parto.

A la mejor luz de la tarde, el Ganges —con todo su misterio— queda en sombra, pierde parte de su encanto. Es la hora perfecta para rescatarme a mí misma. Previo paso por Ksheer Sagar, una perdición de dulcería, situada muy cerca al *guest house*, entre la fábrica de saris y el velatorio de musulmanes.

Kulfi —bolitas dulces de requesón sazonadas con agua de rosas—; gulaab jamuns —unas pequeñas «cosas» en almíbar, fritas y con sabor a cardamomo—, barfi —leche hervida y reducida con sabor a pistacho, almendra o coco—, dulces de leche recubiertos con fino papel de plata y muchos otros confites no identificados constituyen el agregado perfecto para gozar de un buen *sunset*, e intentar, si es posible, apartar las impresiones del día. El lugar ideal para ello es el techo del *guest house*, punto estratégico para ver morir al sol a espaldas del Ganges y deleitarse con la otra cara de Benarés, un zurcido de cuartos, casas y azoteas de accidentales dimensiones y tamaños, donde los indios se multiplican como gatos techeros. Los jóvenes se juntan, saltan de techo en techo para fumarse unos bidis junto a los corrales de animales. Indias adultas comparten tertulias crepusculares bajo los últimos rayos de luz. Un vecino barre su terraza y acomoda luego su petate. Se echa en este día tras día a mirar el cielo, como esperando pacientemente que las estrellas hagan su aparición, aunque se tomen su tiempo. Las niñas saltan soga, se invitan de altura a altura. Los niños las embisten con sus bicicletas, que solo pueden encontrar espacio en las azoteas. Al verlos, pienso en mi primera bicicleta verde, que solo pude montar en el patio interior de mi casa porque la calle era peligrosísima, me podían atropellar. Cosa improbable, porque mi barrio era desolado y Velasco había impuesto la restricción vehicular. Sobreprotección de madre, presumo que fue la causa de mi desdicha infantil. Ahora me considero con mayor fortuna que muchas otras niñas. A pesar de la abundante distracción, los indios siempre me descubren. Un silbido, un llamado, un *«which country, madame?»* o un *«massage, madame, massage?»* siempre llegan a mis oídos. Haciendo el indio y sin ganas de conversas ni ofertas, sigo en lo mío; sobredosis de calorías, y liberación de nostalgias y pensamientos.

Hasta que un buen día mi mente se detiene. La percepción de la vida se esparce en mil pedazos, junto con el razonamiento intelectual, el sentido común y la idea de proporción. Camino en blanco, sin nada que decir, sin nada que decirme. Mi ojo avizor deja de capturar imágenes. No puedo fotografiar, solo paso revista a las formas para tratar de comprender el fondo. Mi mente misma es un trozo de papel fotográfico sensible al próximo impacto sensorial. Por momentos las lágrimas se me confunden con el sudor y mi ego se lanza nuevamente hacia abajo, buscando los bajos fondos. Cae para tomar impulso y, de la misma manera como los opuestos se atraen, de un momento a otro mi mente nuevamente se activa. Galopo tras el trineo de mis juicios y deseos. Salto de un pensamiento a otro, de ideas a ideales, de palabras a oraciones, creo situaciones «reales», tan reales como inexistentes, que permanecen solo en mi mente, en mi proyección de lo que podría tratarse la cosa.

Toda una sarta de palabras y conceptos que desaparecerán en aproximadamente tres horas de cohesión, tiempo que demora un cuerpo en desaparecer cremado. Miro a mi muerte y le reclamo por no habérmelo contado antes. Camina, camina, intuyo que me dice. Sin atajos.

Camino a lo profano

No puedo dejar Varanasi sin pasar por la experiencia de los peluqueros ambulantes que pululan por los ghats. Compro una navaja nueva y me arrodillo ante uno de ellos. Luego de casi morir estrangulada por un trapo casi blanco, lleno de pelos ajenos, el barbero me inclina hacia él. Mil pies amenazan pisarnos. Motas de pelo nos rodean, el viento nos las encomienda, se las lleva dando brincos. En cuestión de minutos bajo sus destrezas, con movimientos firmes y marciales, da por extirpado el «algo» que empieza a germinar sobre mi cabeza. Sin sentir sus manos, solo con la punta de sus dedos, sus yemas callosas dirigen mi cabeza. La revisan como diciendo: «A ver, ¿falta algo?, *okey*. ¿Por acá?, nada. Por este lado, bien. Por *á coté*, perfecto. Servida, *madame*». Al incorporarme, me advierte que se olvidó de algo. Zambulle sus largas manos en un recipiente con agua, con rezagos de antiguas y variadas faenas, y me salpica con el líquido reiteradas veces; luego, me masajea el cráneo. Con una seña en dirección al Ganges me confirma que el agua es sagrada. Magnífico, ojalá no se infiltren las bacterias por los sesos, me digo a mi misma. Me unta con las manos un injerto de gel y loción silvestre —tan natural como poco procesada—, una combinación de cáscara de guanábana y gelatina Royal. A la espera de que apruebe su labor, me entrega un cursi espejo en forma de corazón. A través de su luna rota busco la loción. Incolora, felizmente. Intento repasar mi cráneo con la mano, pero esta queda adherida. Acto seguido, peluquero y clienta, al mismo tiempo y como jugando al «yo primero», nos refregamos las manos en nuestras ropas tratando de despegar lo indespegable.

No tengo más pelo, pero si un «algo» a la altura del cuello, como un gotón a punto de caer. Qué raro, tan espeso. Cojo el espejo. Observo cómo de la nuca me cuelga una vistosa colita estilo hare krishna. No hay forma de hacerle entender que aquel detalle me estorba. No lo quiero. El sol aumenta la dificultad de comunicación a tal punto que reemplazo mis anhelos. Desearía explicarle que, usando su no sé qué para después de afeitar, me pegue nuevamente el pelo, que no ha sido buena idea. A cuarenta y cinco grados el calor me aplasta. Hablamos sin sentido, él piensa que le estoy pidiendo un masaje o intenta llevar el rumbo de la conversación por ese lado. *Okey*. Está bien, me voy.

Me embarco en un tren de veintitrés horas que se toma su tiempo. Hacemos Varanasi-Bombay en veintinueve horas y algo más. Trecho largo que impone comodidad. Por un buen billete tomo una litera en primera clase con aire acondicionado, sábanas y hasta mozo. En un compartimiento de dos niveles de literas — es decir, de cuatro camas— elijo una de las de abajo. Arriba se instala un parco y respetuoso médico hindú. En la otra litera inferior, justo al frente de mí, se ubica un soldado indio. Su mirada me desviste, refleja de entrada la codicia del varón. Insiste en conversar cuando yo quiero dormir, quiere saber de mi vida cuando la suya me importaba poco menos que una pizca. Quiere hacerme masajes cuando no quiero que me ponga un dedo encima. La reencarnación misma del encargado del *guest house* de Khajuraho ajustando cuentas. Es demasiado, pienso que veintitrés horas no la hago. Como es un vagón seguro opto por una pepa. Encadeno, por si las moscas, mis cosas y me arrimo un Dormex. Santo remedio.

Ya bien entrado el sueño, un compás fuera de lugar me devuelve al desvelo. Es el punteo militar encima de mí. De un instintivo puñetazo lo mando a su litera. Nos miramos frente a frente. Él con picardía y yo como una fiera. Le advierto con señas que no se atreva de nuevo. El médico se despierta y dice algo en hindi. Las cosas al parecer quedan claras, todo zanjado. Propongo dormir y dejar lo sucedido en el olvido, pero ya no puedo. Mi estado de alerta es más poderoso que el hipnótico. Le pido a la pepa que se olvide, que no hay trato. Que quizá mañana, que no se ofenda, que no es con ella. A los cinco minutos entra un empleado del tren, le dice algo al recluta y este desaparece.

Desembarco por unas horas en Bombay, ¡Bollywood! La ciudad del glamour, de las estrellas del cine. El centro de la industria cinematográfica con mayor producción del mundo, las famosas *masala movies* que integran todos los géneros.

Un lugar apropiado para maltratarme. El portero de un restaurante cinco tenedores me abre las puertas. El despliegue de mesas con mantel blanco me deslumbra; entre ellas un séquito de mozos vestidos de negro, al estilo occidental, haciéndose los locos. Los turistas, que más parecen inversionistas, intentan ser vistos. Me acomodo entre ellos, agradecida por pasar inadvertida. Pero no logro mi cometido. Una pareja de indios insiste en saber todos los detalles de ese país llamado Higuereta del que nunca han escuchado hablar. Interrumpen constantemente mis ficciones con un «pero qué gusto. Es la primera vez que conocemos a alguien de Higuereta». Sentados ya en mi mesa, les confieso que soy diseñadora de wáters, profesión que los colma de fascinación. Me cortejan con su hospitalidad, me suplican que me aloje en su casa, que en pocos días me mostraran Bombay. El sonido de un celular me los quita de encima.

La elegancia me deja sin dinero en pleno *holy* bancario. La música de las *masala movies* retumba a mi alrededor; mientras yo, sentada en una esquina, pienso en una solución. Un leproso complica mis preocupaciones. Me muestra sus llagas infectadas y su sangre fresca. Me suplica limosna. No tengo nada para darle y no me cree, se empeña y enfurece. Un búfalo nos mira. Una musulmana, tapada a la limeña antigua, lo esquiva, lo arrea. Un varón se interpone, me ofrece opio. El leproso gira y empieza a arrastrarse hacia otra dirección, yo lo sigo con mirada desolada. Luego de un suspendido tiempo silencioso me detengo en mi interlocutor. Solo necesito cambiar dinero, le digo. Me hace una seña para que lo acompañe. No le hago resistencia.

Entre callejuelas inglesas y pecaminosas llegamos el centro mismo de la droga, al hueco del cambista informal que mejor paga. Con rupias en mi poder, el *dealer* me sigue por el opio. Le reitero que no quiero, pero no acepta. A su insistencia se le une la del encantador de serpientes, luego la del masajista, del adivino, del limpiabotas, del vendedor de lotería y trompos de madera, del que ofrece dulces, castañas, sésamo y avellanas, y finalmente la de los mendigos sin oficio ni gracia. Me siento un político rodeado de ayayeros oportunistas, un Gandhi capitalista. Indios, no hay forma de ahuyentarlos. Trato de ignorarlos. Me detengo a revisar las postales de lo que me estoy perdiendo y la miscelánea de seguidores me acorrala, uniéndose a ellos los simples curiosos. El sudor de los cuerpos me repele, quiero liberarme de aquella humanidad y no encuentro la forma. *Misión imposible* es un chancay de película, una simple gringada con visión limitada.

Un transbordador ofrece paseos con un altavoz. Corro para que no me deje. La multitud se acelera a mis espaldas, pero se detiene en la orilla. Finalmente puedo apreciar Bombay a ritmo de crucero. Largas carreteras corren en paralelo a la costa Arábica. Precarias barcas, marina mercante, rascacielos y los suburbios más pobres de Asia conforman la floreciente metrópoli, que palpita de manera esquizofrénica y vital. El caos electrizante formado por el tránsito indio de carrocería inglesa —coches Ambassador británico de los cincuenta y buses rojos de dos pisos— encuentra su contraparte en el cromatismo bullicioso que gobierna los aires; los últimos éxitos de taquilla junto al sabor artificial de la Coca-Cola. Con un pie en la India y otro en el mercado global, Bombay ostenta una estética urbana que avanza entre el legado inglés y el embellecimiento chicha. Una ciudad donde la apariencia, la lucha por sobrevivir, la mafia y el glamour se pelean el perverso atractivo.

Luego de tres excursiones en el mismo transbordador —recién en el último arribo— mis acosadores han abandonado por completo su cometido. Decido abandonar el navío discretamente. Me queda tiempo para una película. Pregunto las coordenadas a un burgués transeúnte y enrumbo hacia el objetivo.

En un cine inmenso, con paredes revestidas de leones, elefantes y enredaderas de yeso, gozo de mi primera *masala movie*, filmada en Viena. Un romance al puro estilo Corín Tellado, de lo más apasionado e inadecuado en India, que se enfrenta a un karateka bailando bajo una lluvia tecnicolor. El asesino también danza, ya que el *thriller* no está dispuesto a perder protagonismo. El suspenso, la acción y la comedia se pelean el cuarto lugar, mientras que la violencia y la moralina tienen menor participación. Todo un cóctel de géneros dispuesto a mover la cintura durante tres horas. Lo más increíble de la puesta en escena es el despliegue de color y el sol radiante, que contrasta con los impermeables y los cabellos mojados de los curiosos europeos que no fueron retirados de la locación durante el rodaje, quienes, siempre presentes en la trama, observan, bajo sus largos y oscuros abrigos, el desborde *kitsch* de un día veraniego invadiendo su crudo invierno. El idioma no es inconveniente. El hindi y las expresiones sueltas en inglés indio pierden potestad ante los gestos operísticos, el lenguaje de los ojos, las mejillas ruborizadas, los saris mojados y los pechos palpitantes. Los suspiros del público, en especial de las mujeres, son los que realmente dan sentido a las películas, muestran el sueño colectivo de la India, la forma de evadir su suerte.

Con una ducha alquilada en la estación de las estrellas, me despido de Bollywood. En el tren me equivoco de vagón. Un operario, con menos conocimiento de inglés que yo, pretende mudarme a empujones. Comprendo la situación dos paradas antes de mi destino: Goa, el estado más pequeño de India en cuanto a extensión y antiguo enclave portugués. Territorio de intenso verdor, con millares de cocoteros balanceándose a ritmo despreocupado, extensos arrozales, pequeñas aldeas y dispersas iglesias, donde las faldas predominan en las mujeres y las marcas escanean en las frentes, poniendo en evidencia la tolerancia e indulgencia de un pueblo tropical y cristiano. Una benevolencia que da cabida a toda clase de desmadres.

Un micro atestado de mochileros y locales, que avanza en paralelo al mar Arábico, me deja en Chapora Beach. Con solo poner pie en tierra, una francesa, con el pelo trasquilado y más tierra adherida al cuerpo que todos los indigentes de la India juntos, me aborda. Me atiborra con incomodas manifestaciones de afecto. El combinado de estupefacientes que lleva adentro es evidente. Con los ojos saltones, las pupilas dilatadas y los labios sedientos, husmea mis cosas como perro sabueso. Codicia desesperadamente el narcótico que no poseo y me muestra de arranque la cloaca moral germinada por los occidentales en Goa. Un edén convertido en infierno, donde indignos hospedajes, con olor a sexo y humedad, violentan el balanceo sereno de las palmeras, el canto de las aves, el aroma a flores y la playa de color oro. Catres descuadrados, colchones vomitando relleno, muebles quemados con cigarrillo, baños extraídos y suspendidos sobre sus tuberías son parte de las ofertas que me barren más al sur.

Vagator Beach me recibe mejor. Bajo los cocoteros y el peligro de sus maduros frutos cayendo constantemente, pequeños senderos conducen a amplias villas portuguesas, todas ellas ocupadas por occidentales de lo más extravagantes. En una de estas, una especie de «fraternidad americana» me invita a pasar. Luego de unas buenas rondas de porros, del ancho de un támpax y del largo de dos Rizlas unidos, soy aceptada en la Yellow House. Los huéspedes me ofrecen cumplidoras habitaciones, me indican que la «señora» quizá venga al día siguiente, que luego arregle con ella. El relajo máximo. Sin indios que te asedien ni traten de embaucarte. A nadie le interesa tus costumbres ni desenfrenos. La tolerancia es la regla de convivencia y la discreción poco importa.

Luego de aplacar el «bajón» producido por las finas hierbas, decido caminar por la orilla hasta la playa de al lado. Las rocas me acompañan. Rocas negras, grises y plomitas con blanco. Algunas con manchas rojas. Sin darme cuenta estas van creciendo hasta formar un acantilado que ubica al Muro de Berlín en alta mar. Recién allí tomo conciencia de que se me vienen tremendas olas. Chocan contra súbitos afloramientos rocosos. Piedras altas y tajadas que amablemente, como peones de ajedrez, me sirven de escudo. Pero el mar es más fuerte. Como un alfil se mete en diagonal por todos los espacios libres, hasta aplacar su furia en ese entrometido punto que desentona, aquel autoadhesivo que es mi ser adherido a la muralla. Mientras me flagela pido clemencia a la naturaleza, pero me mata con su indiferencia. Giro la cabeza a mi izquierda, para adular a mi muerte: «Ya, pues, cariño. Hoy no, tengo jaqueca». Pero antes de que la pelona de a lado se manifieste, el mar me golpea la otra mejilla. No me queda otra que introducirme en las olas, atravesar la espuma que se aniquila en el muro; de pronto, tierra a la vista. Gente, qué maravilla. Rompientes con indios pescando. Pero qué gusto. Les voy a preguntar cuánto falta. Llego al primero y lo encuentro con una sonrisa de oreja a oreja manoseándose la carnada. Mejor no le pregunto nada. Empieza a caminar en paralelo a mi andar. No pienso enterarme. Al poco tiempo mi acompañante desaparece, quizá porque se cansó, se vació, se olvidó de algo o qué sé yo. Luego aparece el siguiente y el subsiguiente, y el de la piedra angular, y el de más allá. Llego a Arjuna Beach casi de noche, después de un despliegue fálico a modo catálogo. En realidad, todos parecidos, tamaño maní tostado.

Un triunfo estar de vuelta en la Yellow House junto a la fauna veterana que la conforma. Un impresentable americano tatuado por todo el cuerpo, amable y adorable, pero enemigo de la ducha y amante de la resina; su novia, una digna danesa que parece no sonreír por no gastarse, siempre en silencio, con la espalda muy recta, fuma ininterrumpidamente, del tabaco al troncho y del troncho al tabaco; un austríaco con el cuerpo atravesado, desde las cejas hasta las rodillas, con todo tipo de objetos metálicos, muy generoso con la variedad de estimulantes del mercado; un gay de procedencia desconocida, maniático de la limpieza, lava sus ropas todos los días y, cuando estas se secan les da una segunda pasada, marcando un territorio sin fronteras y amparado por la condescendencia reinante convierte la terraza en un permanente tendedero; dos australianos, sin muchas ganas de socializar, que terminan por transformar la casa en su retiro y los *raves* en su hogar; otra gran variedad de «pastrulos» circula a diario, muchas veces sin conocimiento de la casera.

Por cierto, la Yellow House es quizá la más decente y recatada morada, teniendo en cuenta las comunidades hippies que proliferan en el lugar, donde se comparte en exceso todo: la vida, la comida, la frazada, el marido y la hierba. Las demás drogas tienen otro precio. Con esas no hay confraternidad, solo oferta y demanda. Hippies posmodernos que han sustituido el *peace and love* de los sesenta por la hiperactividad, la anfetamina y el láser; las canciones de los Beatles por el *trance*, el *techno* y el *house*, que han relegado a la hierba madre con los cartones doble gota. En comparación a los legendarios *freaks* que hicieron historia, esta gente es un poco más individualista. Sin embargo, mover el esqueleto entre ellos tiene su gracia. Es lo que hay. Porque a partir de las seis de la tarde, la música electrónica se impone en Goa, y los *raves partys* se expanden a lo largo de la costa como una danza psicodélica. El *trance* marca la movida, el agua es la bebida, el éxtasis la droga y el hachís el aroma, el incienso de Goa.

Cadáveres. Esa es la palabra. Cadáveres que danzan en el paraíso terrenal. Ni siquiera danzan, eso es mucha proyección. Rebotan a unos ritmos monótonos y computarizados que te golpean el pecho y te afinan los nervios. Excéntricos que pasaron la dosis y el límite de la cordura. Enganchados siempre en la vibración de una nota personal, con labios resecos, ojos desorbitados y estados alterados de conciencia. Siempre solos, decadentemente solos. Y a una que le gustaban tanto los «lentos» a media luz. ¿Hacia dónde vamos?, me pregunto. *What is the path?*

Al ritmo de la fortuna

Tiempo de moverse. He pasado las pruebas de prudencia y templanza en Vagator Beach con sobresaliente. En una escala del cero al veinte, quince. Una lástima no cargar libreta de notas. Parloteo con mi mente cuando, de manera estelar, un letrero detiene mi cuchicheo: «*Moto Rent*». Caigo literalmente rendida ante tal sugerencia. La fragancia de la autonomía me tienta.

¿Cómo era la cuestión? *Rang, raaaang*. Perfecto, este es el acelerador. Este debe ser el embrague. *Okey*. Adelante.

Por ambos lados me cortejan frondosas palmas. El horizonte se muestra indiferente a infinita distancia y el entretejido de colinas me revive una dirección en La Paz. «Mire, señorita: sube loma, baja loma, sube loma, baja loma, sube loma y en la bajada de la tercera loma a la izquierda», me decía un boliviano. Genial, me digo, allá vamos. Bien apegada a la derecha, como es mi costumbre, meto el turbo para subir la primera cuesta, y lanzo al olvido la costumbre aquella de manejar por el carril izquierdo, tan propia de las antiguas colonias británicas. Al otro lado de la cumbre aparece una camioneta 4x4. Quedamos en un santiamén frente a frente, como gallos de pelea sin apostadores que digan: «¡Voy derecha! ¡Voy izquierda!». Atino, por reflejo, a girar al lado zurdo, que por regla vial me corresponde. Pero el cuerno de un búfalo, asomándose por entre la hierba, me hace perder estabilidad. No puedo más que terminar oreja al piso en el calcinante asfalto. La 4x4 ni se detiene.

Del cuerpo me chorrea sangre y de la cabeza me salen estrellitas blanquitas con plateado, pero mis ojos ven dorado. Haciendo foco descubro cadenas de oro fosforescente enjoyando un pecho lampiño. Por debajo de estas, una panza fofa, seguida de un pareo de leopardo, me separan de quien me mira desde arriba, desde la altura de un miramiento normal hasta el nivel pavimento. Se presenta como médico ayurvédico. Me ofrece desinfectarme y un analgésico. No lo pienso dos veces. En su hotel de cinco estrellas fugaces cumple su buena acción del día de manera honorable. Luego, en su habitación —bien osada yo— nos turnamos el baño. Él sale con una bata china, imitación seda, y rociado en perfume barato. Presiento que no lleva nada por debajo y deseo correr, pero él propone un digno té inglés. Ante tal fineza, aderezo la idea de continuar a dedo. Empiezo por aceptar la oferta de quien tengo al frente.

Cinco minutos después de ser escoltada a devolver la moto y recoger mis cosas, el doctor leopardo da rienda suelta a una letanía de insinuaciones no apropiadas para señoritas que culmina con mi destierro en una estación de servicios abandonada, a merced de los cambios de fortuna. Las mujeres no manejan por acá, lo que me advierte que los «aventones» vendrán muchas veces con galanteos, y estos, con fecha de vencimiento. Me importa un bledo. Acepto el reto y sus desviaciones.

Del desamparo me rescata una moto estilo tejano. Piloteada por un artesano austriaco —aficionado a las pieles y con perfil de helecho, bello pero decorativo—, de los que les sobra cuerpo pero llegaron tarde a la repartición de cerebros.

Una bendición por cierto. Para qué quiere una abrazarse a una lumbrera en una moto, no tiene mucho sentido. Las motos se hicieron para los cueros.

Pensando en eso, una ráfaga de viento me despoja de mi aferramiento al «yo». Ese yo rapado, en trapos descoloridos y envuelto en un tornado de flecos, prolongación de una moto enchapada en gamuza, con su Che Guevara más. Convertida, además, en respaldar de una monumental figura con botas en punta, casaca y pantalón de cuero negro. Un cuadro que me fríe los sesos por dentro. Y por fuera, el sol arde como una antorcha. Las playas se suceden unas a otras, millares de palmeras parecen gesticular y los flecos revolotean como serpentinas a nuestro alrededor. El ruido del motor rebaja los arrullos del oleaje a poco menos que un eco en el interior de una concha marina. Me siento plena, feliz como una perdiz. Dejo de abrazar al agraciado para elevar los brazos y sentir cómo la brisa marina se los lleva. Deleite que es frustrado por un repentino *stop*. ¿Qué pasó? Por unas cervezas, declara el conductor. Camina hacia su cometido. Mientras lo sigo con mirada lujuriosa, me desenredo los flecos de los muslos y de los brazos. Libre de ellos, bajo a estirar las piernas. Un público respetable se acerca a contemplar el cacharro. Yo, como que no sé nada, me arrimo un poquito. Me aproximo a donde empieza la playa. Un amplio espacio delimitado por grupos de sombrillas amarillas, toldos verdes, *cheslongs* a rayas azules, sombrillas con sillas rosas, colchonetas turquesas, motos acuáticas amarillo patito con franjas rojas, lanchas impulsando parapentes, uno que otro *jet ski*, una variedad de objetos de goma y toda la parafernalia que acompaña a la tarjeta dorada. Entre el despliegue de color, un ramillete de

«Barbies» y «Kens» toma sol bajo las promesas del Hawaian Tropic. Caramba, me digo, bienvenida a Aruba. Pienso que algo rico debe haber, no sé, *croissants*, *petit pois*, *champagne*, qué sé yo. Tengo hambre en realidad.

El roce de la chela helada en el brazo me indica que mi cuero está de vuelta. Un chin-chin y la belleza desaparece su bebida de un seco y volteado. Emboca la botella en el tacho del establecimiento, se sienta en la moto flecada y me indica que suba. Un momentito, le digo. ¿Por qué tanto apuro? Me señala el sol, implacable el desgraciado. Malo, malulo. El espectáculo, sin embargo, merece un vistazo. Pero mi empaquetado acompañante no está para negociaciones, y yo tampoco para obstinaciones. Deseándonos éxitos nos separamos.

Por ser destino fijo de los *charters*, que brindan al mercado europeo dos semanas de absoluto relajo y falsa felicidad en el subcontinente indio, Baga Beach resulta carísimo. Definitivamente no es para desarmar mochilas, pero sí para darle de comer a mi hambre. Opto por un filete de pescado estilo portugués. Más picante, imposible. Todo el mundo disfruta a sus anchas y yo, en un rincón, soplándome la lengua. Exijo una explicación, un extinguidor, algo que me apague el incendio. El mesero, por supuesto, no se da por aludido. Empiezo a detestarlo. A él y al cocinero. Al local también, de refilón. Un jovencito se ríe de la escena, se ríe de mí. ¡Lo odio! Se me acerca y me ofrece un cigarrillo. Marlboro verídico. Acepto, por supuesto, esto no se ve todos los días. Pero hasta el pucho pica, ¡qué desastre! Y la criatura se instala en mi mesa. Desastre al cuadrado. Se presenta como Marco DiCarpio. Indio, pero de ascendencia portuguesa. Marinero y amante de los idiomas. Lo acompaña un diccionario, versión enciclopedia, que usa como gancho para sus conquistas. Con su aparición, la atmósfera cambia súbitamente de perspectiva. El *show*, que minutos antes gozaba, es reemplazado por un rol protagónico que no pensaba representar, un dialogo banal. En medio de la frivolidad, me quiero ir. Me voy con él.

Tres noches y casi cuatro días comparto gastos con DiCarpio. El caleteo de playas es el trato; el respeto, la forma de convivencia. Sin embargo, ante una repentina alteración del esquema, la tensión surge como una trinchera. Él acepta que intentó propasarse, no sin antes cambiar de planes. Intercambiamos datos de puro educados y nos separamos. Echo su dirección al basurero, porque considero que me ocupará demasiado espacio en mi lista de contactos. Empalmo con Bryan, quien se encuentra en la India forjando un futuro mejor, ya que su vida ha quedado manchada por una prolongada estadía en la prisión de Londres. Motivo: casi mata a golpes a un cliente en la puerta del bar donde trabajaba como seguridad.

Obsesionado en mostrar sus destrezas, hace piruetas con la moto que ha alquilado. Conduce a la velocidad del rayo y, en un inglés cortado, me grita lo que yo ya sé: que no debo hacerle peso al *hi side*, que debo echarme junto a él en las curvas, que deje de bambolearme. Pero me es imposible. Estoy realmente aterrada. Ya no disfruto del paisaje, solo pienso en vida o muerte, para nada en convalecencia. ¡Que Dios me coja confesada! Hasta parezco creyente. Bueno, nunca tanto, es solo un juego de palabras para distraer la mente.

Un osado salto para alcanzar, de forma vertical, un *ferry* que ya había partido pone punto final a la situación. Decido dejarlo en ese preciso instante por mi propia seguridad. Él no acepta mi determinación, se implanta una disputa y lo veo perder los papeles. De «aventón» al sur, termino aventada por la borda del *ferry* para, minutos después, observar perpleja cómo mi ofensor se lanza al agua, cual héroe, para rescatarme. ¡Ah, no! Esto es demasiado, ¿cuál es mi pecado? Mojada, de pésimo humor y al estilo de *Paseando a miss Daisy* llego caminando a mi siguiente parada, Arambol Beach. Una playa larga y mansa, dicen que una de las más solitarias de Goa. Aislada del mundanal ruido por una exuberante vegetación, por la cual se abren paso escasos y rústicos bares. La reducida pesca artesanal intercambia su presencia con el folclor de las mujeres nativas, ataviadas con una suerte de pollera y blusón, con aplicaciones de monedas, espejos y coloridos parches de flores. Ganchos de plata en el pelo les sujetan a cada lado, de la sien al hombro, un conjunto de cadenas en forma de cortina con final de bolita. Los aretes de campanita marcan el compás. Las argollas de la nariz, también de plata, y en algunos casos acompañadas por una piedra huérfana, dan la impresión de que la respiración se les divide apenas exhalan. Pobladas gargantillas dan color a sus cuellos y largos collares — aludiendo a la santería cubana— se prolongan hasta el ombligo. Un atuendo como para causar agobio a un esquimal, algo sofisticado para cincuenta grados. Sin embargo, el *Pequeño Larousse* afirma que la costumbre es una segunda naturaleza.

Mientras contemplo por primera vez la India del sur de manera más autóctona, Bryan me sigue. No sé qué quiere. No somos compatibles y me resultaba imposible verlo como buena punta para el viaje. Discutimos; en eso, una sinfonía conocida me dice ven, veeeeen. Como hipnotizada llego a una casa, sin titubear llamo a la puerta. Me abre Raúl, un italiano del *Yellow House*. En una mano carga el saxo; en la otra, un porro. Con el humo contenido me bosqueja una sonrisa y me tiende el vicio. Ante tal recibimiento, un «a ver a qué sabe esto» es mi respuesta. Sin poder aguantar la risa, Raúl termina arqueado por una tos delatora. Entre su carraspeo me anuncia: «Natacha, *amore mio*, mira quién llegó». Bryan mira la escena con un gesto que agrupa impaciencia, impotencia y desconcierto. Desde ese momento ya es historia.

Los siguientes días transcurren entre yoga, literatura, tertulias, buena mesa, hamacas y harto vino. El sonido del saxo da la contraseña para la cena, cuyas sobremesas se ofrecen en honor a Borges. Raúl lee *Ficciones*, y Natacha nos sorprende con su voz de soprano, en medio de un cóctel lingüístico donde las anécdotas vienen en francés, español, italiano y, solo cuando es estrictamente necesario, en inglés.

Un lugar apropiado para mandar un "maliano". Luego de cincuenta y cuatro minutos por reloj, el único acceso a Internet del barrio no hace conexión, así que decido que me voy, creo que no tengo tantas ganas. El encargado me pide una suma alta, que no estoy dispuesta a pagar. ¿Por qué? Si nunca me conecté. Al no lograr sacarme ni una rupia me pone las manos al cuello y, en un intento de estrangulamiento, me empuja contra la pared del local. Me defiendo con garras y muelas para luego de unos interminables minutos lograr huir con una sensación impura de haber sido agredida. A lágrima suelta estoy cuando me topo con un policía, le cuento todo. Él parte en busca del abusivo. Horas más tarde aparece en mi puerta, con el susodicho y una delegación de hindúes dispuestos a revisarme. Mis uñas siguen marcadas en las muñecas del culpable y al ver que yo no poseo rasguño alguno, me cambian la tortilla. Hacer entender a un puñado de indios lo que significa «en defensa propia» es más difícil que tratar de sacártelos de encima. Sospecho estar purgando el mal karma de un atado de vidas.

Entre tanto, una secreción coloniza mi rodilla derecha, consecuencia de la caída en moto. Dejo de bajar a la playa, los dolores me mantienen mermada, la medicina ayurvéda no sirve de nada, y creo que es hora de admitir la necesidad de un médico. Me despido de los amigos y parto a la ciudad de Old Goa.

La consulta resulta bastante normal. Una sala de espera atiborrada de pacientes, un niño que está aburrido y llora, el médico retrasado, el tiempo que no avanza, la historia clínica, la entrevista, la receta, la prohibición al agua y a la farmacia. Pasemos a la ciudad.

En 1510 llegaron los portugueses y fundaron en Old Goa la primera capital administrativa del imperio portugués. Anteriormente había sido una próspera ciudad musulmana que existía como fortaleza, pero con los portugueses creció rápidamente en tamaño y esplendor, gracias a las diferentes órdenes religiosas que arribaron a Goa bajo mandatos reales. Hoy en día, Old Goa representa una minúscula ciudad con un amplio muestrario de iglesias. Iglesias por doquier, al escoger. ¿A quién quiere usted ver?, ¿a San Francisco?, ¿a San Agustín?, ¿a Santa Mónica?, ¿al *bon Jesus*? Diga, diga, hay iglesias para todos los santos, saque su ficha. *Only ten rupies, madame. Very cheap.*

Cabe señalar que el apogeo de los portugueses duró poco. La Inquisición no fue su mejor carta de presentación, y las epidemias estaban a la orden del día. Además, la supremacía portuguesa en los mares no se consolidó. La francesa, la británica y la holandesa se la llevaron de encuentro al final del siglo XVI. Portugal perdió su reino y Goa.

Mientras decido qué hacer, el guía de un tour me mete letra. No sé cara de qué me ve, pero me ofrece un *joint*. Una ponzoña que compartimos a escondidas de su grupo, atrás de la caseta de informaciones. A vista de todo el mundo, menos de la gente que lo busca por su discurso. Supongo que debe guardar cierta apariencia, es su «chamba». Sin embargo, da la impresión de que el asunto le produce cierta fluidez, repite el casete con demasiada elocuencia. A cierta distancia, hago su mismo circuito. Miro de reojo las imágenes sufrientes, los cristos crucificados, los cuadros coloniales, los mil fetichismos inmolando el dolor. Penitenciario está inscrito en un confesionario. Me detengo ante este. Me acerco. Husmeo. Me provoca sentarme donde lo hace el sacerdote para conocer su perspectiva, pero me detengo. «Beatriz, compórtate», me digo. Desde algún recóndito rincón de mi pasado asoma el último día que me arrodillé ante uno. Cuando un cura me planteó la disyuntiva: «O tu novio o el Opus Dei». No tuve que pensar demasiado, ni esperar aquello llamado absolución, para saber que había nacido para el amor y no para la culpa. Me paré y me fui. Chau. El cura se quedó tirando cintura tras la rejilla.

Pienso que las religiones organizadas, en vez de unificar al ser humano, incentivan la dualidad. Deberían desaparecer por el bien de la evolución de la especie, para dejar de suministrarle ficción al hombre y devolverle la libertad que le han quitado. Para sacarlos de la prisión del bien y del mal, y dejar de marcarlos como ganado: cristiano, musulmán, hindú, luterano, protestante. Si se fomentara más el silencio, la meditación y la comprensión de la causa y efecto de nuestros pensamientos y nuestros actos, estoy segura de que el ser humano entendería que la única verdad es una revelación existencial personal. Que la verdad no se puede imponer, ni se llega a ella por una escala de conceptos filosóficos. Hay que esperar que ella misma implore ser escuchada. Cuando la verdad se organiza, muere; se vuelve doctrina, una teología, simple retórica, y se empiezan a perseguir intereses propios, como conseguir adeptos. Desgraciadamente, el ser humano le teme al vacío, a lo desconocido. Necesita definiciones, aferrarse a algo. Por eso crean sus dioses y luego se arrodillan ante ellos. No quieren aceptar que sus dioses son sus propias proyecciones, que al proyectarlas en comunidad se sienten más protegidos. Sin un dios están desamparados. Al final, la fe es el camino fácil. Lo que los hombres llaman destino es lo que les sucede cuando pierden la fuerza para hacerse cargo de ellos mismos, para luchar.

El guía sigue explicando, no sé qué tanto. Me mira de cuando en cuando y yo le esbozo mi mejor sonrisa. Lo miro sin verlo. Su cara se convierte en un écran sobre el cual se van proyectando mis opiniones. Me resulta increíble que todavía quede gente que necesite cargar su cruz. A mí, personalmente, que me quemen, por eso solo llevo mi cajita de fósforos. Por cierto, mejor salgo a fumarme un pucho. Con las manos juntas e inclinando la cabeza, me despido del Everest, sigilosamente me deslizo a la calle. Por inercia paso antes la mano por la fuente de agua bendita. Seca. Con solo cruzar el umbral me asaltan las palabras de Lawrence Durrell: «Me encontré con una figura de tamaño natural colgada sobre el altar, generosamente manchada de sangre, perfectamente estaqueada y con una corona de espinas... sádicos y caníbales esos hombres que reverenciaban esa efigie brutal de la cruz cristiana... en adelante no podría confiar en nadie que se llamara a sí mismo cristiano, y que me invocase así su símbolo de la infelicidad y de la condenación eterna».[6]

Sigo algo involucrada. Me pregunto cómo es eso del cristianismo, que Dios envió a su único hijo, su primogénito, para salvarnos. ¿No se supone que todos somos hijos de Dios, o es que Jesús era su único hijo legítimo? ¡Beatriz, basta! Deja de opinar, no te empaches de opiniones, que justamente ese no es el camino para entrar en comunión con la verdad. Las opiniones vienen de la mente; la verdad viene de la no-mente, de la conciencia. La conciencia es vacua, vacía, como un espejo. El espejo no tiene ninguna opinión, el espejo refleja y luego se vacía, queda nuevamente dispuesto a recibir, porque nunca se queda pegado a nada.

Finalmente, mi mente se calla. Uf, por fin, ya estaba a punto de tomar partido en el asunto. Pero así suceden las cosas. Una teoría te aborda, la haces propia, te comprometes con ella y la vives a tal intensidad que puedes terminar levantado una pancarta en medio de una plaza pública. Luchando a favor o en contra de algo. Toma nota, Bea, que no te suceda.

Deambulo mientras observo más fachadas de iglesias, seguidas por los templos hinduistas. A tantos grados, sacarme los zapatos, quemarme los pies y sumergirme en los mil ritos hindúes es algo que realmente no me provoca.

Un bus me transporta más al sur: Palolem Beach. Ni muy

---

[6] *Una sonrisa en el ojo de la mente* de Lawrence Durrell.

poblada, ni muy solitaria. Ni muy hippie, ni muy ficha. Relajada y perfecta. Ribeteada por palmeras de grandes penachos y nivelada con arena blanca como la harina. Salpicada a su vez por hospedajes de madera y paja, que van desde chozas hasta cabañas de dos pisos, con terrazas incluidas. Coloridas hamacas unen los cocoteros. Una arriba de otra, como camarotes de hasta cuatro niveles, ocupan la mayor parte de la «zona libre de drogas». The Doors, The Rolling Stones y Led Zeppelin son los *hits* del momento. Los asientos son de sacos de azúcar. El nivel es al ras del suelo y la vida transcurre fuera del tiempo calendario. No existe. ¿Qué es eso?

A diario visito a Rebeca, una italiana de diez años, rubia y con piel tostada. Ojos verdes intensos, sentenciosos y coquetones. Pesca al final de la playa. La caña, al tener el doble de su tamaño, la sujeta entre las piernas. Me habla de su vida, de la situación de la pesca, de la realidad de su país, de su madre que está en la playa. Yo la fotografío, le sonsaco mil historias por día. Pero es a la orden del día que los indios se encuentran de cacería. La libertad occidental parece dar cabida a sus instintos reprimidos.

Mientras leo en mi hamaca *El libro de la nada*, de Osho, el último libro en español que he podido conseguir, un niño corre a mi alrededor, da vueltas a mi hamaca. Chilla de tanto en tanto. Estoy dejando de verlo encantador, cuando el encargado del *guest house* lo calla y espanta. Le doy las gracias y me dispongo a seguir leyendo. Él se me acerca y me pregunta con cuántos hombres he estado. ¿Aló? Lo sentimos, su llamada no puede ser atendida... Está fuera del área de cobertura... Inténtelo nuevamente en unos minutos. Parece que el indio

136

toma al pie de la letra mis pensamientos, porque insiste en la pregunta. Confiesa orgullosamente que él, a sus veintiséis años, ha estado con dos mujeres, una india y una suiza. Yo hago sumas y restas y me pregunto si habré pasado el límite moral. Entre tanto, él sigue con su relato. Cuando tomo nuevamente conciencia de su presencia, lo miro incrédula. Parece que mi expresión le hace pensar que no entiendo su inglés, así que adopta la mímica para que nos vayamos entendiendo. Me cuenta que las indias son reprimidas, que no les gusta, que la suiza le mandó un mamey como nunca se imaginó posible, que si pudiera le haría un Taj Mahal, que la tiene grande y gorda, que la sabe usar. Me grafica sus actos voyeristas. Uno en especial: dos mujeres que espió tras la estera de una cabaña —incluso me señala cuál cabaña—, jugaban entre ellas con algo que supongo que era un consolador. Que una se lo metía por detrás a la otra y que... La llamada de un cliente, que se retira, da por culminado el monólogo. Me quedo marcando ocupado.

Palolem Beach es, en definitiva, un lugar para quedarse, para tomárselo con calma. Pero en mi estado, a tantos grados y sin poder zambullirme en el mar, la situación se complica, toma la característica de acto masoquista. Decido echarle un vistazo a una playa más y luego darle un respiro a la costa.

Desde lo alto de una colina diviso mi objetivo: Om Beach, estado de Karnataka. Sus líneas curvas, delineando la tan reverenciada sílaba, evocan más de un mantra y la convierten en ideal para una postal. Frente a esta, el mar Arábico se extiende en su máximo esplendor. Imponentes farellones, horizontes recortados y sombras muy marcadas llenan el espacio calmo. En lo alto, el sol brilla sobre el mar sereno, apenas movido por la brisa. Una pródiga vegetación abraza la playa y la arena parece peinada. La soledad reinante la señala como el paraíso perdido de aquel país tan recorrido.

Al descender al nivel del mar comprendo que hasta el reino de los cielos puede tener buen lejos. El destierro que parecía gozar tal orilla encuentra su contraparte en el único *guest house* abierto por esos tiempos. En el lugar, un torcido y podrido montón de humanidad busca un paco extraviado la noche anterior. Heroinómanos que parecen salidos de la *Naranja mecánica* en versión nuevo milenio. Como entes flotantes y sin sentido —sin referencias ni certezas, demasiado absortos en sí mismos, y con la voluntad débil— invaden todos los rincones con su angustia. Deambulan por corredores, habitaciones y zonas libres de drogas reclamando su morfina. Junto a ellos las ratas, que no pudieron encontrar un lugar más propicio para su hábitat. Sus cuerpos, grises y relucientes, cruzan las instalaciones como destellos. Arman banquetes con los desperdicios desplegados a lo largo de los dormitorios hasta el área común de hamacas y perezosas. Es hora de cambiar de aires.

Kamikaze turístico

Subida a un tren de lujo, abrazada al aire acondicionado, me sumerjo en un sueño profundo del cual despierto cuatro horas después de pasar la estación donde debía bajarme. Sabía que algún día me sucedería. Ya he comprado varios relojes despertadores *made in India* que para lo único que sirven es para remarcarte que el tiempo por estos lares no es de suma importancia. Avanzan o retroceden según el fabricante.

En fin, privada del beso del príncipe azul, la bella durmiente se incorpora y, por inercia, se asoma a la ventanilla. El panorama resulta la expresión máxima de lo que se dice «tierra de nadie». Campo desolado, llano e infinito. Pregunto en cuánto rato pasa el próximo tren en sentido contrario y la respuesta es fulminante: en doce horas.

La siguiente escena es la Bea petrificada en un expreso, el cual, por cierto, no parece con intenciones de detenerse en un buen rato. Tampoco hay razón para ello. Las pocas estaciones que van quedando atrás, a gran velocidad, simulan paradas fantasmas, sin pueblos ni pasajeros; tan solo letreros con el nombre del lugar. No tengo un mapa ni información de la zona, ni la más remota idea de dónde estoy. Ante mi desesperación, y consciente de que una decisión apresurada no siempre es lo mejor, decido prenderme un bidi, una forma de darle tiempo a mi mente para que se despeje y aporte algo sensato. Para tal acto, me acerco a la portezuela del coche. Punto crítico para tomar una decisión. El futuro impredecible se muestra más que evidente: absoluta quietud, nula humanidad, tierras eriazas y calor tan denso como húmedo. Muy a pesar de ello, considero que lo primero es descender. Total, voy exactamente hacia el otro lado.

Con el lenguaje de manos y ojos logro que un empleado ferroviario se apiade de mí. Acepta persuadir al maquinista, que no parece muy convencido, para que se detenga. Eso creo yo al menos, la cantidad de nombres de estaciones que van quedando atrás me dan esa impresión. Está bien, me digo, las cosas siempre son por algo, vamos a ver qué hay al otro lado, cualquiera que sea este otro lado. No he terminado de resignarme cuando el tren frena. Ahora o nunca. Aviento mi mochila y salto tras esta. Como no veo rostro alguno a lo largo del convoy —más allá del millar de turbantes que salen del vagón local— no le agradezco a nadie. Minutos después me descubro extremamente sola en medio de la nada. Nadie por aquí, nadie por allá.

Todo parece confuso y desconcertante, como si transcurriera en otra dimensión. Esto ya lo he vivido, me digo. No, me dice otro yo, lo has visto en las películas. Puede ser, pero ¿en cuáles? *¿Adiós, Texas?*, *¿Asesinos por naturaleza?* Me río. Recuerdo un correo electrónico recibido hace poco, una amiga que me pregunta a dónde puede ir en el Cuzco que no sea peligroso. Me pregunto qué haría una simple mortal como ella en mi lugar. Mentalmente reviso, palabra por palabra, lo que me acabo de formular. Me brotan respuestas que decapito instantáneamente en mi cerebro. El silbido del viento me devuelve a la realidad. Ahora sí, Bea, ponte mosca. Pero si por acá no pasa ni un alma en pena, ¿cuál es tu ponte mosca? Ni siquiera sé dónde estoy ni cuál es el norte.

Horas de horas después, mientras camino sin esperanza por el ardiente descampado sin aire, percibo la aproximación de un tren; mejor dicho, un vagón, de una clase fuera de definición, que derrama sobrepoblación. Le hago señas para que pare, incluso me la juego parándome en la vía férrea. Con silbidos y ruidos de ejes, la cosa esa se detiene. Me subo sin preguntar a dónde va. Adentro, todos los ojos me observan. Millares. Trato de preguntar cuál es el destino final, pero no tenemos ninguna lengua en común. Me conformo con saber que avanza en sentido contrario del que me trajo, hacia donde supuestamente voy. ¿Y si se desvía?, me pregunto. ¿Si gira hacia al oeste, por ejemplo? ¿Y si ya estoy en el oeste? ¿Es más, si mi destino está precisamente al oeste? ¿Y si solo van a la chacra de por aquí nomás? No ha pasado suficiente tiempo para angustiarme, para llegar a la cumbre de mi aflicción, cuando repentinamente todos se bajan. Asumo que es la última parada y, efectivamente, así es. No ha sido un gran trecho, lo hubiera podido hacer a pata.

Felizmente pasa otro, ligeramente más normal. Pequeño igual, de tres vagones nada más. Repleto de aldeanos. La mayoría son varones. Con la parte superior del cuerpo desnuda y la parte inferior apenas envuelta con un trozo de tela, transpiran libremente por todos sus poros y fuman bidis uno tras otro. No hay ventanas, son vagones de carga. Un anciano me ofrece betel, en silencio *chacchamos* frente a frente con miradas ausentes. Los lazos de una niña me llaman la atención, me apego disimuladamente a ellos. Flores frescas. Qué maravilla, quisiera sumergir mi nariz. El anciano interrumpe mis abstracciones, me pasa más betel, acepto encantada. Pregunto al respetable público, con la quijada hacia arriba para que no se me escape el estimulante, hacia dónde estamos yendo. Continúan mirándome, mueven la cabeza en círculo, ninguno contesta, solo de cuando en cuando sueltan expresiones en un dialecto local, intuyo que no hablan ni hindi. Ya me parece demasiado surrealista la cosa. Me río para mis adentros, pero se me sale hacia fuera. Algunos piensan que me burlo, implantan caras de pocos amigos. Un hombre con uniforme desconocido, color caqui, cuyo rango podría oscilar de cartero a coronel, se sube en alguna parte. Se me sienta frente a frente, demasiado frente a frente, nuestras rodillas por ratos se rozan. Me observa perplejo. Me jala de las ropas y me vocifera algo. Me muestra el atuendo de las pocas damas presentes y sigue jaloneando el mío, un pobre pantalón desteñido y un polito barranquino. Intuyo que mi vestimenta no le parece del todo apropiada. No le entiendo del todo. «¡Hospet! ¡Hospet!», les grito mi destino para ver si me dan una mano, si me colaboran. Todos mueven sus cabezas como las cobras. Intercaladamente me gritan.

Los hedores, junto al zarandeo del tren, empiezan a anestesiarme, a zambullirme en el letargo. Cuando la máquina se detiene de un golpe seco ya ni me altero, sigo deambulando por mi sueño. Un tirón en el brazo me despabila. Con señas, un hombre me indica bajar, dice algo como que aquí me quedo. Me marca una dirección con el brazo e insiste en que baje de una vez.

«¿Hospet?», señalando la línea que traza su brazo, le pregunto si Hospet es por allí. Me mueve la cabeza en círculo. Adentro, todos parecen una coreografía haciendo lo mismo. El indio intenta aventarme. «¡Acha!», le grito con enojo, al tiempo que me libero de él con un codazo. Me lanzo al suelo y la cuestión arranca.

Estoy sola nuevamente, en medio de otra nada, a la hora más difícil de tolerar, al mediodía. El sol me aplasta como a una cucaracha y no me queda ni media gota de agua, ni saliva siquiera. Desfallezco. A poca distancia se encuentra un búfalo con un cuerno enredado en un cable. Acudo en su ayuda. Le pregunto si tiene alguna idea de dónde estamos, pero parece que no hablamos el mismo idioma, me lo imaginé desde un principio. Me ofrezco un pucho. Estás loca, tengo la boca como un ladrillo, me digo. Diálogo que muere allí. No tengo fuerzas ni para hablar conmigo.

El recalentamiento de mis sesos causa estragos, confío en quienes me cruzo y en sus aventones. Un tramo en camión, luego en elefante y finalmente en tractor. Trece horas después, llego a Hospet, punto de conexión para los buses a Hampi, mi destino inicial.

En Hampi me recibe una carroza divina, de tamaño tan monumental que cada rueda es tres veces mi persona; con todo el panteón hindú de dioses y demonios tallado en diferentes niveles de madera. Un carro de lo más sofisticado, con balcones a los cuatro lados, quizá para los que llevan la palabra de Dios por estos lados. Una cosita de nada, dejada a un lado de la avenida principal, Hampi Bazar. Una arteria sin pavimentar, de aproximadamente treinta metros de ancho, acordonada por ambos lados por una longeva y generosa vegetación. Por ella no circula nada que tenga cuatro llantas o más. Es casi una peatonal, donde los pobladores descansan su humanidad el día entero. La mayoría sentados en el suelo venden mangos, plátanos, cocos, betel, pulseras y oportunidades varias. Las carretillas mantienen en altura a los ociosos, desvalidos, zarrapastrosos, mutilados y representantes del mercado de abastos. Cubiertas siempre de mercadería, las bicicletas permanecen constantemente detenidas. Lo mismo sucede con los elefantes, bien quietos ellos, solo les falta pagar parqueo. Esperan a sus amos en las puertas de las casas. Pintados siempre de mantras y flores, generalmente girasoles, logran ser los animales más grandes del lugar, pero no por ello se llevan la exclusividad. Chivos, vacas, chanchos, búfalos, cabras, ovejas, carneros, perros y gatos deambulan por la vía principal con la misma naturalidad con la que un cochinillo copula con su madre cerda, quien de pie sigue amamantando al resto de la camada. No puedo apartar la tentación de fotografiar la escena. Tras ella noto un hospedaje: Shanti Guest House. Parece bueno. Al entrar me encuentro a Natacha abanicándose con un libro.

—¡*Hello*, otra vez! ¿No estaban en la playa?

—Nos hablaron tanto de este lugar que vinimos a ver si valía el bochorno. Y lo vale. Apoya su dictamen juntando la punta de los dedos y besándolos para graficar a su manera que el sitio es realmente exquisito.

Ubicada en el estado de Karnataka, Hampi fue la capital del imperio Vijayanagara de 1336 a 1565. Uno de los imperios hindúes más amplios y fuertes de la historia india. Fundado durante la resistencia a los avances islámicos, ante los cuales sucumbe finalmente en 1565 al ser derrotado en la batalla de Talikota, dejando libre a los musulmanes la ruta al sur para su conquista.

Una gran tradición épica envuelve el lugar. Sin embargo, en la actualidad, Hampi simboliza la flor aún no florecida, la niña bonita que nadie saca a bailar, la perla del Oriente. Su ambiente aldeano es de lo más sabroso, pero sus templos no tienen adjetivos que lleguen a la altura de su descripción.

Al frente del *guest house,* en la cabecera oeste de Hampi Bazar, se encuentra el Virupaksha Temple. De cincuenta y dos metros de alto y de estructura ligeramente piramidal, fue construido a mitad del siglo XV. El interior parece una reinterpretación del arca de Noé, versión hindú. Anidan desde sapos hasta elefantes. A los elefantes se les pone una rupia en la trompa para que, luego de pasársela a su amo, te concedan una bendición en la espalda con su trompa de pelos punzantes. De los monos no te puedes descuidar, peleándose los techos con los murciélagos, no creen en nadie. Se lo llevan todo, todito, desde bocaditos hasta artefactos. Por ello, un letrero de advertencia en la puerta te recuerda que a los primates les gusta coleccionar cosas de afuera. Parece que les agrada lo importado, como la tremenda caja fuerte para donaciones —de origen inglés— que ocupa casi todo el ancho de la puerta de ingreso. Para salir hay que meter la barriga y aguantar la respiración por un buen rato —porque además hay su tráfico—. Ya afuera, hacia todos lados, en trescientos sesenta grados, se desplaza el reino Vijayanagar entre una desconcertante proliferación de piedras naturales de caprichosos volúmenes.

Trescientos cincuenta templos, palacios, fortificaciones, muros que enaltecen doncellas celestiales, actualmente decapitadas por las inclemencias del tiempo, baños para la reina, un área de reclusión para mujeres musulmanas, establos para elefantes, jardines, fuentes y, de pronto, el Vittala Temple, cumbre del arte Vijayanagar. Me quedo boca abierta, sin aliento. Todo labrado en piedra, con columnas exteriores conocidas como «pilares musicales», que producen distintas notas musicales cuando se las toca. Otra de sus peculiaridades es la carroza tallada en piedra, cuyas ruedas, también del mismo material, giraban antiguamente. Un recinto de lo más ornamentado donde diminutas personas transitan, ya sea por su credo o por turismo.

Cerca de veintiséis kilómetros de vestigios, bosques de palma y señales de lo más inadecuadas te invitan a perderte a pie o en bicicleta; a desaparecer y reaparecer por los lugares más recónditos, inhóspitos e imponentes de la India. Espacios que dan la impresión de latir, de transportarse con una en el tiempo; sin embargo, no es para estar todo el día andando. El calor es infame. A cincuenta grados, el viento cuando corre hierve, la ducha quema y hay que entrar descalzos a los templos cuando las piedras, como las brasas, arden. La electricidad se va y viene. Cuando se va, generalmente a medianoche, el ventilador se detiene y vienen guerrillas de mosquitos. En cinco minutos los huéspedes de todos los *guest house* ya estamos en la calle con nuestros respectivos colchones, dispuestos a hacernos un campito entre los indios y sus animales. Además, a veces, llueve; en ese caso, te ríes o pierdes. Descansar sobre colchones húmedos, y no necesariamente pulcros, es casi imposible para la mayoría de viajeros que compartimos el *pijama party* en Hampi Bazar. Un asunto que tiene sin cuidado a los despreocupados lugareños, quienes, abrazados entre sí y aislados del suelo con petates flacos como una oblea, duermen plácidamente frente a sus casas. Sus puertas siempre abiertas dejan en evidencia que la delincuencia es ajena a sus desdichas.

A las cinco de la madrugada es necesario levantar colchones, alquilarle su bicicleta al panadero y recorrer Hampi en las pocas horas que es posible. A las nueve ya es prácticamente imposible. La cuestión es que no siempre una amanece tan resuelta. A veces no te provoca perderte nada de lo que sucede allí, donde acabas de abrir el ojo, en el dormitorio comunal. Un espacio que termina por hacerse familiar. Con un ritual que arranca lento y aletargado, primero se iluminan los interiores del Virupaksha Temple. Resaltan sus dorados altares salpicados de bermellón. Las campanas empiezan a repicar, convocan a la puja matutina. Los fieles se van acercando a sus dioses, pero lo hacen de a pocos, no se aglomeran, nadie se atropella. Antes orinan, como se dice, el primer pis del día. Frente a frente, los hombres en cuclillas, las mujeres también, las niñas mostrando su botón, los niños luciendo su pipí. Libres de aguas menores, se dirigen a las carretillas de chai. Los vasitos y teteras van y vienen y junto a estos los bidis. Lo que hace tremendamente especial ese momento es que ningún indio te pregunta por tu marido o cuál es tu país. Siguen adormilados, algo perezosos. Los trotamundos tampoco te preguntan tu nombre, tu país, a dónde vas, de dónde vienes, si está lloviendo por allá. El silencio reina. Resulta idílico. Realmente invalorable. Es la mejor hora. Aunque el ocaso también tiene lo suyo, y es menos íntimo. No tienes que despertar al lado de un desconocido. Buen día, cariño. Además, por la tarde corre vientito. Airecito calientito pero algo es algo. Provoca desenchufar el ventilador por un ratito y salir a caminar. Para ello, un día reúno coraje suficiente, trazo un objetivo: la cumbre de una colina que diviso desde mi habitación, al otro lado del río Tungabhadra, donde supongo salen las mejores fotos de Hampi al atardecer.

La opción para cruzar el río es algo redondo. No es una barca, tampoco una canoa, menos una chalana. Una maravilla tejida circularmente que no parece nada impermeable. Lo mejor es viajar como esta gente, en cuclillas. Mientras me acomodo, una imagen me cautiva: dos hombres en actos no apropiados para cardiacos. No lo pienso, saco el teleobjetivo y, a través del visor, los enmarco con la mirada puesta el uno en el otro. Coquetean abiertamente, jaloneándose y jugando con sus cordones brahmánicos, que los identifican como clase sacerdotal, que les atraviesa el torso diagonalmente en señal de que están calificados para estudiar los Vedas. Sus piernas entrelazadas bajo el agua clara y sus cuerpos semidesnudos emergen como sirenas, ocupando parte de una tersa y perfilada piedra. Sus lungis — especie de pareo que los hombres se amarran a la cintura— me traen a la memoria los saris de las *masala movies*. Sensualmente húmedos. Ellos lo notan, se los frotan. En el cuello llevan grandes cadenas de oro, las cabezas rapadas. Encuentro tan pura la figura. Es que se ve tan poca ternura por este lado del globo. Y hablando de lados, ya estoy en la otra orilla. Agradezco con unas rupias y quedo aislada con mi cámara, mi agua y mi bitácora.

Al poco rato, la Carta Reina le comenta al Conejo Blanco que La Bea está perdida, ella ni cuenta. Atraviesa chacras, salta acequias, cae en más de una zanja y mantiene un equilibrio cuestionable, sin percatarse que la loma que ansiaba alcanzar salió de escena. Enfoca a solo medio metro, concentrándose únicamente en no pisar las tierras sembradas, campos de extraña geometría que no tienen cuando acabar.

¡Y qué importa!, se descubre diciendo. Poniendo *review* llega a la frase anterior: «Creo que te has distraído, este no es el camino.

Stooooop. Colina, ¿dónde te has metido? ¿Dónde estás que no te veo? ¡Yuuuuju!». En un abrir y cerrar de ojos, un nuevo propósito deja en segundo plano al montículo de tierra. Un árbol santuario, sostenido por caprichosas raíces de afinidad indiscutible con Ganesh, deidad hindú de la sabiduría y ahuyentador de los obstáculos, con cuerpo humano y cabeza de elefante. Frente a él, un aldeano toma chai, parece contemplativo, incluso ido. Al ver a la flaca, la invita a tomar asiento, le pasa su vasito de vidrio. Infinidad de sonrisas aparecen en el borde. ¿Lo lavará alguna vez?, se pregunta ella. Con el dedo índice, el lugareño le señala la trompa mitológica, bordea desde su posición distante su silueta. Ella le esboza un: «¡Oh! Qué prodigio». El varón queda feliz. Sin más que comentar, la excursionista de la Bea decide continuar su peregrinar. Gracias por el chai.

Pero no queda mucho tiempo para andar. La luz de la tarde cae sesgada sobre la tierra áspera de Karnataka. El viento, como una boca que sopla una vela, canaliza lo más codiciado: una tímida corriente de aire. Un soplo que toma aliento por momentos, ofreciendo lo mejor de sí, modesta y anémicamente. Los arrozales, en agradecimiento, se inclinan, permanecen en posición horizontal por escasos minutos. Los cerros ceden su dorado semblante para esconderse tras la noche negra. Y de la luna ni la sombra. Creo que es hora de regresar. Ahora, la pregunta del millón de dólares: ¿cómo?, ¿nadando? Imposible con la cámara. Especulando sobre el tema, un candil se enciende. Se prende y se traslada. El trayecto hacia este es a campo traviesa, pero quizá me ofrezca una respuesta. Le sigo el rastro hasta alcanzarlo. Raspada de cabeza a pies, quedo frente a un sadhu de intrincada melena, usufructuario de aquella claridad, que eleva para indagar quién lo intercepta. Bajo una iluminación cenital, quedamos completamente horrorizados el uno del otro. Ninguno se anima a gritar primero y siento cómo la sangre se me retira gota a gota. El moño que sostiene sus cabellos le aumenta como cincuenta centímetros de altura. Sujetado con mil trapos, simula un nido de escorpiones. Inyectados de sangre los ojos, la mirada vaga y el rostro pintado a rayas amarillas y granates. Las venas le afloran como gusanos por todo el cuerpo, que más parece una lámina escolar sobre estructura ósea. Abrigado apenas con una multitud de malas y una barba pajosa que le llega hasta el ombligo. Solo un lungui, hecho trizas, le cubre el sexo con símbolos de *Om*. Resuelvo romper la inercia, algo así como coger al toro por las astas. Intento explicarle con las manos que estoy perdida, que necesito cruzar el río, que ya no sé cómo decírselo. Me mira como bicho raro, me inspecciona en silencio, incluso intuyo que me huele. Finalmente murmura algo entre dientes. Al darse cuenta de que no lo estoy captando, me indica seguirlo con un dedo macabro. En la entrada de una cueva se detiene, me invita a pasar con un movimiento de cabeza. Me asomo y con asombro descubro una austera morada. Amoblada con rocas y oliendo a humedad. Todos los clichés de la religiosidad hindú se encuentran presentes. Junto al falo y al trinche de Shiva, en posición de loto, medita otro sadhu. Al notar mi presencia, me observa como si fuera una alucinación, como si mi aparición no fuera más que una proyección de su mente. Suelto un «ñamaste», y se incorpora desconcertado. Sus *dreadlocks* castaños dan señales de que es foráneo. Un cruce de vocablos en inglés y le lanzo un: «*Where are you from?*». De Barcelona, es la respuesta que recibo. Al presentarnos como se debe, me cuenta que pasó gran parte de su vida viajando por Oriente, pero que al llegar a Hampi, quince años atrás, quedó enganchado. Desde entonces vive entre piedras y anacoretas. Baba Mariano se dice llamar —con frecuencia llaman también babas a los sadhus. Pero baba es más un longevo al que se trata con respeto, un «papacho» de estos lares—. En todo caso, este baba Mariano de anciano no tiene nada, ni a los cuarenta llega.

Interrogándonos mutuamente sobre el mundo dentro y fuera de la caverna, soy testigo del desfile de «santones» que atraviesa el rocoso recinto, iluminado por un candelabro colgante, y atestado de vasijas con sabe Dios qué y desteñidas telas con mantras sagrados; paños del mismo color anaranjado de los lungis que cubren parcamente los cuerpos de la concurrencia, la cual circula ofreciendo pastelitos de su propia cosecha. Unos bocaditos en forma de mazapán, a base de hachís, pimienta negra y azúcar, que Baba Mariano me advierte consumir con precaución. Cosa nada fácil, por cierto, pues representan un privilegio que deseo devorar.

Luego de cuatro horas de confrontación, chai, chillum y alta repostería, el estado de sedentarismo absoluto me empieza a crear paranoia. La botella de agua mineral me incomoda, no sé qué hacer con los filtros del tabaco y la cámara fotográfica la encuentro una impertinencia demasiado sofisticada. Además que estos seguidores de Shiva —dios destructor y dios creador— son fanáticos de su emblema fálico. Siempre es tema de conversación. Por ello, Baba Mariano les traduce al hindi el episodio de la señora Bobbitt, quien al encontrar a su marido con otra le corta su miembro viril. Los sadhus ríen al unísono, con enérgicas carcajadas que retumbaban en las paredes de la cueva, mientras comentan entre ellos: «Qué raras las leyendas de la cultura

Clinton, ¿qué querrán decir?». Apreciaciones que me llegan traducidas al español gracias a Baba Mariano.

Avanzada la noche, las conversaciones toman un rumbo demasiado sexy-picaresco, y muy a pesar de los ofrecimientos, mi intuición me advierte desaparecer. Emprendo la retirada con el argumento de que a cincuenta grados una baba cueva no me representa suficiente oxígeno. Al despedirme de Baba Mariano, de lejitos, como corresponde, con las palmas de las manos juntas y una ligera inclinación de cabeza, un disimulado guiño de ojos sella una especie de complicidad occidental entre nosotros. Un sadhu con taparrabo naranja y *look* fusión —mezcla entre Bob Marley y Daniela Romo— me acompaña río abajo en busca de un barquero con insomnio. En la exploración, se ayuda con una caja de fósforos *king side* que va quemando a cada metro para alumbrar nuestros pasos que, dicho sea de paso, se detienen ante el tercer barquero consultado. Él que atraca.

Al tocar tierra, le agradezco al sadhu con unos chais en la carretilla de la esquina. Una gran cantidad de niños se nos une de a pocos. Gestionando conmigo su último té de búfala del día, me comentan al oído, cada uno a su manera y con la gracia e inocencia que solo la infancia te da, que mi acompañante no es un buen partido. Esa misma noche, en el desvelo colectivo, comprendo que es tiempo de reanudar la ruta al sur. Se lo comento a otros viajeros. Patricia decide acompañarme. Se trata de una mujer de Islas Canarias, fuerte, soberana, voluptuosa e incorregible, que ríe fuertemente hacia adentro, en una especie de inhalación jocosa, con una personalidad que a veces abruma pero que siempre actúa como imán sobre la gente. Lleva tatuada en la pantorrilla una bruja sobre su escoba y miles de largas trenzas hasta la mitad de la espalda, que terminan en plata y piedrecitas de colores. Una hembra sin prudencia ni escarmiento. Viaja cargada de planchas de hachís marroquí para su propio consumo, junto a un arsenal considerable de drogas mayores para la venta, sin evaluar el riesgo ni considerar las dos temporadas bajo reja que ya pasó en la cárcel de Marruecos por el mismo *business*. Entre tanto, desde Lima, el procurador ad-Hoc de la Nación en el caso Fujimori-Montesinos, José Ugaz, me advierte que me aleje de la mala compañía. Que si me meten presa en la India él no va a venir a sacarme. Ni siquiera va a seguir el caso. Creo que dramatiza.

El expreso de medianoche

Dejamos Hampi en *El expreso de medianoche* —sale a las doce, se llama «expreso» y viajamos con merca—. Patricia evita las miradas furtivas de los policías. Los pasajeros ubican sus puestos. Múltiples pies, con suciedad adherida, empiezan a asomarse por algunas literas; en otras, ubicadas al mismo nivel, familias enteras se acomodan. Los padres en una cama y en la de enfrente la familia entera: madre, hijos y abuela. Los inspectores revisan los boletos; los mozos, el número y tipo de comidas, vegetariana y no vegetariana. Algún crío, sin ganas de dormir todavía, juega en el pasillo. Otros se deleitan con el bidi del estribo. El hombre del chai, dosas —obleas con epecias—, paani —agua— y gaseosas ofrece su mercadería. Las luces se apagan. Los ventiladores empiezan su forzado funcionamiento, un centímetro de grasa y mugre va adherido a estos. El silencio reinante es invadido por uno que otro ronquido. No tengo sueño, mi mente está alborotada. Necesito un cigarro.

Atravieso el coche, paso por encima de los bultos, esquivo las pezuñas que invaden el corredor. La puerta gruesa que me separa del exterior se presenta herméticamente cerrada. Logro abrirla. Me siento al borde y prendo un pucho. El viento frío me estremece, sopla en ráfagas excitantes, parece tener dedos, me acaricia. Algo de pecaminoso invade la noche oscura. Las siluetas de los cocoteros, adormecidas por la modorra, se bambolean al norte y al sur de sus centros de gravedad. Una palmera irrumpe y se desliza con extrema sensualidad por la ranura del tren, me roza. Como una devoradora de hombres, en tono de zorra, me dice «hooola»; el dinamismo la succiona del coche y parte de su follaje queda esparcido a mi alrededor. Su ruidoso ingreso es seguido de un silencio con eco. Cierro mis ojos para perderme por mi mente, para dejarla fluir libremente. El recuerdo de los últimos días viaja entre el sueño y la vigilia. El rugir del tren bajo mis emociones me advierte que no debo rendirme al cansancio, me recuerda que dormirme allí es inapropiado. Mis botas se raspan con algún arbusto, con la maleza que invade la vía ferroviaria. El cigarrillo se consume, mis ojos se entreabren. Trato de imaginar qué me motivó a no abrir los ojos los primeros cuatro días de mi vida. Imagino la desesperación de mi madre y su determinación de no abandonar la clínica hasta no ver la mirada de su hija. En tanto yo, indiferente a las palmaditas y caricias, no mostraba ningún apuro en contemplar lo inevitable: el mundo que me esperaba. En un cerrar de ojos empiezo a volar nuevamente por algún lugar de mi mundo, en la sutil franja que separa la somnolencia del sueño. Sueño que por momentos me vence. Debo dormir, me digo. Cierro la puerta y me dirijo a mi litera. Sigue tendida, con sábanas blancas y percudidas con la inscripción de la Indian Rail. Encima, bien estirado, delatando mi desvelo, mi *sleeping* de algodón, compañero inseparable de noches viajeras. Quiero dormir, pero mi mente no es buena almohada. Al lado, Patricia duerme desparramada, la contemplo, le transmito mis agradecimientos por los gratos momentos, por su carcajada constante. La fotografío. El *flash* de la cámara la hace cambiar de posición.

Regreso a la puerta del coche. La abro de nuevo pensando en el «aceite tres en uno», y en la fuerza del viento que trata de doblegarme, de impedir la maniobra. No lo consigue. Me siento en el piso sucio y mal oliente. Estiro las piernas hacia fuera, la velocidad se las lleva pero le hago frente. Saco la cabeza. Una corriente helada, como ráfagas de cuchillos, me enfría la pelada, me cambia el estado de conciencia, me pone *awareness*. La cabeza la hicieron redonda para que los pensamientos cambiaran de dirección. ¿A qué velocidad lo harán? ¿A qué velocidad viajarán mis pensamientos, mis sentimientos, mis orgasmos? ¿Cómo será en realidad la velocidad de la luz? Apenas conozco la del hombre, sesenta y ocho, porque al sesenta y nueve, gira. A mis pies el mundo gira, es dinámico. El tren parece apurado, ¿a qué velocidad ira? Nuevamente asomo la cara y disfruto del sonido del viento, del aire fresco que me aviva. Observo al culebrón del tren deslizándose a toda flecha entre las ondulaciones del paisaje. Se pierde por sus extremidades, se encrespa. Me detengo en mi cuerpo, un ligero escalofrío me recorre entera, tengo los pelos de punta. Me siento enteramente peluda y concluyo que la culpable es mi pinza Victorinox, aquella que perdí en Goa, que más que sacarme los vellos me los encrespaba. Apegos de aventurera, de mujer todoterreno. Para qué la pinza, puedo vivir sin ella. Sin nada, creo. Bueno, puedo aceptar mi austero equipaje. Reviso mentalmente mi carga: cámara, rollos de fotos, bitácora, lapicero, bolsa de dormir de 250 gramos, toalla de microfibra de 400 gramos, sayonaras, botas de *trekking*, dos mudas, dos sostenes, tres calzones, encendedor, puchos, pasta y cepillo de dientes. Me transporto al depósito que tengo en Lima: maletas con ropa de invierno, maletas con ropa de verano, maletas con ropa de fiestas, maletas con ropa heredada. Sonrío. Me daré tiempo para deshacerme de ellas. Pero, ¿si despierto una mañana con ganas de sacar a la señorita que llevo adentro? Me veo saliendo de mi estudio bajo el Puente de los Suspiros, ascendiendo por el Paseo de Baños en un acto de rebeldía. Con ganas de ponerme al día, de entrar a circulación. Los pezones parados, los roba corazones engominados, el abrigo retro de mi abuela y las botas plataforma taco quince. Qué distante me encuentro. En trapos desteñidos y unificados en un solo color, producto de las lavadas en común. Cabeza afeitada y pies duros como suelas. Maletas de ropa, archivo fotográfico, archivadores, clientes, cuentas, técnicos, corredoras, contratos, certificados. ¿Por qué seré tan ordenada? ¿Alguien se lo imaginaría? ¿Será el orden lo que me permite romper las reglas? Reviso mi patrimonio. Un departamento desocupado, la inquilina se ha ido antes de terminar el contrato. ¿Habrá pagado el lucro cesante? No es importante a tal distancia. Roco, mi auto, aquel lienzo blanco de 1981 que aún planeo adornar con girasoles y ojos de Buda. Mis fotos y escritos. Mis amigos, tantos momentos compartidos. Se hace presente El Zorro, mi segundo hogar, aquel pedazo de tierra en el desierto costero de Lima donde fui a morir cada vez que necesité renacer. Pienso en el transitar de mi vida, en el cúmulo de despedidas, en el mar de vivencias, en pasiones desenfrenadas. Me aparece el rostro de un amante furtivo. Un atrevido que viene a hacerme cambio de aceite. Sonrío de solo recordarlo, me sonrojo, casi me mojo. Expertos amantes, chiquillos ansiosos, sofisticados y enloquecidos varones. Juego con el mundo como una niña y me entrego como una zorra, pero jamás dejo de atender a esa conciencia atestiguante que dentro de mí me dice, como un espectador de mis actos: «Observa a esa huevona cómo se pone, ojalá no se la crea». Alguna beatrozada irrumpe. Río en silencio. Mis amigos se ríen de mí, de mi faceta torpe y despistada, de la Beatroz a la que le pasa de todo. De ese personaje que fui y del cual se agarraron tan fuerte que no me dejan ir, que aún por ráfagas soy, que me encanta ser. La Beatroz congelada en sus memorias —intacta, perfecta, redonda y cuadrada, sin trascendencia ante sus ojos— me permite ocultar lo que la vida me ha enseñado y no puedo transferir. Si no puedo decirles que no son en lo que se han convertido, entonces les cuento algo divertido, me dejo ser el bufón, la que los hace reír.

La noche empieza a desvanecerse. La oscuridad va cediendo a la plenitud del nuevo día. Sobre el cielo pálido, el sol irrumpe como una pelota incandescente de color azafrán. El aire frío se transforma en brisa pegajosa. El paisaje cambia. El sonido del tren, y el eco intenso que deja su paso, queda mermado ante los rumores y los ofrecimientos de «chai, paani, pakoras —verdura frita con harina de garbanzo—, dosas, *cigarettes*». El cansancio me toma, pero el sueño no se asoma. Los pasajeros se estiran, un niño suelta un alarido, dos filas se forman en ambos baños, en el de silo y en el de taza. Los encargados recogen primero las almohadas, luego la sábana y al final las mantas. Saludo a Patricia, aún aletargada. Acomodo mis pertenencias mientras espero el aviso de arribo.

SEGUNDA PARTE

El sendero en el agua

Las sanguijuelas son repugnantes. Gusanos parásitos hermafroditas, negros, babosos y resbaladizos. Tienen cuerpo anillado, de unos doce centímetros de largo por uno de ancho. Con ventosas en cada extremo para adherirse a sus víctimas y una boca chupadora en el centro para succionarles la sangre. De aguas dulces, les gusta acechar a sus presas desde las ramas de los árboles. Para combatirlas, y no darles la posibilidad de saciarse con nosotros, nos cubrimos totalmente, incluso con los pantalones metidos en las medias. La sal las ahuyenta. Nos rociamos con esta, concentrando mayor cantidad en cuello, tobillos y mangas. Por desgracia, la lluvia nos la arrebata antes de que todo esto suceda. Con lo remojados que estamos el asedio constante de estas sangrientas criaturas es inevitable. Gozan de la gravedad, lanzándose desde los árboles en caída libre cada vez que pasamos por debajo. Son muy listas y escurridizas, se infiltran como pueden. Luchamos para arrancárnoslas; mientras lo hacemos, inyectan un anticoagulante que hace que la herida sangre más de lo normal. Calentarlas con el encendedor hace que ellas mismas aflojen y sea más fácil desprenderlas, pero con la lluvia los encendedores ya fueron. Por eso caminamos tan juntos, para hacerles frente y prevenir las caídas. Estamos que damos pena. Adriano, de tanto en tanto, tropieza distraído, de puro

163

reventado. De mis tropiezos ya ni me doy cuenta. Avanzo solo para romper la inercia, para no morir congelada. Mis botas están completamente mojadas y mis únicas medias a punto de estarlo. Solo contamos con la lluvia como agua potable, pero no nos queda fuerza ni paciencia para juntarla. Preferimos chupar directamente las hojas del camino, robarles el rocío.

Vamos tres días andando sin saber dónde estamos, hacia dónde vamos. Avanzamos a la deriva, sin la menor prudencia, bajo una tormenta de dudas. La única certeza es que estamos perdidos en Sikkim, al noreste de India, frontera con el Tíbet, Nepal y Bután. Un área conflictiva y en litigio con China. Hallarme en esta situación es el mayor absurdo de mi vida. Desde que partimos todo esto me pareció un disparate. A quién se le ocurre cruzar una cordillera sin un mapa. Y no cualquier cordillera, el Himalaya, la más alta de la tierra. Pero ante lo incierto y las promesas de aventura flaqueo, me vuelvo más fácil que la tabla del uno. Hasta me llegué a decir: «No importa si no llegamos a la meta, lo importante es el camino. Un poco exigente, pero es parte del desafío. Vamos a lo que venga».

No viene ni el destino. Está claro que Sikkim es el estado menos poblado de India. Quizá por ello caminamos días sin toparnos con un ser humano. Yo que vine hasta aquí a tomarme una pausa, a dedicarme a la contemplación de mi ombligo, a viajar sobre el sitio. Esquivé el monzón durante meses hasta que me alcanzó en el norte, señal de que era buen momento para retirarme a meditar y qué mejor que en un monasterio de esta apartada zona. Estaba tan a gusto en la pieza que me asignaron para tal fin. Con una vista montañosa de picos nevados y contundente verdor que me abría a la vida. Que se cubría cuando el monzón se anteponía y la perspectiva se reducía a una cortina de lluvia. Con ella la distracción se cerraba, y se abría el espacio propicio para la meditación. Hasta que llegó Adriano, el novato *boy scout* que camina delante de mí. Entonces, la cortina de lluvia dejó de estar encuadrada en mi ventana para convertirse en la ducha española que no nos abandona en este abandono de posibilidades en el que nos encontramos. Lo miro y lo maldigo, aunque no tengo derecho a ello. Hace frío, la temperatura está bajando, parece que vamos subiendo, ¿nos estaremos acercando a un paso de montaña? ¿Hacia dónde estamos yendo? Nos cruza un individuo. Adriano le pregunta, en inglés pausado y ayudándose con las manos, de dónde viene, a dónde va. Le pide que nos lleve con él. El hombre casi no se detiene, quizá para no enfriarse; le responde en un idioma que no reconocemos. No parece nepalí, el idioma local, ¿será un dialecto?, ¿quizás un espectro?, ¿realmente pasó alguien o ya estamos delirando? Adriano da por hecho que indicó por la izquierda, en la bifurcación. La palabra Tíbet ni se menciona, pasó a ser tabú. Otra palabra toma protagonismo: «Permiso», el mío expira en dos días. Debo recoger mis cosas del Rumtek Monastery y salir de Sikkim. Salir de este embrollo es una urgencia.

El acceso a Sikkim está reducido a una pequeña área y con un permiso especial concedido por un máximo de quince días. Un suplicio conseguirlo. Tuve que ir tres días consecutivos a una oficina gubernamental en Nueva Delhi, donde la corrupción te la ponen en bandeja tan abiertamente como la inutilidad del personal. Burócratas que enredan el trámite a tal punto que ya no pueden salir del meollo ni ellos mismos. Con papelito en mano me vine al Rumtek Monastery, uno de los monasterios de mayor trascendencia y controversia del budismo tibetano en India. Desde mi admisión no dejé de agradecer, ni un solo día, el privilegio de estar allí. No entiendo cómo me dejé tentar. ¿Fue el mismo desplazamiento de meses que me trajo a la quietud monacal, lo que me impulsó a dejar la inacción para aceptar venirme a morir de frío en este extravío?, ¿nuevamente la dualidad de mi mente inconforme, siempre dominándome? No soy mi mente. Me lo debo repetir hasta que me entre. Absurda manía de utilizar la mente para dominar la mente, como cabalgar un caballo en busca del caballo. Igual me lo recuerdo: no soy mi mente, no soy mi cuerpo, no soy mi energía, soy pura conciencia. Fuera de esta, no somos muy distintos a una computadora, donde la mente es el *software*, el cuerpo la máquina y la energía el cable que la hace funcionar. Intento dejar de pensar. Me concentro en intercalar mis fosas nasales para inhalar y exhalar, hasta que logro avanzar sin cavilar. Mi mente queda relegada a un zumbido agudo que aletea cerca de mí, un loro con parlante que contrataca, que me gana la batalla. Como anzuelo me lanza una frase: «Qué daría por un mapa del Instituto Geográfico Militar». De tenerlo no estaríamos en este aprieto, hubiéramos desistido antes de partir. Tienes razón, pero sí daría mi vida por un GPS. Si la dieras, para qué quisieras uno. Está bien, no tanto, pero tener uno nos salvaría la vida. Sería perfecto. Efectivamente necesitas uno, compra, compra, *very cheap*, *good quality*. Si lo encargas a Estados Unidos sale más barato. Solo necesito salir de aquí y cuando salga mis necesidades se habrán reducido al mínimo. Dicen que van a inventar celulares con GPS e Internet.

—¡Ten cuidado! Por favor, fíjate dónde pisas. Esquiva los charcos o terminarás metiendo la pata entre dos raíces y de cara al lodo. Sería muy gracioso —le digo a Adriano.

—Quédate allí, Bea. Tienes tres sanguijuelas en la espalda.

—Sácamelas, sácamelas. Toma, usa este palo.

—No te muevas, estate tranquila. Falta una, parece que entrenan para las olimpiadas. Sabes, estoy que reviento, necesito ir al baño.

—¿Para orinar o lo otro?

—Lo otro.

—Uy, compadre, allí sí que pierdes. ¿No puedes aguantar? Se te van a meter decenas de sanguijuelas. A mí no me pidas que te las saque.

—Es que no puedo más, hace horas que ajusto y no veo un lugar apropiado.

—Pero si estamos en India *open toilet*.

—Búrlate, ya te va a tocar.

Fue al noveno día de mi estadía en el monasterio que apareció una pareja de ingleses y dejé de ser la única occidental. A la mañana siguiente llegó Adriano, portugués y con un indiscutible parecido a D'Artagnan. Nos convenció para caminar hasta un lugar desde el cual se podía divisar el Tíbet: «Es cerca de la zona prohibida, pero no hay problema. Unos amigos ya han llegado y me han pasado todas las coordenadas». Abrió un mapa dibujado y nos señaló los puntos por donde pasaríamos: «Tenemos que andar un día, dormir en un poblado donde esperamos encontrar un monasterio; luego, un Jeep, otra caminata y allí vamos preguntando». Y aquí estamos, perdidos como cangrejos en Bolivia. Inmersos en una pujante vegetación, donde lo que no es verde por naturaleza está reverdecido por el moho que lo invade todo. Tanto el frío como el olor a tierra mojada nos calan hasta los huesos. Da la impresión de que hasta los animales han huido del monzón. Nosotros también queremos largarnos, pero no damos con la salida. Troncos desplomados desvían constantemente nuestros pasos. Caminamos sin sentido, probablemente en círculo. Nuestra visión es de muy corto alcance, el monzón encubre el atajo que nos trazó esta mañana, con el brazo extendido, el cabañero. Esperamos que no nos haya visto con cara de entusiastas exploradores, con ganas de visitar atractivos naturales.

Ayer, después de cruzar un bosque literalmente remojado en agua, y a más de cuarenta y ocho horas de haber perdido completo conocimiento de nuestra posición geográfica, llegamos a un camino de trocha convertido en fango. ¡Civilización! ¡Por fin! Gracias a nuestras buenas acciones pasadas, a los Apus o a la Divina Providencia, apareció un Jeep que se detuvo a nuestro lado. Nos subimos sin preguntar a dónde iba, hacia algún poblado de seguro sería. El chofer platicaba con un anciano, mientras maniobraba el timón en una especie de carrera de obstáculos. Sus voces se entrecortaban con algunos saltos, el sonido de la radio lo hacía también. Atrás una pareja de cuarentones cabeceaba. La mujer contra el vidrio, el varón sobre el hombro de ella. En cada salto ella se golpeaba, él ni se enteraba. Nosotros no nos enterábamos de nada, porque todo se decía en nepalí. Varias horas después el chofer se detuvo de un momento a otro, nos indicó que habíamos llegado. Ante nosotros se explayaba una laguna de altura con tres cabañas en un rincón, un punto irrisorio en medio de los rascacielos de hielo. No supimos qué habría entendido el conductor, a dónde creyó que queríamos ir. Lo claro era que ese lugar no figuraba en el dibujo de Adriano, que hace mucho nos alejamos del mismo o, lo que es más probable, que nunca lo hemos recorrido. Necesitábamos saber dónde estábamos, pero no hubo forma de entenderse con él ni con el hombre de las cabañas. No entendían nuestra pregunta. Como para darle un toque de emoción a la excursión, el lenguaje ha quedado obsoleto, fue, expiró.

Por supuesto que los ingleses arrugaron la misma mañana de la partida, ni tontos. Era demasiado para ellos, según dijeron. Dieron media vuelta y, sobre nuestros mismos pasos, regresaron al monasterio. Los vi alejarse con sentimiento ambivalente, sin definir si quería estar en el lugar de ellos o continuar con el plan. Aún me lo machaca mi mente sin piedad. ¿Y si te hubieras quedado en el monasterio?, ¿y si fueras coherente con tu decisión de parar el mundo?, ¿y si dejaras de subirte a *trips* ajenos? El arrepentimiento que me generan sus sermones se transforma en tal desmoralización que me veo reducida a una escala liliputiense. Para salir del hoyo me enfoco en el sonido de nuestras pisadas, mucho más grandes que mi ánimo. Las de Adriano son más firmes, más seguras, suenan como si aplastaran más. ¿Cuánto calzará? Es un mito infundado ese de las medidas del varón. Por ratos vamos uno delante del otro. Cuando el espacio lo permite lo hacemos uno a lado del otro. Cuando partimos nuestros brazos, excluidos de las sensaciones táctiles por nuestras propias prevenciones, se rozaban al andar. Nuestras manos se tocaban al pasarnos la botella de agua. Nos hacíamos los locos. Una volátil química magnética nos perseguía y por momentos nos alcanzaba. Esta huía cuando él cantaba fados lánguidos y desentonados; se refugiaba tras un tronco, nos asechaba tras la lluvia, hasta que finalmente se fue, el juego terminó, no más atracción, cero deseo. Ahora hasta las ganas de conversar se nos han ido. Tenemos la garganta seca. Buen motivo para no hablar. Cada uno se alimenta de sus propios discursos. Yo tengo mucho cuidado con los míos, lucho por no meterlos en el mismo saco de confusión que ciñe nuestros días y noches. Me aferro a los recuerdos agradables de Sikkim. Traigo a mi lado a los monjecitos de Rumtek Monastery, quienes antes de terminar la puja ya han perdido el hilo de la práctica. Juegan solapadamente con sus diminutos carritos, que mantienen encaletados bajo sus túnicas. Cuando la puja termina ya los tienen en la mano, listos para una carrera. Algunos los jalan con un pabilo, como si fueran mascotas. Pero los carritos son incompatibles en estos momentos, así que los retengo en su otra faceta, la de karatekas, otra de sus obsesiones. Se envuelven en sus túnicas, dejando solo al descubierto sus ojos jalados, y empiezan a dar volteretas marciales. Los golpes son una caricia, ni se rozan, pero la teatralidad es vibrante. Los llamaba mis budas-ninjas. Tampoco tendrían espacio para dar volteretas aquí, aunque fueran los protagonistas de una película tipo *El tigre y el dragón*. Qué importa, me quedo con sus risitas. Como mariposas las siento en mis oídos. Tan efímeras como los placeres deseados y apenas cumplidos. Solo nos queda una barra energética, me la comería solita. ¿Qué dices, mente mezquina y retorcida? Siempre entrometiéndote, tratando de suministrarme deseos y placeres. Pero sincerémonos, insiste ella: ¿acaso no deseas a Adriano?, ¿no te lo comerías con zapatos y todo? Mira que el mercado está bajo. Por fin muestras algo de humor. ¡Mercado bajo! Bueno sería encontrar un poblado, no importa que no tenga mercado.

—¡Adriano, mira una pista!

—¿Adriano? ¡Soy Julio!

—Ay, perdón, Julio.

Caminamos, entusiastas, hacia lo que nos parece un escalón al Nirvana, una pista asfaltada. Da lo mismo tomar una dirección u otra. Dado nuestro cansancio, nos quedamos parados invocando a los grandes iluminados, para que nos manden un Jeep que nos saque de aquí.

La lluvia se corta bruscamente, como si alguien hubiera cerrado un caño. Sobre el pavimento deja una poza poco profunda. No existen obras de drenaje, el agua se chorrea por ambos lados de la calzada hasta bifurcarse en ralos surcos de barro. Me detengo a observarlos. Me transportan a mi infancia, creando con mi hermano Álvaro, en el jardín de la casa de Chacarilla, rutas de evacuación para que los chanchitos puedan liberarse de nuestro juego. Años después, a solas, me comía la tierra de ese jardín.

—Después de que salgamos de esta, ¿cuál es tu segundo deseo? —me interrumpe Julio.

—Algo caliente… —no he terminado la frase y Julio se insinúa con un gesto, como si él fuera el gran ardiente trofeo.

La lluvia arremete de una. Se intensifica, enfurece. No existe nada que nos proteja. Nos movemos enérgicamente sobre el sitio, chapoteando. Unas luces anuncian nuestra salvación. Ante la densidad del monzón intentamos hacernos visibles lo más posible. El Jeep no nos da el alcance. Se detiene a doce metros delante de nosotros. Sus luces altas nos ciegan como luces de interrogatorio. La violenta lluvia, en coalición con el viento, semeja un bombardeo de diminutos palillos que al llegar a la superficie forman pequeños círculos expansivos con explosivas gotitas brincando. A contraluz la escena es cinematográfica.

Del Jeep bajan cuatro sujetos uniformados. Tres de ellos toman sus respectivos fusiles del interior del automóvil. Vienen a nuestro encuentro. El chofer se queda parado. Quedamos petrificados. Nos miramos de soslayo. Ahora sí nos fregamos, estos sí son problemas mayores. Toparnos en medio de un área apartada, fronteriza, prohibida y conflictiva con cuatro soldados indios está lejos de ser un buen presagio.

Se acercan demasiado, invaden nuestro espacio corporal íntimo. El tufo rancio de uno de ellos me alcanza como una bocanada, el olor a tabaco lo lleva impregnado otro. Sus modales son rudos, desafiantes. Nos exigen los documentos doblando insistentemente las palmas de las manos hacia arriba, como carteristas descubiertos exigiendo nuestro dinero. Nos quitan los pasaportes. La lluvia no permite revisarlos, tampoco dejan que se mojen. Se los guardan. Abren nuestras mochilas, revisan todo. Terminan de mojar lo que aún no lo estaba. Mi bitácora, que tanto atesoro, la abren para revisar página por página. Al diablo con mis pensamientos trascendentales. Exigen respuestas sobre nuestra presencia. Julio intenta dárselas pero, sin idioma y bajo coacción, fracasa. Estamos completamente intimados, aturdidos. Se mueven muy rápido. Comentan entre ellos por unos segundos; luego se lanzan nuevamente sobre nosotros. Sus frases son directas y cortantes como un hacha. Quisiera mirar a Julio y decirle: «Mira en lo que nos hemos metido», pero no me atrevo a ver a ningún lado. Solo miro al frente, en absoluta mudez. Los únicos que siguen hablando, gritando y ladrando son los tres pitbulls que tenemos delante. Afino el oído, por si mencionan un lugar conocido, algo que me suene. Advierto que no hablan nepalí, tampoco hindi, ¡hablan chino! Ahora si estamos jodidos, me digo. Los chinos son unos malditos. Sin voltear, solo con mi mente, miro a mi muerte. No está. Maldición.

Contengo un repentino ataque de pánico. Todo mi cuerpo tiembla. Mis dientes rechinan, titirito de frío, mis piernas flaquean, me viene de porrazo todo el cansancio contenido, siento que me desplomo. Quisiera tirarme al suelo, cerrar los ojos, taparme los oídos y pensar que esto no está sucediendo. Pero no es posible. No es posible ningún movimiento, hasta que ellos deciden movernos. Con la culata de sus armas nos empujan. Hechos unos chupetes bajo el diluvio llegamos hasta el Jeep. Nos obligan a subir.

A partir de este momento todo se vuelve turbio y confuso. Distorsionado. Después de ser intervenidos, somos conducidos —por un tiempo subjetivamente interminable— hacia un objetivo desconocido por miembros de un ejército que ni siquiera pertenece al país donde se supone que estamos. No entiendo nada, como si me hablaran en chino. Mientras el Jeep avanza, y no termina nunca de llegar, mi mente me jala de los pelos por los más nefastos mundos e inframundos. Cada pensamiento es más oscuro que el anterior. Intento fusilarlos, pero no puedo. Me imagino lo peor, con nada a nuestro favor. Sin interprete, ni consulados, ni mucho menos un abogado. ¿Cuánto tiempo tardarán en notarlo y buscarnos si desaparecemos? Pobre mi madre, no quiero ni pensarlo. Debí dejar mi testamento: mis fotos y bitácoras a mis seres queridos; mis demás posesiones a los pobres de espíritu. Qué trágica, nada va a pasar, no nos van a matar, no me van a violar, todo se va a aclarar. Me lo repito de paporreta. ¿Y si nos matan? Nos matan, pues. Ya no tendría que levantarme a trabajar cada mañana, pagar impuestos, tener días buenos y días malos, cumplir con fulana y mengana, mantener la cordura y la etiqueta social, hacer dietas para adelgazar. No es tan malo tampoco. Una luz blanca e inmaculada te da la pasada; de pronto, todo se acaba, *push button off*. Si existe la reencarnación tendría una nueva oportunidad, un nuevo reto. Adquiriría una gran consola y sería DJ. Si la fantasía católica fuera verdad, permanecer en el infierno sería mucho más agradable que estar en la situación que estamos, porque el fuego eterno —al ser eterno— nunca realmente te quema, más bien calienta. El cielo debe ser aburrido, ya no hay nada que hacer. Prefiero no imaginarme el purgatorio, una mediocridad, algo así como pasar pruebas en el más allá, sin poder plagiar siquiera, como los vacacionales de recuperación escolar que me arruinaban el verano. ¿Cómo será la imaginación en los otros credos?, ¿cómo no he indagado? Qué poca curiosidad la mía. Todavía hay tanto que aprender en esta vida. Me quedo unos segundos pegada en esta última idea. Gracias a ella, sofocados pensamientos positivos empiezan a brotar. Pongo a mi mente de mi lado. Distraigo la realidad con contenidos más discrepantes. Me remito a orillas del río fronterizo entre México y Guatemala, un poco frustrada porque ya no hay embarcaciones para cruzarlo hasta mañana. De pronto, un par de «gueys», que transportan un frigider, ofrecen cruzarme. Acepto encantada. No resulta fácil explicárselo al guatemalteco de migraciones cuando decido salir. «Que entro al país, a la mala, con dos desconocidos

mexicanos metiendo un frigider. ¿Y qué traían en ese frigider?».
Mi alusión es insignificante ante nuestra actual posición
limítrofe. ¿Qué estará pasando por el hemisferio cerebral
izquierdo de Julio? ¿Por qué caminos lo arrastran sus
cavilaciones? ¿Lo acosarán los reproches? Por primera vez lo
miro sin casi mover la cabeza. Él mira hacia afuera del Jeep. El
bosque está oscuro y el cielo lo está aún más. Me muevo sobre
el asiento, me desespero; además, me orino. ¿Cómo se dirá en
chino? ¿Hasta dónde nos llevan?, ¿a un puesto fronterizo indio?
No creo. Ya no puedo más. Tranquila, Beatriz, sin perder la
mesura, que te sientan lo menos posible. Trato de reanimarme.
No es tan terrible, una anécdota más que contar, me digo.
Claro que sí, una cosita de nada, un renglón entre actos.
Seguro. Lo que si me gustaría es morir consciente, saber que
me estoy yendo, despedirme de esta vida. Adiós, mundo cruel.
Si piensan liquidarnos, pues que sea de un balazo. Observo sus
armas, me perturban tanto o más que ellos. Una vez me
apuntaron con una, apenas tenía veintitrés años. Desde lo más
bloqueado de mi inconsciente aparece la escena. Era como un
aula. Un senderista encapuchado me apunta en la sien. Al igual
como lo hizo a mi colega, minutos antes, me formula las
preguntas de rigor: ¿qué has visto? Nada. ¿Qué has escuchado?
Nada. Luego nos cubren nuevamente el rostro, nos suben a un
auto y nos dejan en el lugar convenido. Estaba aterrada, igual
que ahora. Pero fue totalmente diferente. Eran maoístas en
habla hispana y estaba todo arreglado. Solo iban a plantearnos
su punto de vista, propaganda terrorista que le dicen. Teníamos
al director de prensa más osado e intrépido de aquel entonces
cuidándonos las espaldas. Cuando salíamos a reportear, nos

175

seguía hasta la calle gritándonos: «¡Sangre, quiero sangre!». Su imagen la llevo intacta. Cigarro tras cigarro consumiéndose entre sus largos dedos morenos, una botella Johnnie Walker por cierre y sus buenas «líneas» para estar bien despierto. Casi a diario, los terrucos le mandaban tortas-bomba, entre otras ofrendas. Una de ellas degolló a un compañero. Insurgentes imágenes de mi vida terminan por desatarse, me oprimen el pecho. El despliegue de rostros inertes, de víctimas inocentes. Familias devastadas y muertos de nadie. Los cuerpos de los Húsares de Junín despedazados y desperdigados en su camino a Palacio de Gobierno, comunidades enteras masacradas. Coches bomba convertidos en fierro retorcido, en afiladas láminas de acero, en amalgama con cuerpos suicidas. Gritos y sirenas. El sonido ensordecedor de las bombas, de los grupos electrógenos activándose. Las calles enlutadas de Lima, manchadas de sangre. Campesinos convertidos en ronderos. Mis pininos como reportera, buscando la noticia entre gases lacrimógenos. Junto al camarógrafo, unido siempre por un cable al chofer de la unidad móvil, encargado de cargar la pesada casetera. Tantas amanecidas frente a una máquina de escribir, detallando los actos más siniestros cometidos por elementos sediciosos y el Ejército Peruano. Deplorables abusos que no sobrepasan a los cometidos por este Ejército Popular de Liberación de China con el pueblo tibetano.

El Jeep se detiene en una especie de puesto fronterizo o control militar. Con la mano en la nuca nos obligan a mirar al suelo. Quisiera ver si hay un letrero con el nombre o altitud en la que nos encontramos, pero nada. Solo puedo ver mis botas enlodadas. De un par de empujones nos meten al recinto. Nos viene a dar el encuentro un militar de mayor rango. Nos habla literalmente en chino. Ante nuestra incomprensión y mutismo se desespera, como si nos estuviéramos rehusando a cooperar. Con violencia vomita ante nosotros toda la ira que posee. Nos escupe sus palabras. Para suavizar el efecto, con mirada baja, imagino que provienen de un grupo de histéricos turistas chinos tomando millones de fotos ante un monumento turístico. No resulta. El riego salival del milico asiático, queriendo partirnos la madre, me mantiene de cara a la realidad.

Nos guardan en un calabozo. Julio y yo nos volvemos a encontrar frente a frente. Sin pronunciar palabra, solo con la mirada puesta el uno en el otro, maldecimos. No tenemos fuerzas para expresar sentimiento alguno, ni siquiera para insinuarlo. Hablar está descartado, no es recomendable. Estamos aniquilados físicamente, desahuciados emocionalmente. Por fortuna no nos separan, aunque nos mantenemos lo más alejados posibles para no provocarlos, tampoco nos representa ningún esfuerzo. En tres días hemos pasado por la ilusión del Tíbet, el espejismo de un amorío, la desilusión y finalmente aquí estamos, unidos por solidaridad forzosa.

Nos dejan la luz encendida toda la noche. Iluminados para ser vigilados, como si los barrotes no fueran suficientes. Privados de libertad e intimidad. Me siento como un mono en un zoológico. Irónicamente soy mono en el horóscopo chino, solo que es muy diferente ser un primate en un horóscopo que estar aquí metida, sin un plátano siquiera como regalía. A cierta distancia de la jaula, una silla —con ángulo de visión directo a nosotros— es ocupada por un centinela. A sus pies reposa su fusil. Algo más alejado está el escritorio que le corresponde, con un arcaico y pequeño televisor encendido. O estos chinos no sufren de miopía o les da mucha pereza aproximar, además de la silla, la mesa. Para no dormitar, el centinela fuma como chino en quiebra. Tira las colillas al piso sin pisarlas. Humean lánguidamente y, poco a poco, se esfuman degradando el aire a su paso. Resulta imposible dormir; compartimos con Julio el insomnio. Vivimos en silencio la desgracia del momento que cada uno proyecta a su suerte. Me siento más sola, desprotegida y vulnerable como nunca en mi vida. Quisiera abrir mi bitácora y transferir en esta todo lo que estoy sintiendo, impensable osadía; además, me la dejaron chorreando. Me estoy volviendo loca con esta luz. ¿Por qué tan potente?, ¿la considerarán una forma de tortura? De hecho tiene que haber un trasfondo psicológico, si no pondrían una menos fría. Seguro compran la más barata y potente. Punto. ¿Qué temperatura tendrá en grados Kelvin? ¿Qué color estaremos reflejando? Una foto resaltaría el efecto dramático que genera esta iluminación en este drama que estamos representando.

Cuando los rayos del sol avivan la vigilancia, un grupo de nuevos chinos ingresa al cuartel o lo que sea esto. Parece que cuentan chistes, todos ríen. Se ofrecen cigarrillos que portan en cajetillas. Cómo me gustaría uno. Nosotros los vemos a través de las rejas. De pronto, los nuevos se percatan de nuestra presencia. Nuestros carceleros algo les dicen. Ellos los escuchan por momentos y por momentos nos miran. Al parecer somos los únicos reos. Uno se acerca, saca pecho y camina como recién bajado del caballo. Quizás está escaldado. Nos habla fuerte, obviamente en chino. Hecho un pusilánime, le oigo balbucear algo a Julio. ¿Un tímido «usted entiende inglés»? El militar da un paso pausado hacia delante y le concede un *«maybe»*. Un «quizás» que le da el coraje suficiente a Julio para acercarse a la reja y soltarle todo un discurso atragantado al uniformado. Por lo que logro entender, le está dando las gracias por traernos a buen recaudo, que estábamos perdidos, que hace días que caminamos, que bla, bla, bla. No entiendo todo, pero me lo imagino. El soldado lo escucha y lo mira con desconfianza, mientras se escarba las muelas con un mondadientes. Afortunadamente entiende algo de inglés. Retrocede dos pasos de la reja y vocea un nombre. Uno de los de ayer se asoma. Algo le dice. Se entabla un careo que claramente es en torno nuestro. Finalmente el otro se acerca, nos mira, dialogan entre ellos. No es una conversación de amigos, no se cuentan lo que hicieron el fin de semana. Luego se alejan, hablan con los demás presentes, fuman. Parece que deliberan. Sacan nuestros pasaportes y los revisan. Se los pasan de mano en mano. Al parecer no se deciden qué hacer con nosotros. Vuelve el chino bilingüe a conversar con Julio. Le hace más preguntas. Siento mis ojos tan abiertos como un dibujo animado japonés queriendo ver más allá de lo entendible. Ni abro la boca. Después de una larga espera, abren la reja. El milico bilingüe le dice a Julio que estamos en zona restringida, que tenemos que irnos de aquí, que nos van a dejar en una carretera que termina en Gangtok. Se nos delinea una sonrisa. Agradecemos a todos inclinando la cabeza, con las palmas de las manos juntas a la altura del pecho.

Por supuesto que no nos llevan inmediatamente ni nos pasan nuestros documentos. Una mujer aparece con unas manoseadas y deslucidas loncheras. Saca de estas unos pocitos de loza, *made in china*, y les sirve el refrigerio. Almuerzan tranquilamente, se limpian con palillos de dientes, diente por diente. La hacen larga, por poco se echan una siesta. Intercaladamente fuman, por momentos fuman todos a la vez. No nos ofrecen ninguno. Nos alcanzan sopa caliente y algo grasiento para el buche. Lo más *gourmet* que he comido en mi vida. El tiempo transcurre en paralelo, sin avanzar. Cada hora miles de minutos, cada minuto millones de segundos. Por fin dos se incorporan y con señas nos indican seguirlos; en la puerta, otro nos alcanza nuestros pasaportes. En el Jeep vamos todos en silencio. No llueve. El futuro parece inalcanzable. En una especie de cruce de caminos, salpicado de unas cuantas casuchas, nos dejan. Está anocheciendo y es evidente que ningún transporte pasará hasta mañana. El nombre del lugar está en alfabeto nepalí. Poniendo el dedo en el letrero preguntamos el nombre. Impronunciable. Nos ofrecen posada. Nos acomodamos en dos piezas, mientras nos atropellamos comentando la experiencia. Caemos molidos.

A las cinco de la mañana, el motor encendido de un Jeep a punto de partir me hace saltar de la cama, dejar el agujero y subirme a la volada. No vuelvo a ver a Julio.

Al dejar Sikkim no me dicen nada por los días excedidos. En el registro ponen Velarde como país, Perú en nombre y Beatriz en apellido. El bendito control me causa gracia, pero el susto no me lo quita nadie.

Partir y volver

El monzón me sigue cual tortura china. En Darjeeling, la cortina de agua que llevo encima, como lentes de lectura, no me permite apreciar sus plantaciones de té mundialmente famosas, que se remontan al siglo XIX como parte del desarrollo británico de la zona. Pese a ello, disfruto de la extravagancia de los darjilinés al hablar. Con apenas 10.57 kilómetros cuadrados de territorio, se comunican en seis idiomas, bengalí, inglés, hindi, gurkha, nepalí y tibetano. Según dicen, el lugar es una monada, pero no veo nada; además, no vine por el té, sino por Kalu Rimponche, un eminente maestro tibetano cuyo monasterio intuyo que está a unas horas o días de aquí. De acuerdo a sus libros, él lo sitúa en Sonada —ubicación de la cual no encuentro referencia en Internet ni en ningún lado—pero cada tanto menciona a Darjeeling.

Hay que ser muy antojado para construir un monasterio en medio de esta baraja montañosa, donde el diablo perdió el poncho. No termino de comentármelo, mientras lo contemplo desde afuera, y ya me encuentro rodeada de lo que imagino es el monasterio en pleno. Parece que han salido todos a recibirme. No me lo esperaba, me siento abrumada. Varios pares de ojos, con sutiles variantes raciales, me observan como si fuera un fenómeno. Uno de ellos, de unos treinta años como yo, da un paso adelante.

—Tashi Delek. Soy Thinlay Norbu. Bienvenida a casa —no lo dice por gentileza, sus palabras realmente expresan «finalmente has llegado al sitio»—. ¿Cuál es tu nombre?

—Yan Chen Lamo[7] —presentarme con el nombre budista que alguna vez me dieron me facilita las cosas en los monasterios. Mi cabeza rapada me las facilita aún más.

—Un nombre muy poderoso —comenta Thinlay Norbu.

—En realidad me queda un poco grande —con una sonrisita celebra mi humildad. Si supiera que el nombre me vale madre. Toma mi mochila para darme una mano y, abriéndose paso entre los demás, me conduce directamente a una habitación totalmente independiente.

—Puedes hacer y estar donde quieras. Solo te pido que no pierdas tu plato, tu taza y tu cuchara. No tenemos más —no me da tiempo para decir nada y continúa—: ¿y qué te trae por acá?

—He leído mucho a Kalu Rimponche y he venido de muy lejos con la esperanza de poder verlo.

—Mañana estará en la puja de la mañana —concluye la conversación con esa premisa.

A las cinco de la mañana, tres sincronizadas trompetas me hacen saltar de la cama como un resucitador de oxígeno. «Kalu Rimponche» aparece como título de la página en blanco que a esas horas es mi mente. Las botas me las voy poniendo en el camino. La excitación por verlo le saca chipas al frío del suelo. Si tuviera un minuto me pellizcaría para comprobar que todo esto es cierto, que en pocos minutos voy a estar ante su

---

[7] Sabia Diosa Melodiosa.

presencia. Frente a esa mirada suya que te traspasa en una sola expresión de compasión, con sus bolsas bajo los ojos cargadas de bendiciones y el rosto marcado por arrugas ascendentes, testimonio de lo mucho que ha reído a lo largo de su vida. Un anciano de otro planeta.

Termino de amarrarme las botas al llegar al templo. Con la respiración entrecortada por la agitación comienzo a desamarrármelas de nuevo. Las ubico junto a la puerta, entre la variedad de calzados. Algunos monjes y lamas ya están en sus sitios, otros van llegando. Todos se están acomodando. Me postro tres veces al igual que ellos y casi en puntas de pies me ubico a un lado del recinto, como se estipula con los invitados. De todos lados recibo señas de desaprobación. Todos, a la vez, me indican que me siente entre los monjes. *Okey*, *okey*, tranquilos, que no cunda el pánico. Raudamente miro, tratando de abstraerme de quienes me observan, cómo están ubicados por jerarquías, para encontrar el que de ahora en adelante será mi lugar. Contra la pared, y dando la espalda a las tankas y ventanas, están ubicados los grandes lamas; frente a ellos, y cruzando miradas, el resto de lamas; detrás de ellos, largas hileras de monjes. Entre los de la última fila me ubico yo.

El ruido de los zapatos en la entrada cesa de un momento a otro. El sonido casi imperceptible que las túnicas de los monjes provocan en el aire, al ser acomodadas por ellos mismos, se va apaciguando lentamente. El silencio va ganando terreno y hasta los trompetistas aguantan el inicio, contienen la exhalación. Finalmente, en el umbral de la puerta, aparece Kalu Rimponche, un dulce niño de unos diez años, con carita tersa, sonrisa traviesa y ojos perfilados como dos rayitas oblicuas. Todos se postran ante el pequeño con gran solemnidad. ¿Kalu Rimponche?, ¿no tenía mil años?, me digo. Al terminar la puja busco a Thinlay Norbu para que me dé una explicación. Lo encuentro en la oficina.

—Thinlay, yo vine a ver a este Kalu Rimponche —le digo, mientras señalo la foto que tienen de él en la pared.

—Es el mismo —afirma Thinlay Norbu—, solo ha cambiado de cuerpo. Su cuerpo nace aquí, muere allí, desaparece allí, aparece aquí, de la forma a la sin forma, de la sin forma a la forma; movimiento, reposo, movimiento; ese es el ritmo. Es su conciencia la que no ha nacido nunca y nunca morirá, porque Rimponche no vive en el tiempo ni en el espacio, es pura conciencia.

Me lleva de vuelta al templo y me muestra dos fotos: en una sale el anciano que yo fui a buscar junto a un lama; en la otra, el mismo lama un poco más viejo junto al niño reencarnado que hoy encuentro en el monasterio. Señalando al lama me cuenta que en su otra vida fue su tío y que ahora es su padre. *Ups!* Se ve que vengo del otro extremo del mundo. Lo que me parece notable, y sería una evolución poder vivirlo, es la forma como perciben el tiempo, donde presente, pasado y futuro juegan el mismo papel, simultáneamente, en un tiempo que es inexistente.

Con Thinlay Norbu surge una empatía repentina. Nos buscamos durante el día. Nos devoramos las horas como dos amigos que no se ven desde hace mucho tiempo. El budismo es casi siempre el tema.

—¿Desde cuándo eres budista, Yan Chen? —me pregunta Thinlay.

—No lo soy.

—¿Cómo que no? —me observa entera, como si mi aspecto lo aparentara—. ¿Pero has tomado refugio en Budha, Dharma y Sangha?

—Liberarme del personaje que he construido de mí misma es lo más importante para mí en esta vida. Cuando supe que el budismo manejaba métodos para lograrlo quise acceder a ellos. Tomar refugio parecía un requisito en mi país. Como no me llevó a nada me vine directo a la India, a la cuna del budismo.

—¿Te ayudó venir al Himalaya? —me pregunta Thinlay.

—Quedó en propósito. Me he dejado deslumbrar por todo lo que he visto en el camino. Todavía disfruto de los sentidos. Las imágenes me persiguen y la ficción me atrae. —Thinlay me hace un gesto de que no está entendiendo, que le explique.

—Es una laaarga historia —le digo, mientras él me señala su reloj *made in India* y me dice que tiene tiempo, que le cuente.

—Desde chica busqué «la verdad», más allá de las apariencias y de la religión católica, bajo la cual fui criada y cuyo cuento jamás me creí. Hasta que un buen día una experiencia arrolladora me mostró la claridad de mi mente, el abierto e ilimitado estado de nuestra mente vacua. En ese momento comprendí que no había verdad que buscar, que solo tenía que dejar de mantener opiniones y de andar por la vida tachando esto y lo otro. Que el estado de no-elección es la única manera de liberarnos de los enredos que vamos generando y de entender la existencia. Al llegar el budismo a mis manos solo puso por escrito, con deslumbrante lucidez y precisión, lo que ya se me había manifestado y que diariamente intento consolidar. Porque la inexistencia de todo y la impermanencia se te olvidan así de rápido —chasqueo los dedos para acentuar mis palabras. Thinlay me observa casi sin pestañar, no sé si no me entiende o aún está procesando mis palabras.

—Háblame de esa experiencia —me pide.

—El día que reconocí por primera vez mi mente fue como desprenderme de mi cuerpo y observar desde arriba, totalmente desprendida, cómo funciona la vida de las personas y en especial la mía, de acuerdo a lo que la mente de cada uno de nosotros proyecta. Lo percibí como una revelación y no como una alucinación. No hubo nada sensorial, pero de una extraña e invisible manera estaba claramente allí, frente a mis narices, clamando toda mi atención. Si lo pudiera poner en palabras, diría que fue como una partida de ajedrez a gran escala y vista desde lo alto, cuyas fichas éramos los mismos humanos asumiendo un rol. Un rol creado, impuesto y creído por nosotros mismos. Donde cada uno puede ser rey, reina o peón, según la propia percepción. ¿Conoces el ajedrez? —le pregunto, que al escucharme súper atento lo veo con cara de haberse perdido en el camino.

—No —me lo confirma. Le vuelvo a repetir lo mismo ayudada por un papel. Me mira encantado, sonriente. Con la mano me indica que prosiga.

—Estaba en un desierto, donde no hay distracción alguna; sin embargo, sentía discutir a dos personas frente a mí sin llegar a verlas. Eran completamente adversas, pero las dos era yo, eran mis propias contradicciones. Luego sucedió lo mismo con mi lado femenino y masculino, los vi nítidos y delimitados por primera vez. Como si mi dualidad se me presentara claramente ante mis ojos. Vi a mi familia, a mis amigos y a las personas en general sufriendo, atadas a ellas mismas como si fueran reales y existentes. Quería sacudirlos, decirles que

186

despertaran, que nada de lo que les afligía era real, que todo era una ficción creada por nuestras propias mentes confusas. De hecho lo intenté, pero siempre me topé con un muro. Las personas a las que traté de llegar estaban tan aferradas a ellas mismas que, mientras les hablaba, sentía que mis palabras eran absurdas. No insistí más, dejé de hablar de ello, pero en mi brotó una gran compasión. Una mezcla de compasión e impotencia al ver que vivimos profundamente dormidos, despiertos pero dormidos. —Thinlay mueve su cabeza con vigor en señal de afirmación, con una sonrisa de oreja a oreja. Pero, por favor, qué bien está mi inglés, me digo a mi misma, tomándome una pausa.

—Sí sabes —me dice Thinley—. No hay ninguna necesidad de convencer ni demostrar nada. Deja que la totalidad decida cuándo manifestarse.

—Fue la compasión lo que me motivó a intentarlo. ¿O fue mi ego el que necesitó demostrar cuanto sabía? —se lo pregunto sorprendida, abriendo la posibilidad de que la metiche de mi mente haya jugado un rol protagónico.

—El tercer ojo —empieza diciendo Thinlay, haciendo caso omiso a mi pregunta anterior— es el lugar simbólico donde se encuentra la conciencia. Se representa como un ojo sin parpados, que jamás se cierra ni parpadea. Indica que en ti hay una visión interna, una vigilancia eterna y un testigo perpetuo que nunca duerme, que nunca sueña, que nunca está inconsciente, que siempre está despierto, alerta. Un estado de conciencia donde el mundo desaparece y lo Divino se revela. Ahora que lo conoces, Yan Chen, ejercita el punto de la conciencia que observa. Al caminar, observa; al comer, observa; al surgir un sentimiento, obsérvalo. No pongas palabras, no verbalices, simplemente observa. La mente se sentirá incómoda, intranquila, querrá interpretar, decir algo. No la escuches.

—En eso estoy. —Con una mano Thinlay me indica que lo deje terminar.

—Mientras dejes que la mente interprete no podrás observar lo que hay, estarás pensando acerca de ello. Ver es algo directo, tocar es algo directo, pero pensar es algo indirecto y distorsionado, porque la mente se mueve a través de los opuestos, le es imposible ver lo bello si no existe lo feo, y la existencia es no-dual.

—Soy consciente de ello, pero es tan difícil —le digo.

—Empieza con lo más fácil, con lo que no estés involucrada, con lo que puedas permanecer desligada, indiferente. Una roca, una flor, un pájaro volando, una nube en el cielo. Cuando lo hayas conseguido observa alguna situación cargada emocionalmente o la forma como concilias el sueño al irte a dormir. Tarde o temprano, de manera espontánea, te darás cuenta de que el cuerpo se ha dormido, pero tú todavía estás observando. La mente se ha disuelto y solo ha quedado el testigo, el tercer ojo, tu conciencia.

La prolongada vibración sonora del gong, una pieza de colección de tres metros de diámetro con un dragón en el centro, nos llega desde el patio. Anuncia la hora del papeo.

—Gracias, Thinlay, regreso luego de un comercial. —No me entiende, pero da igual. Él sabe que no he dicho nada trascendental.

—¡Yan Chen!—me llama nuevamente cuando estoy en el umbral de la puerta, volteo para darle oídos—. Si puedes dejar la mente, puedes dejarla en cualquier lugar; si no puedes dejarla, no puedes dejarla aunque te vengas al Himalaya.

—Ya lo sé. Se alcanza practicando y no por contagio —me despido con una reverencia y salgo de la oficina.

Siempre acelero el paso para llegar al comedor y poderme sentar junto a un monje butanés, que es una especie de reencarnación de E.T. mal lograda. Me he pasado días preguntándome si es niño, revejido, viejo o enano. Es pequeño, muy delgado, con una prominente cabeza en forma de trepanación craneana y orejas de murciélago a tamaño *king size*, pero con una agilidad mental que me hace pensar que la deformación craneana es pura materia gris. Un personaje espantosamente atractivo. Él me explica todo. A veces siento que me responde antes de que yo formule o transforme la pregunta en inglés.

Un día no lo encuentro en el comedor y me siento junto a un lama que todos respetan mucho. Un gran maestro, según me dicen.

—*Where are you from?* —es la pregunta que todos y cada uno me hace.

—Perú —respondo.

—*Peru? Peru? Europe?* —al parecer trata de recordar de dónde le suena el nombre.

—*No. You know Brazil?* —mi mejor referencia es Brasil, aquí todos lo conocen por el fútbol.

—*Oh, yes! Brazil lalalalala Brazil* —tararea alegremente mientras mueve los hombros al ritmo de la música.

—*Okey, next. Peru is near Brazil, border.*

—*Ah! Africa?* —al parecer el lama no está del todo seguro

189

dónde está Brasil.

—¡No, América! —le corrijo. Se pone serio y me mira como diciendo: «¿Me estás hueveando?».

—*Clinton is the king of Brazil?*

—Nooo —respondo.

Prefiero hablar del clima, impresionante cómo está lloviendo. Llueve intensamente, el monzón no ha disminuido ni un mililitro. Pero ahora que no paso los días a la intemperie no me incomoda. Al contrario, es divertidísimo ver a los monjes bailando bajo la lluvia. Las *masala movies* son una fijación en ellos, y esperan con ansias a que sea domingo, único día permitido para prender el televisor del comedor. Lo cierto es que rara vez se ven una película completa, porque apenas empieza el baileoto todos se lanzan al patio en una frenética coreografía india de vestuario monástico. Mezclan los pasos de Michael Jackson con los últimos *hits* de Bollywood en una especie de *Dharma aerobic*. Son un solo de agua bajo el monzón, pero eso no los detiene. Los observo fascinada bajo un paraguas, mientras ellos desfogan toda su testosterona bajo sus umbrelas, o simplemente se liberan de sus atuendos y, despojados de todo, bailan a pata pelada y en *shorts* Adidas.

—¿Te gusta bailar, Yan Chen? —me pregunta Thinlay, quien ha aparecido de improvisto.

—Por supuesto, ¿quieres bailar? —Le tiendo mi mano en dirección al patio. Thinlay ríe, mientras cruza las manos en señal de que sí pero no.

—He visto que fumas, Yan Chen Lamo. ¿Qué fumas? ¿Estás fumando charas?

—Tranquilo, Thinlay. Tengo un camino moderado.

A nuestro alrededor los monjes revolotean. La inocencia que emanan me conmueve. Hacen cola para mostrarme sus álbumes de fotos; armados de tal manera que sus propietarios siempre aparecen besando a sus actrices y actores preferidos de Bollywood, materializados en pequeños *stickers*. Soy la única fémina, porque curiosamente aquí hasta los perros y los gatos son machos. Sin embargo, es evidente que mi género no les perturba. Por otro lado, si bien provienen de distintos países como Tíbet, Bután, Nepal, Taiwán o India, soy la única que proviene de la cultura Clinton. Están llenos de preguntas, me rodean con estas: ¿por qué Michael Jackson se cambió el rostro y la piel?, ¿a qué se debe esa búsqueda de las transformaciones exteriores?, ¿cuánto cuestan en rupias esas operaciones?, ¿de qué país son los que tienen el pelo azul?

El intercambio cultural entre Oriente y Occidente da sentido a mis días. Es el primer monasterio donde no me siento una huésped, sino parte del todo. Puja tras puja permanezco sin restricciones sentada entre los monjes al interior del templo, con mi cuaderno de prácticas con los contenidos y las entonaciones en alfabeto latino. Abierto en una de las dos pujas que se recitaban en este tiempo: Mahakala Puja y Tara Verde Puja. Al igual que los monjes me balanceo entre nota y nota, trato de seguirles el ritmo e intercambio risitas con casi todos ellos. Tras los monjecitos y sus pesadas teteras circula un viejo monje butanés. Carga la tsampa —harina tostada de cebada y trigo que los tibetanos echan al té salado—, y un gran cucharón de madera para servirla. Acto que concluye con un cucharonazo en la cabeza de cada practicante y unas palabras. A mí en inglés me dice: «*Tsampa is power, you need power*».

Otro momento mágico es la hora del paso del *toy train*, un ferrocarril de vía estrecha que representa la única forma de acceso a estas altas zonas de montaña. Reconocido como Patrimonio de la Humanidad por la Unesco al ser una extraordinaria obra de ingeniería. Una pequeñez que pasa lentamente, hace un escándalo tremendo y contamina todo el ambiente. Aun así es la ilusión de las tardes. Los monjes más pequeños salen corriendo al recreo, minutos antes de su paso, con sus cuadernos en mano para mostrarme lo que han hecho en clase, escritura tibetana y sánscrita que no me dice nada. Kalu Rimponche recibe enseñanza aparte, con sus mismos maestros de anteriores vidas vueltos a convocar. Nos instalamos en los altos muros del monasterio para hacerles adiós a los pasajeros, en especial al motorista que va sentado afuera, en un banquito sobre el techo, porque es tan pequeño el *toy train* que no tiene cabida dentro de la cabina de control.

Si de cabida se trata, la biblioteca reúne verdaderas joyas, entre ellas unos libros en francés que entiendo en un sesenta por ciento, el otro cuarenta me lo imagino. Thinlay suele buscarme allí.

—Me sorprende la clarividencia de estos textos ——le digo—, solo que las enseñanzas de Buda requieren de una práctica constante que no consigo aplicar enteramente a mi vida.

—Conoces el estado de conciencia que todo practicante aspira, sabes cómo volver a este, ¿qué te frena? —me interroga Thinlay.

—Todos los días trato de lograr…

—No, no, no —me interrumpe Thinlay—. No trates de lograr nada, eso crea una gran tensión. Cada objetivo que te plantees se convierte en una nueva prisión que te aleja del aquí-ahora. Empiezas a mirar hacia adelante, a la lejanía, al futuro, a la meta que tienes que alcanzar y corres tras ella. Cuanto más y más te vas vaciando de deseos, más y más te vas cargando de verdad.

—Pero escúchame, Thinlay —le pido—. Ustedes nacen con ese conocimiento y son consecuentes con este a lo largo de sus vidas. Yo provengo de un mundo muy neurótico y competitivo. En mi cabeza tengo otros *softwares* que mi sociedad me ha impuesto desde niña para poder sobrevivir. No puedo de la noche a la mañana cambiar de chip, volverme budista y empezar a adiestrar mi mente visualizando flores de loto que salen de mi ombligo, palacios tipo Potala, deidades, dragones, y colores que van y vienen —termino la idea apuntando y recorriendo con la mano todas las tankas de meditación que nos rodean.

—¿Qué? —me pregunta, atónito, Thinlay—. Sabes que nada de esto es real. Son herramientas que simbolizan el verdadero estado de Buda en nosotros; concebidas para que el practicante se sienta tan puro como una deidad y libre de los venenos de la mente. Promueven la liberación a través del mirar.

—Lo sé —le digo—, pero a veces el budismo me parece otra religión, llena de rituales, pujas, símbolos, figuras. Siento que en vez de vaciar mi mente estoy cayendo en otro tipo de devoción. No quiero etiquetarme bajo ningún esquema, por ello no soy budista. —Thinlay se carcajea mientras me toma ambas manos.

—*I like you, non Buddhist woman* —me dice aún con mis manos entre las suyas, me mira directo a los ojos y con dulzura continúa—: religión significa moralidad, «no hagas esto y haz aquello». La Iluminación o Despertar que nos enseñó Buda ocurre cuando no hay distinción entre el bien y el mal, cuando no hay en ti ninguna queja, deseo, aversión, condena ni juicio. Cuando no hay nada que alcanzar, nadie para alcanzarlo, ningún lugar dónde ir, nadie que vaya. Entonces, cuando todos los esfuerzos desaparecen, ¿qué queda? Solo queda nada. Todo está vacío. Esa es la paz de Buda, el silencio total.

—Entonces creo que he sido premiada con un chispazo de despertar, porque he experimentado ese vacío a nivel existencial no-intelectual cuando aún no sabía que existía o era posible. Conozco la vacuidad de la mente mucho antes de leer a Buda.

—¿Y no eres budista? —me vuelve a preguntar Thinlay.

—No sé quién soy —le digo—. Intento no ser.

—*I like you, non Buddhist woman.*

Las horas y días pasan volando. Quisiera quedarme más tiempo, pero se cumple mi año en la India y no me extienden la visa. Thinlay Norbu mueve sus influencias, pero no lo consigue. Antes de dejar el país, viajo a Darjeeling para fotocopiar unos textos que me resultan invalorables. Toda una travesía de un día entero por unas fotocopias. Cuando regreso al monasterio es sábado y debo esperar que termine el partido de críquet para despedirme de todos. Presta a partir —con mi canguro con el equipo fotográfico enganchado a mi cintura, la mochila en la espalda y en los brazos, sin haberlos guardado aún, los textos fotocopiados— me despido de los setenta monjes y dieciséis lamas. Al final busco a Thinlay, quien de entrada me exige que le entregue los escritos.

—Tú no necesitas esto —asegura él.

—¡¿Pero, Thinlay?!

—No, no, no. Esto es pura teoría. Tú ya sabes, Yan Chen

Lamo. Solo recuerda quien no-eres, que naciste sin lenguaje, que sin mente es el camino y que en la aceptación está la trascendencia. No te pelees con el mundo. Solo confía en la vida, donde sea que te lleve —gira y toma del escritorio una bandera kagyu doblada y a tamaño monasterio—. Mejor llévate este presente para que no nos olvides.[8]

Sus palabras, claras y breves, representan el verdadero sentido de mi venida a la India; la bandera, un buen augurio.

—Tu chi ché —le agradezco en tibetano, mientras junto las palmas de las manos e inclino la cabeza.

—Tashi Delek —buena suerte me desea él.

Parto sin mirar atrás, respirando profundamente para no llorar. No sé si por la emoción, la pena de dejarlos o por la responsabilidad que siento que me está legando. La frontera con Nepal la cruzo casi flotando, viajando en blanco, pensando en nada, sin sentir nada, sin recordar nada. Feliz, llena, colmada, agradecida, bendecida.

Diez años después, voy nuevamente camino a India desde El Cairo, con ocho horas de tránsito en Dubái. Estoy en un viaje «vuelta al mundo» y ya llevo siete meses en ruta. Mi primera impresión de la península arábiga son sus barreras de coral,

---

[8] El XVI Karmapa Rangjung Rigpe Dorje vio en sueños la bandera Kagyu —una de las principales escuelas del budismo tibetano— y luego de materializarla anuncio: «Donde quiera que ondee esta bandera el Dharma florecerá». Bandera bicolor con dos opuestos simétricos de onda enlazados, parecidos al Yin Yang, simbolizando la sabiduría y el aspecto vacío de un ser iluminado en azul y el mundo real de nuestra experiencia diaria y la compasión en amarillo. El entrelazado representa la interdependencia de ambos aspectos al practicar el Dharma.

impresionantemente grandes, impresionantemente vírgenes. Seguidas de un extenso y desolado desierto que en Emiratos Árabes empieza a salpicarse de mansiones al estilo de la Casa Blanca, para coronar en osados rascacielos: Dubái. Todo cuesta los dos ojos de la cara más el tercer ojo que aún no he desarrollado. La apariencia y la riqueza fusionan Beverly Hills con el Islam. En el aeropuerto te ofrecen desde lo más insignificante hasta un Fórmula 1, pero lo mejor es sin duda el baño de mujeres. Allí acuden damas de todos los alrededores: iraquíes, iraníes, sirias, egipcias, libanesas, qataris, saudís. Un muestrario de burkas, negras o azules, completamente cerradas, con rejillas metálicas, o con pequeñas rendijas ribeteadas a la altura de los ojos. Burkas que son liberadas en ese único espacio para que sus dueñas se acicalen, desenmascarando a las mujeres más ricas y elegantes del Medio Oriente. Llenas de joyas y vestidas con exclusivos diseños Armani, Chanel, Valentino y otros desconocidos. Los hombres no se quedan atrás, parecen unos príncipes. Las barbas depiladas, sus thobes —prenda hasta los tobillos que usan los árabes— blanquísimos, finísimos, distinguidísimos. Son todos unos metrosexuales. Aquí no hay mochileros, ni siquiera un despeinado. Todo funciona de una manera muy eficiente. Uno puede comprar *tours* hasta para las lejanas Islas Galápagos a precios elegantes. Maravilloso, civilización por fin.

Indira Gandhi International Airport. Nueva Delhi, India. Otra historia, este aeropuerto es un retroceso a cualquier idea de progreso. Hay diez millones de personas, por lanzar un cálculo. Nadie me puede dar razón por dónde van a salir mis equipajes, una maletita pequeñísima con mis cosas personales y un cargamento de tecnología. Tengo dos horas para mi conexión a Jaipur y los de Informaciones están súper mal informados. No se ponen de acuerdo si tengo que tomar mi siguiente vuelo en este aeropuerto o en el doméstico, aunque está clarísimo. Mi boleto indica que parto del Aeropuerto Internacional Indira Gandhi, ¡pero el de Informaciones insiste que así se llaman los dos aeropuertos de Delhi! Sin comentarios. Me cuesta un mundo llegar al *counter* de mi conexión.

Al fin lo encuentro. Mi vuelo parte en setenta minutos, y se están chequeando en el mismo *counter* cuatro vuelos que salen a la misma hora. Uno para Katmandú, otro para Calcuta, otro para Islas Andamán y el mío para Jaipur. Tras el mostrador, ante una computadora de la época del disquete y el MS-DOS, un gordito con ojeras color aceituna repasa todo el teclado de lado a lado y varias veces para escribir cada nombre.

—*Which name, madame?*

—Velarde.

Con el índice en alto, busca la «V» una y otra vez; a la primera no la hace, a la tercera es el promedio. Detrás de él, nueve ineptos observan su ardua labor. La ineficacia en su máxima expresión. Podría asesinar a los diez. No he dormido en toda la noche. Estoy cansada de meses y esto ya es demasiado. No tengo fuerzas para seguir de pie. Finalmente embarco.

Miles de camellos y millones de mirones

Con el mismo afán con que las vacas sagradas caminan en sentido contrario, yo lo hago en contra de una marea humana que se me viene encima. Planeé llegar a Pushkar cuatro días antes de que empezara la feria de camellos más grande del mundo, pero no sé qué pasó, si los organizadores cambiaron las fechas o yo me fijé en el cronograma de otro año. Nada raro. Da igual, ya estoy aquí. En medio de una multitud que se mueve y se desplaza entre búfalos, puestos de comida, procesiones, candidatos políticos, gurús con sus seguidores, corsos alegóricos, sadhus, representantes de escuelas públicas, monos, personas envueltas en plumas de pavo real, vacas que mastican y engullen los afiches de una campaña electoral, carretillas llenas de flores, cordones y polvos de colores, vendedores ambulantes que anuncian a gritos sus productos o te los restriegan en la cara. Algunos llevan voluminosos bultos sobre la cabeza, o amplias bandejas de acero inoxidable con rábanos blancos o diversos enseres. Ninguno los afirma con las manos, caminan muy erguidos mientras yo hago mil malabares por esquivarlos. Es tan agresiva y potente la sobredosis de impresiones y la intensidad de los colores que me siento como un avestruz; saco la cabeza por unos segundos, retengo entre todos los estímulos una imagen y vuelvo a meter la cabeza. Tomo fuerzas y repito el acto, así avanzo entre la oleada.

Entre tirones y empujones, soy arrojada como un escupitajo del área urbana al vasto desierto circundante, hoy un espacio claustrofóbico. El mero centro del desconcierto, donde confluyen todos los involucrados y mirones. De cuyo andar y frenética actividad, incalculables partículas de arena han vuelto turbia la atmósfera. Los ojos empiezan a picarme y una bocanada de aire denso y caliente me seca la garganta. Inmediatamente se me seca el cerebro y la única neurona hidratada que me queda se pregunta por el futuro de esta feria si el calentamiento global aumenta.

A través de la polvareda vislumbro un amontonamiento de personas y animales. Camellos, camelleros, ganado, ganaderos, comerciantes, campamentos, carretas, peluqueros, limpiadores de orejas y otras variantes aún difusas. Instalados provisionalmente en el desierto, ofrecen un espectáculo que supera cualquier concepto de comercio. Un mercado que no termina de formarse por la cantidad de caravanas interminables, tribus nómades, mercaderes, familias enteras y solitarios individuos que en un incesante desplazamiento, desde los más recónditos lugares del desierto y la región, siguen llegando y entreverándose con los ya instalados, como si la arenosa superficie fuera elástica.

En el suelo, la calcinante arena se encuentra parcialmente cubierta de vasitos y pequeños platos de plásticos, entre otros desperdicios minoritarios. Sobre estos se han improvisado carpas. Montadas con costales, palos y sogas, en cuyos exteriores se sujetan vasijas, ollas, cántaros y ropa que se airea o se empolva. La sombra de algunas carretas, siempre abastecidas de alimento para los animales, sirve de guarida para algunos tratantes. Proliferan los catres con resortes vencidos que elevan del arenal a sus propietarios, camas que ocupan de noche para dormir y de día les sirven para recibir a otros mercaderes y hacer negocios. Operaciones comerciales donde compartir un chillum es parte del rito. El olor a hachís se baraja con el de urea, el viento me los trae por ráfagas, al igual que el sonido agudo del ravanhatta. Predominan los hombres, vestidos siempre de blanco, con dhotis de algodón al estilo Mahatma Gandhi, turbantes de colores según su casta, zapatos de cuero de camello modelo Aladino y aretes de oro a ambos lados, ya sean pequeños o los típicos rajastaní de finas cadenitas que les cubren verticalmente media oreja. Las mujeres son las encargadas de recolectar los excrementos de los camellos, que luego queman y usan de combustible para cocinar. Por todos lados y a todas horas se encienden pequeñas fogatas donde preparan chai y chapati —pan plano sin levadura—. Animales y humanos hacen de la misma manera sus necesidades, intermitentemente y por todas partes. Los adultos son más solapados; los niños se limpian el recto con los dedos y luego un adulto les vierte agua con una jarrita para la última pasadita. Todos se bañan a baldazos, extrayendo el agua de los bebederos de cemento para animales esparcidos por el área. De tanto tragar plantas secas y espinosas el agua de los abrevaderos termina siendo el enjuague bucal de los camellos, el final *fresh* de la merienda. Agua usada y llena de «submarinos» que ganaderos y comerciantes sacan en cubos para asearse. Algunos lo hacen allí mismo. Para no ensuciarse colocan un plástico, o una toalla, sobre la arena mojada y adyacente al bebedero, y a baldazo limpio quedan como nuevos. Todos se ponen felices de que los mire, posan para la cámara. Otros prefieren acarrear baldes de agua hasta donde están instalados, para luego darse el baño cuando les venga en gana. No sin antes poner algo sobre la arena o la basura que abunda en esta, así el lavado es verdaderamente pulcro. Vendedores de chai peinan el área, lo llevan en inmensas vasijas de cobre sobre sus turbantes rajastaní. Ofrecen su producto en frágiles conitos de arcilla roja, que los indios estallan en el suelo después de usarlos, así se aseguran que ningún otro hindú de una casta inferior pueda volver a tocarlos. Encantadores de serpientes, mendigos y músicos circulan sin respiro. Los turistas somos muchos, los indios muchísimo más, proporcionalmente distantes. Los cineastas están a la orden del día y los fotógrafos estamos como moscas.

Existe una actividad ganadera incorporada, pero los camellos son la cerecita del *sundae*. Los que tienen galardones se pavonean de estos. Los que van en busca de la mejor oferta circulan ataviados con pompones de lana y pequeños espejos, pintados con la esvástica u otros diseños de dudosa creatividad, con *piercings* en sus largos orificios nasales o tal cual son y se ven en el día a día sin presunción alguna. Los que se atraen se buscan, se huelen, se soban y se mordisquean sus carnosos labios, imagino que se besan. Los hay para todos los gustos, pero se igualan en los mimos que reciben de sus amos durante la feria, quienes los acicalan con mucho esmero, les cortan el pelo, les lavan los dientes, los acarician y les dan de comer en la boca, por poco les hacen el «avioncito». Los hombres en grupo recorren la feria, se detienen frente a los rumiantes, los examinan enteros, les abren la boca y no sé qué tanto les revisan dentro, negocian entre ellos.

El aliento de un camello no es nada comparado al soplete en el que se vuelve el sol del meridiano. Resulta imposible permanecer en el desierto, todo quema. El pelo, la ropa, la cámara y, sobre todo, la arena. Momento de tomarse un respiro en el Mela Ground, un recinto ferial donde a diario se realiza todo tipo de concursos. El del camello más guapo, que no solo tiene que lucir atractivo, luciendo exquisita bisutería y las mejores telas de cada familia, sino que también debe saber bailar. El concurso del bigote más largo, hay bigotes realmente extensos, de varios metros hacia ambos lados; para que no se les vaya a enredar con nada, se los enrollan como carretes de película en ambos cachetes. Los que aún no han crecido tanto obligan a sus propietarios a hacer uso de su ingenio, como el caballero que lleva enroscado cada lado de su bigote en tres hileras de delgados fierritos, doblados hacia arriba en ángulos rectos y coronados con banderitas del país. Como en conferencia de prensa, estamos los fotógrafos de todo el mundo lidiando codo a codo por la foto de portada. Algunos profesionales, y otros aficionados de la imagen, pagan a los indios más pintorescos para que paseen espontáneamente a sus camellos con el fondo del sol ocultándose en el desierto. Aprovecho de la puesta en escena y, con el mayor disimulo posible y como quien no quiere la cosa, me hago unas vistas a contraluz que me salen de postal.

Bajo el cielo nacarado del ocaso la actividad del día aminora. Se multiplican las hogueras. Alrededor de estas los indios se sientan por completo, no se quedan en cuclillas como les es habitual. Toman chai y fuman bidis; a sus espaldas, sus camellos dormitan con las patas delanteras plegadas por debajo. Después de la fatiga del día muchos se refugian en sus carpas o se acuestan a la intemperie sobre catres, mantas, plásticos o petates. Otros aprovechan para darse una vuelta por el barrio, el cual se enciende en el área de Mela Ground.

A ambos lados de la calle principal de Pushkar, que une el pueblo con el desierto y ubica en el centro a Mela Ground, se alinea un gran número de tenderetes de unos cuatro metros de ancho. Enclenques palos de madera marcan sus límites, sujetan plásticos a modo de toldos, bajo los cuales colocan arcaicos televisores. Delante de ellos se disponen varias filas de sillas, ocupadas rápidamente por guardias, comerciantes, ganaderos y locales. Cuando las sillas se acaban, el suelo se puebla. Miles de vasitos de plásticos usados quedan aplastados. Instalados unos al lado de otros, ofrecen *masala movies*, videos o conciertos. Algunos llegan a colocar dos televisores en el mismo puesto con opciones distintas. Obviamente el volumen de todos los aparatos, incluidos los que son parte del mismo local, siempre está al mango. Es la forma habitual de jalar gente y resulta ensordecedor. Para hacerse escuchar, los cazaclientes y animadores anuncian a gritos su programación, con dos o tres micrófonos casi instalados en sus amígdalas. Al pasar por delante, no queda otra que acelerar el ritmo ante el peligro de que los tímpanos te exploten. En todo caso, la oferta es amplia y se ve que tiene acogida. Un poco menos estridente es el amplio recinto cercado como corral, de cuyo núcleo salen potentes luces de colores. Se desplazan por el cielo como faros, iluminando por intervalos al público, al escenario y al espacio árido, anteriormente desértico, donde millares de personas intentan dormir. En este se ofrecen cada noche conciertos de tabla y sitar, danzas clásicas de la India e histriónicas danzas regionales, con mujeres que bailan con cántaros de bronce sobre sus cabezas y desmedidos fuegos emergiendo de dichos recipientes. Ante ello los espectadores ni pestañamos; ensimismados y con la boca abierta aguardamos el mínimo error y la posible inmolación de una de ellas. Otras bailarinas giran entre tantas telas y brillos que marean de solo verlas. Me recuerdan un comercial indio en el que una mujer, envuelta en velos, da vueltas como poseída durante un tiempo extendido —*typical indian*— para terminar abrazando al refrigerador que tiene a lado y expresar completamente extasiada: «Whirpool, mucho más útil que mi marido».

Por supuesto que no pueden faltar los clásicos de feria. Espacios cerrados donde motos a altas velocidades recorren paredes circulares metiendo el mayor ruido posible. Niñas equilibristas que caminan por la cuerda floja con jarros de agua y flores sobre la cabeza. En medio del acto, el adulto que las acompaña coloca sobre la cuerda un aro de bicicleta y sobre este los pequeños piececitos avanzan. Claro está que los «cueros» locales no encuentran mejor momento para salir de cacería. Ellos no usan dhotis, van bien al *jean* y la camisa, algunos con polos ajustados y remangados en la parte superior del brazo. Lucen sus flacuchentos bíceps como si fueran jóvenes adictos a los anabólicos. Se sienten matadores. Me miran sin parar mientras mascan chicle, me toman fotos con sus celulares, me piden tomarse otras conmigo. Nadie toma alcohol, en eso ni se piensa. Los juegos mecánicos son de ley. Subo junto a una pareja de catalanes al barco pirata —típico juego de pueblo con apariencia de góndola— que oscila como péndulo, elevando alternativamente la proa y la popa hasta alcanzar y detenerse en un ángulo de noventa grados durante un tiempo manipulado, que en la India siempre parece no terminar jamás. Bajo aquel ángulo picado, una familia entera, sentada al extremo nuestro, representa el objeto de nuestra mirada inclinada, solo falta la filmadora. El niño pequeño llora de forma incontrolable, entre que muerde a la hermana y se aferra a los barrotes de adelante con tal fuerza que las venas del cuello parecen a punto de estrangularlo. La hermana vomita sobre el joven que está a su lado, que puede ser un familiar o una amistad, quien no atina si tranquilizar a la chica o esquivarla. La madre gesticula y el padre ofrece una extraña y demacrada mutación de color. A grito pelado, otras dos niñas sobrellevan la diversión y nosotros aportamos más alaridos como para hacer «mancha».

Si me preguntan qué tal la Feria de Camellos de Pushkar solo tengo dos palabras para definirla: *too much*. No existe la menor idea de proporción. Demasiada gente, demasiado ruido, demasiado calor, demasiada basura, demasiados olores, demasiados colores, demasiados mojones, demasiada polvareda, demasiado todo. En realidad así es la India siempre, desmedida en todo el sentido de la palabra, solo que el *Camel Fair* sobrepasa con creces hasta lo más desproporcionado. Igual me quedo la semana entera que dura la feria para hacer fotos, porque en ese aspecto sí que se presta.

Como no me da el cuerpo para estar todo el tiempo en ello, decido meterme a clases de yoga, a dos cuadras de mi hotel, en la calle principal de Pushkar. En la primera clase me someto al Panchakarma, un tratamiento ayurveda para limpiar el cuerpo de desechos, se realiza en ayunas y te prepara para el yoga. Me asiste el profesor Dryogi Nadish. Como primer paso bebo, casi sin respirar, quince vasos de agua tibia con sal para luego, al igual que las anoréxicas, eliminarlos con los dedos. Luego del vamana —vómito terapéutico—, que limpia las vías respiratorias, continúo con la eliminación de las toxinas acumuladas en mi cabeza y cuello, nasya —limpieza nasal—. Para ello me pasa una jarrita de bronce, de forma muy pertinente, a través la cual me zampo por ambos orificios nasales más agua tibia con sal. Hasta ahí bien. Lo que nunca imaginé es terminar con una lavativa metida en el trasero en plena azotea de un templo hindú, mientras observo el ajetreo de los devotos realizando sus ritos, y con la mitad superior de mi cuerpo a la vista de todos. Posición en la que me mantengo los minutos recomendados para el óptimo efecto del laxante y con el yogui al lado explicándome que se trata del basti —terapia de enemas—. Después de esto me niego a someterme a los dos últimos. Virechana —terapia de purgamiento—, donde tienes que comer un montón de cosas como leche, aceite de ricino, cáscaras de semillas, raíz de diente de león, cascara de lino y mucho más, para terminar por empujarte por la boca un trapo larguísimo y caliente que luego vas jalando lentamente con las manos; una acción que sirve para liberar los desechos de la vesícula, el hígado y el tracto gastrointestinal. Algo así como usar hilo dental para limpiar los residuos en los dientes, pero más radical y profundo. Para cerrar con broche de oro está el raktamoksha —sangrado terapéutico—, un tratamiento para depurar la sangre. No quiero ni saber la forma milenaria de hacerlo. Con lo aplicado me siento mucho mejor.

En mi segunda sesión de yoga, el doctor Kushad —de peso pluma y director de la escuela— entra a la sala y le pide a Nadish que se retire, que él se encarga. Está al tanto de los problemas y dolencias que mi oficio me deja, así que me enseña unas asanas —posturas de yoga— que, según dice, actúan sobre determinados centros energéticos situados a lo largo de mi columna. En la postura más incómoda, y sin haberlo previsto, siento sus labios sobre los míos. No he terminado de deshacer la asana y ya lo tengo chupeteándome el cuello. Sorpresa, indignación, repugnancia, compasión, furia, no sé cuál de mis precipitadas emociones destaca, o si todas se manifiestan en simultáneo de manera efervescente. Al frente, el regente se me va poniendo boleroso, tropicalísimo.

—Yo para esto no he venido —le digo.

A través de su inmaculada ropa blanca noto que está «al palo», aunque enmascarado de técnica tántrica.

—Tú no entiendes, son métodos para abrir los chacras.

—Ya, cuñado. ¡¿Crees que nací ayer?!

Se me van las ganas del yoga, pero con Nadish hacemos buenas migas. Me agrada su compañía y siempre lo busco en el templo donde alguna vez me introdujo una lavativa. Es medio regordete, lo que contrasta con la elasticidad de su cuerpo y su dominio sobre el mismo. Tiene el pelo pintado con henna de color cucaracha, lo que le da un aire de peluquero que no se lo quita nadie. Entre los dos ojos, en el punto de salida de la energía Kundalini, donde está ubicado el sexto chacra, lleva siempre un círculo rojo elaborado a base de pasta de sándalo; según él, le ayuda a calmar la mente y silenciarla.

Un día decidimos ir en moto a Ajmer. Un *thriller*. Con un tráfico de terror.com. Por algo se dice que para manejar en India se necesitan tres requisitos: buena bocina, buenos frenos y mucha suerte. En la congestionada vía hay tanta variedad de transportes como de animales. Nadie respeta el legado sistema vial británico, cada uno va por donde le da la gana, pasan por todos lados. Los camiones avanzan prepotentemente bajo el lema «bocina, por favor», que siempre llevan inscrito en sus parachoques. Después de las gallinas, la moto se lleva el segundo lugar en vulnerabilidad. No disfruto para nada el paseo.

Dejo Pushkar parcialmente sorda. A vuelo de pájaro recorro Bundi, Chittaurgarh, Udaipur y Jodhpur. Lugares vibrantes y misteriosos que no logran retenerme. No son los espacios, soy yo quien aún no llego a la India, porque a este país no se entra por fronteras ni aeropuertos. Se necesita harto kilometraje y mucho shanti shanti —silencio mental— para poder atravesar su nivel más superficial. Una apertura que la misma India te da cuando cree que estás lista para ello. De allí a conocerla y entenderla es una pretensión demasiado ambiciosa de solo pensarlo.

Lo que si noto es que India ha cambiado en dos aspectos. Antes representaba el destino perfecto para las personas con problemas de autoestima, porque absolutamente todos sus miles de millones de habitantes te miraban sin tregua. Ahora todos tienen celulares. Se comunican con estos, ven videoclips y mucho porno. No se regocijan más contemplando turistas, ahora encuentran los cuerpos que quieren, a su medida y sin ropa, en sus pequeños aparatos. Lo segundo son los mantras hinduistas. Antes los escuchabas por donde pasabas. Eran el sonido de India, su emblema de paz y serenidad que siempre han exportado como su ancestral misticismo. En la nueva India, donde todos andan sumergidos en sus negocios y la espiritualidad no parece ser más un producto bandera, el nuevo mantra que a diario se escucha, y que se le inculca al turista, es «sab kuch milega: *everything is posible*». Con dinero todo es posible. Si pagas los indios te bajan hasta la luna. Eso dicen ellos. Ahora del dicho al hecho sab kuch milega.

En las entrañas del desierto

Imponente y majestuoso, el Fuerte de Jaisalmer se empina sobre una colina, en pleno desierto de Thar, frontera con Pakistán. Una descomunal estructura lítica y fortificada, abrazada por noventa y nueve bastiones salpicados de cañones. Llamada «Ciudad Dorada» por la luminosidad que carga de dorado todo cuanto alcanza. A sus pies se ciñe un pequeño poblado de guerreros rajputs, quienes, junto a los políticos y gobernantes, conforman la casta chatrias, la segunda en jerarquía después de los brahmanes.

La *Lonely Planet* recomienda no alojarse en su interior. La construcción indiscriminada, el turismo y la indiferencia gubernamental han puesto en peligro su conservación. Su mayor problema es la presión sobre el sistema de alcantarillado y las constantes filtraciones de agua. Hago caso omiso a la recomendación. Me ha tomado diez años volver, no pienso quedarme afuera. Me lo repito conforme voy llegando a su sólido y voluminoso acceso pétreo. A ambos lados de mi andar, los músicos ofrecen su talento a cambio de unas rupias, los gitanos intentan sacarme dinero, los santones mendigan y un par de meretrices disimulan su oficio. Al interior de la fortaleza el panorama se angosta. Se transforma en un laberinto de zigzagueantes callejones, con palacios, havelis —casonas—, barrocas celosías, elefantes decorados, camellos cuyas jorobas se mecen a cada paso, caballeros que intentan venderte abanicos de plumas de pavo real, muchachas que te ofrecen embellecerte las manos con henna, niños con turbantes, escenas deslumbrantes. Sin haberlo buscado aún, aparece el *guest house* acordado con Matthew, un joven suizo que conocí en Pushkar. Está lleno, y a él lo encuentro en la recepción.

—¡Por fin llegaste! Hace cuatro días que te espero para hacer el safari —me dice de arranque.

—No tengo ningún apuro, así que si quieres anda yendo.

—No, te espero para hacerlo juntos. Se está muy bien acá.

En el alojamiento de al lado consigo una excelente habitación. Un torreón para mí sola coronado con un cañón. Al costado tengo el restaurante, lleno de mantas y cojines, todo al ras del suelo. Al frente está la pieza de Maurizio, un atractivo romano de vacaciones, traductor de la embajada de Italia en Delhi. En el primer piso está la entrada, la cocina y dos habitaciones más, un tanto oscuras y de mayor circulación. Eso es todo. El Surya Guest House tiene cuatro habitaciones y está regentado por cuatro solteros —*friends team*, como dicen ellos—, un musulmán y tres hindúes rajputs, de los cuales dos se vuelven mis *brothers* de manera inmediata. Siva, de veintisiete años, solo piensa y habla de mujeres y sexo. Me sigue con mirada pícara todo el día. No se me insinúa, no me invade, no me incomoda. Me habla como si fuera otro hombre, su amigo. Me saca una nueva todos los días; como la pechugona, con harta silicona, cuya imagen él agranda en su celular hasta quedar la vagina reducida a un pixel. Luego me lanza la pregunta: «¿Por dónde sale la orina y por dónde entra el pene? Bah, es completamente distinto. Con treinta y dos años sueña con casarse. Solo que no hay mujeres en su clan, uno de los treinta y seis clanes rajputs, así que está en lista de espera, *waiting list*. De espíritu cortesano, culto y servil, se vuelve mi sombra. Con su piel color noche, su sonrisa clara y su mirada franca, me atiende, y a mi lado permanece, siempre, desde que amanece. Aparece en mi torre cuando el sol irrumpe con vehemencia, trayéndome dos baldes de agua para que pueda bañarme y mi primer chai de la jornada.

Afuera, dentro de la fortificación, todos escobillan y baldean el adoquinado piso hasta sacarle brillo. El sol baña y viste progresivamente los palacetes y callejuelas en un juego lúdico de luces y sombras. Detalles finamente labrados son revelados por la luz matutina o por una gruesa sombra que contornea el espacio, cerrando y dando prioridad a un fragmento en particular. Sombras que dejan entrever rincones y escenarios por donde surge lo inesperado y se abre paso el lechero. Traspasa el momento con una bicicleta cargada de vasijas de bronce y de acero inoxidable llenas de leche de búfala, cuyo roce entre estas logra despertar a media fortaleza. Afuera la vida empieza, siempre con un chai. Alrededor de los puestos y carretillas que lo ofrecen las personas se aglutinan. Los colores empiezan a excitar la vista, los animales sagrados reciben las migajas y ofrendas de algunos. Los negocios abren sus puertas, la actividad arranca. Los niños van al colegio y los rostros de las personas cada vez me son más familiares, al igual que las vacas y sus mojones.

Pasado el resplandor matutino me entrego al parloteo. Le meto letra a cada anciano que puedo, intento ser parte de la transmisión oral de los antiguos guerreros del desierto. Lo cierto es que el idioma no ayuda, que le pongo más color e imaginación de lo que realmente me entero. Luego acudo donde Mr. Desert para nuestro chai de rigor. Me espera inmaculado, alto, vestido enteramente de blanco, turbante rajasthani, zapatos de Aladino, tupida barba negra y esos ojos verdes como no hay otros en India. Un brahmán con estilo. No en vano le concedieron el honorable título de Mr. Desert durante cuatro años consecutivos. Afirma recordarme después de tantos años. No le creo, pero es irrelevante.

Cuando el sol lo cauteriza todo y el aire arde, regreso al fuerte, me sumo al ambiente que a diario se arma en el restaurante del *guest house*. Un torreón que un maharajá entregó a un ancestro de Ba por ser su guardia cercana, otro guerrero rajput. Allí se cuentan historias, se intercambian datos, se comparten vivencias, algunos dibujan y siempre es diferente gracias a la rotación constante de viajeros en ruta, incorporados a los siempre presentes Siva, Ba, Maurizio y yo. De cuando en cuando Matthew cae con un porro. Trato de aprovechar esos momentos para editar, tarea que parece nunca acabar. Mis anfitriones me rodean, quieren saber por qué borro unas y otras no. Les encanta el argumento de que no tienen suficiente foco, gracias a ello ahora me llaman *No focus*.

El ambiente cambia súbitamente y la armonía se rasga cuando Maurizio regresa a Delhi y Matthew se muda a su habitación. El tierno jovencito, que vuela cometas en lo alto del fuerte, se desenmascara y nos sorprende con más demonios que el propio infierno. Nos preguntamos si es bipolar, *borderline* o qué le pasa. Un día es feliz y al día siguiente ni él se soporta. No le gusta cómo le hablan, no le gusta el curry, no le gusta esto ni aquello, se enfurece porque no le dan bola o no le hacen rebaja, piensa que lo estafan con diez rupias, va puteando a todo el mundo. No hay un solo día que no se reproche por haber sido engañado por falsos sacerdotes, aquellos que se ganan unas pocas rupias a cambio de bendiciones. Exige que le consigan hachís, opio, bhang, licores locales. Quiere probarlo todo, todo a la vez. Luego le viene el arrepentimiento. Se exaspera porque no puede vivir bajo su propia piel. Me agarra de paño de lágrimas y yo tontamente caigo en la dinámica. De pronto siento que me he endosado un hijo de veintinueve abriles. Más duro que una tapia. Se me pega como lapa, motivo suficiente para explorar los alrededores de Jaisalmer. Me acompaña Mr. Desert.

En su Jeep me introduce al alma del desierto, al ímpetu rajput, a sus códigos de estirpe guerrera, al valor y estrategia militar que dio pie para que los británicos los catalogaran como raza marcial. Recorremos apartadas y poco amistosas aldeas. En el trayecto, y al igual que mis paisanos *chacchando* coca, Mr. Desert mantiene perennemente en la boca una bola de bhang, un preparado de hojas y flores de la planta del cannabis que realimenta constantemente. Siempre está tarareando alguna canción, siempre está en paz. Es simple y feliz, un ser puro y bonachón. En cada uno de nuestros retornos fantaseo con que Matthew ya se haya ido, pero persiste e insiste con el safari a camello.

—Bea, quedamos en hacerlo juntos. Me he quedado todo este tiempo esperándote.

—Cuando llegué te dije que vayas yendo, que no tenía ningún apuro.

—Igual esperé a que te tomaras tu tiempo.

—*Darling*, no sé si al final haga el safari, pero si algo tengo claro es que no voy a hacerlo contigo. No quisiera estar en medio del desierto escuchando que no hay suficientes estrellas en el firmamento, que la comida no está del todo bien, que la entrepierna te duele por culpa del camello. No puedo más con tu neurosis, con tu manía de rechazar teorías de ti mismo como si deshojaras los pétalos de una margarita. No soy tu madre, no soy tu psiquiatra, no soy tu novia, estoy a un pelo de no ser tu amiga. ¿Por qué tengo que mamarme tus rollos? Nos torturas a todos.

—*I'm sorry, sorry, sorry, sorry.*

—Tú que entiendes de drogas míralo de esta manera: eres lo opuesto a un *trip* con hongos. Con los hongos puedes entrar en una flor y viajar a través de su naturaleza luminosa, sintiendo cómo te acaricia, entendiendo la vida, llenándote de amor. Pero en tu egocéntrico *trip* lo único que haces es entrar a tu confusa mente, que no te lleva a ningún lado y de la que ni siquiera sabes cómo salir, y arrojar desde allí toda la basura que tienes dentro hasta regarla por todos lados. Nosotros no somos un basurero, no queremos tu producto.

—*Ok, sorry, sorry.* No quiero seguir incomodando a nadie —sale de mi habitación con el rabo entre las piernas.

—¡Chelo, Matthew, Chelo! ¡Chelo, Pakistán!

Por fin se va al safari con dos jovencitas de lo más insípidas, crudas en todo el sentido de la palabra. No entendí si austriacas o australianas, algo con «a». Esa misma tarde, tomando un chai con Mr. Desert, me propone ir a ver cómo están los chicos. A él la situación con Matthew le roba más de una sonrisa. Tomamos el Jeep y horas después los ubicamos en el despejado desierto, minutos antes de que la oscuridad se cierre, extinguiendo el mundo visible. Nos unimos a la gran fogata. Mr. Desert nos hechiza con anécdotas y quimeras, ofrece bhang y hachís. Cerveza, chapatis y deliciosos guisos son la base del menú. Empiezo a arrepentirme por no tomar el safari, feliz me quedaría a dormir en la desnudez del espacio.

—¿En qué piensas, Bea? ¿Quieres quedarte? —Mr. Desert lo percibe de inmediato.

—Amo los desiertos. Poder dormir en ellos es tan... —no he terminado la frase y, con la mano levantada, Mr. Desert me da a entender que lo deje en sus manos. Le dice algo al camellero que está preparando chapati.

—Mañana te mando un camello a primera hora —me dice. Le indica a otro camellero que prepare otra cama. Termina de dar las indicaciones, me mira y me hace un guiño de ojos—. Tu placer es mi placer.

—Gracias, Mr. Desert. No puedo rechazar tu oferta.

Alrededor de la fogata todos permanecen callados, no quiero ni mirar a Matthew.

Dormimos a la intemperie, bajo un cielo espolvoreado de estrellas errantes, uno a lado del otro. Matthew y yo a los extremos. Pobre, no sé qué le quita más el sueño, que este aquí o que me haya salido gratis.

Al rayar el alba una bocanada de aire tibio me abre a una nueva libertad. La libertad que los desiertos nos dan al borrar las huellas de nuestros pasos como quien apaga una vela. Aspectos de mi vida atraviesan la capa de aire caliente. Intercaladamente toman protagonismo para luego difuminarse en el desierto y perderse en el olvido.

Sobre mi camello atravieso el llano sintiendo cada uno de sus pasos, sobrellevando a mi mente y, a la izquierda, mi muerte. Adelante, a la cabecera de la caravana, va Matthew con la cabeza gacha, encorvado. Lleva un turbante improvisado que un camellero le ha montado para el sol. Puede ser encantador, pero es muy infantil la mayor parte del tiempo. Hijo único, con padres divorciados que desde niño le han dado todo lo que él ha querido, como compensación a otras carencias. Pero eso no lo justifica. Como tampoco se justifica que yo emita juicios al respecto.

La situación con Matthew revienta en Khuri, una aldea entre dunas, con casitas construidas a base de arcilla y estiércol, a cuarenta y ocho kilómetros de Jaisalmer. Decido pasar unos días allá y por supuesto que él también. A pesar de la pequeñez del lugar encontramos otros viajeros. Dos italianos que se conocieron en México y hablan entre ellos en español, una pareja de argentinos y una española. En medio de una conversación terminamos todos alrededor de un gran mapa, abierto en el suelo. Hablamos de rutas y posibilidades. Me han contado que acá está muy bueno. ¿Qué tal de acá a allá? ¿Alguien ha llegado aquí? No, porque los trámites de esta frontera son muy engorrosos. Cuidado que en ese aeropuerto hay perros policías, por diez gramos de charas te chingan la madre. Momentos como estos son mágicos, empiezo a viajar con mi mente, a trasladarme en el espacio y luego simplemente me pongo en camino. Viajar es el mejor tiempo invertido. Todos hablamos en español, menos Matthew, que en algún momento se para y se va. Como lo conozco, después de un rato salgo a ver cómo está, y arranca la escenita.

—Tú eres la egocéntrica, quieres imponer tu idioma sabiendo que yo no entiendo nada de español —me grita.

—¿Perdón? ¿Qué te has creído, tremendo pedo mal tirado? Qué más egocentrismo que una persona que se siente tan

218

importante que todos tienen que hablar en su idioma, aunque este no sea el mayoritario y les cueste hablarlo. Yo todos los días me las ingenio para comunicarme en inglés, poder hacerlo en español es un alivio y son tan pocas las ocasiones que se presentan.

—Sé que estás harto de mí. Todo el día me muestras mis defectos, me reprendes como a un niño. Qué distinta estabas con Lila la otra noche, a pesar de lo que contó.

—¿A qué va todo esto? Cada persona es diferente y se necesitan diferentes formas para llegar a ellas. ¿O no te has enterado de que el mundo no se divide en ti y el resto?

Matthew vocifera algo que no logro entender, no está en mi vocabulario inglés.

—Aunque no lo creas —continúa él—, soy una persona feliz. Tú me haces desdichado. Necesito irme de aquí, de tu lado, de la India.

—Pero, *darling*, ¿quién te detiene?

Al día siguiente volvemos a Jaisalmer en el mismo bus, eligiendo los asientos disponibles más distanciados. Mientras cenamos en el *guest house*, cada uno ocupando una de las cuatro mesas del torreón, aparece de improviso Mr. Desert, con su garbo y aplomo habitual. El ambiente se pone más tenso. Sintiéndose disminuido e invadido entreveo a Matthew, para quien la presencia de Mr. Desert le resulta una intromisión. Lo ve viejo y se burla de que una persona de esa edad me dé vueltas todo el día, aunque a la vez le da rabia que sea un tío tan carismático. Pero lo que realmente le irrita es notarlo en paz consigo mismo todo el tiempo. Ba y Siva sienten tanto

219

respeto por Mr. Desert, por ser brahmán, que toman distancia cuando él está, ya no nos acompañan en el restaurante, solo sirven la comida. Me siento incómoda y daría cualquier cosa por estar en otra parte. Sentado a mi lado, Mr. Desert, que no le da cabida a las rabietas del «chico suizo», tararea una canción. Para relajar el nervio le acepto bhang. Mi cerebro explota de inmediato, el espacio se distorsiona, el tiempo se dilata, no entiendo cómo mi acompañante puede consumir esto el día entero, cómo aun es un ser pensante.

En un momento Siva se me acerca, me dice al oído que Matthew se está yendo, por favor, baja a despedirte, déjense de idioteces. No bajo. La discusión en Khuri no fue tan grave, pero sí la gota que rebalsó el vaso. Además no puedo funcionar, mi cerebro está drogado. Minutos después, Mr. Desert me entrega un cofre con joyas.

—Cásate conmigo.

Gracias al raudo sistema de postas, entre las «chaskis-neuronas» de mi sistema nervioso, el asombro me llega en cámara lenta. Que te cases con él, no puede ser. ¿Qué ha dicho qué? Que te cases con él. Deja las drogas, Bea, ya estás alucinando cosas. A la droga dile no. No, dile algo a él, que está esperando. ¿Pero tú crees que ha dicho lo que ha dicho? ¿Quizás está afectado mi entendimiento o es su inglés que no comprendo? Que te está pidiendo la mano, mujer. Esas joyas simbolizan el anillo de compromiso. Un anillo en un dedito es el fin de la libertad, todas esas joyas ya parecen cadena perpetua. Con unas espaciosas y cálidas manos envuelve las mías, que sudarían en este momento si fuera habitual en ellas hacerlo.

—Cásate conmigo.

Ahora sí parece en serio. ¿Se habrá imaginado que éramos más que amigos?, pero si nunca ha pasado nada, ni una insinuación. No me roba un beso, no me quiere llevar a la cama, ¡quiere matrimonio! A quién se le ocurre tal disparate. No sé qué decirle. Si lo sé, pero no sé cómo decírselo. Me he quedado atracada en una sílaba, como en clase de mecanografía: nnnooo ooonnn nnnooo. Siento que Ba y Siva cuchichean tras la puerta.

—No puedo, Mr. Desert. No pienso casarme nunca. Tampoco estoy enamorada de ti. Amo la India, pero no podría vivir dentro del esquema de castas. No sé qué más decirte. Me halagas, pero no es viable.

—Te entiendo —se queda en silencio—, aunque después te cases en tu país.

Muevo mi cabeza en señal de que eso no pasará.

—Siempre estarás en mi corazón. Quédate con las joyas para que me recuerdes.

—Gracias, Mr. Desert. No puedo aceptarlas, pero te aseguro que siempre estarás presente.

Lo que sigue después es un silencio largo, con el tarareo habitual de Mr. Desert. De esos silencios compartidos que siempre terminan recordándome todas las tareas pendientes que tengo por hacer.

Luego, sentada en mi ventana, y en «sándwich» con otros dos torreones, disfruto de la deliciosa soledad que me permite jugar en secreto con mi mente, mi no-mente, mi ser, mi no-ser o lo que sea que se manifieste. Como parlamentar en privado con Beatriz, Beatrice, Beatroz, la Bea, Bettie, Beauty, Petra y demás facetas que pugnan por imponerse y autonombrarse presidentas de este cuerpo que luzco hoy. Una comunicación de mentes, a veces mucho más divertida que la compañía de otras personas. Claro que si charlamos en voz alta me van a creer loca de patio. Por eso es mejor mantener la locura a nivel interior.

En medio de mi devaneo se abre una rendija por donde se filtra el ahora. Es noche de luna llena. En lo alto, el firmamento me abre al infinito; hacia abajo, una tenue niebla cubre de misterio el pueblo. Bajo el pálido velo salpicados postes colorean de tungsteno fachadas muy antiguas, de piedra dorada ricamente labrada. Muchas de estas cubiertas de chispeantes luces azules y amarillas, señal de que estamos en *married season*. Todos matrimonios por conveniencia, los que se concretan luego de prolongadas deliberaciones sobre los beneficios para ambas familias y la posición de los astros a la hora de nacer los candidatos. La creación de una compañía cuya socia capitalista va directo a la quiebra, a la ausencia de ella misma.

Felizmente en occidente el procedimiento se asemeja más a un baile: se cambia de pareja hasta que aparece uno que te sabe guiar tan bien que los demás acompañantes quedan fuera de escena, sin beneficios por tiempos cumplidos ni reembolsos. Una pieza de a dos a la que muchos necesitan incluir a Dios y ensayar ante una Biblia. Mejor sería hacerlo frente a las páginas amarillas, como símbolo de comunicación. Hablo como buena de lo que no sé ni quiero saber nada. Ya me lo subrayaba Renzo Uccelli todo el tiempo: «Nunca te cases, Beita, eso no es para ti, mejor consíguete un *sponsor*». ¿Y si algún día aparece alguien por quien valga la pena arriesgarse? No te confundas, me digo, no hay ese alguien que viene, eres tú la que tiene que dejar esos temores de perder la libertad. Ríndete, me dice uno de mis yos. Sobre mi cadáver, le contesta otro. Ojo con esa libertad, interviene un tercero, que no se convierta en una prisión mental. Ay qué difícil, que me devuelvan al *kindergarten*.

Abajo los perros ladran y las bodas no paran, ensordecen el silencio. Me invade una emoción que me enardece, que me hace más fuerte. La energía guerrera me riega, me entra por las venas. Tengo a Jaisalmer en la sangre, como si el líquido escaso del desierto me corriera por el cuerpo. Comprendo cuán enamorada estoy de este lugar. Todo lo contrario de lo que siento por mi novio, porque resulta que tengo uno, y debo darle el encuentro en unos días en Varanasi. Hombres, qué aburrida sería la vida sin ustedes. Inhalo con fuerza y me lleno de este lugar. El agradecimiento me sale a borbotones. Agradezco por la suerte acumulada en mi vida, por la vida intensa que llevo. Escucho a los chicos en la cocina, voy a ver qué pasa.

Camino al quiebre

Un mes después, con sentimientos encontrados, dejo Jaisalmer el día más nublado de todos. Todo un enredo mental y sentimental por los últimos sucesos me alberga. Unido a la gratitud, las despedidas y el tremendo trote para darle el encuentro al bendito novio, cuyas ganas por verlo no me matan. Más ganas tengo de ver a las famosas ratas.

Una aglomeración de unas dos mil ratas, según estiman sus custodios, distraen mis aflicciones. El Karni Mata Temple no es un templo grande, muy por el contrario. Todo en rosado, puertas de plata y tanto fachada como interior de mármol labrado. Sobre el piso interior, diseño dominó blanco con negro, atraviesan como destellos los sacros roedores. Como en partido de fútbol, corren en grupo de un lado a otro, se amontonan, se suben unas a otras, escalan los pies de la concurrencia, se revuelcan en grupo, dormitan, se dan tremendos banquetes, y entran y salen de las ranuras de cuanto agujero encuentran en el recinto, los cuales resultan incontables. Las hay marrón-grisáceo, pero la mayoría son gris rata, como el uniforme escolar único diseñado por la *Mocha* Graña. Sin embargo, miles de peregrinos recorren largas distancias con la esperanza de poder ver una rata blanca que, según la creencia popular, son la reencarnación de Karni Mata. Lograr verlas es de buen augurio, escasos son los privilegiados.

La leyenda cuenta que Karni Mata, una matriarca del siglo catorce, reencarnación de Durga, la diosa del poder y la victoria, pidió a Yama, dios de la muerte, que le devolviera la vida a un hijo suyo que había muerto ahogado. Ante la negativa, Karni Mata reencarnó en ratas a todos sus descendientes y así privó a Yama de almas humanas.

Las kabbas, como las llaman en hindi, son lo que menos asco me dan. Los fieles les ofrecen macitas dulces tipo mazapán que, entre tanto público y devoto, rápidamente quedan aplastadas en el piso. Aceite de coco por doquier, igual que frutos secos, granos, azúcar y arroz. Lo único pulcro es la leche que les sirven en grandes bandejas de acero inoxidable y el agua que les ponen en pailas de bronce. Obviamente hay que sacarse los zapatos y caminar sobre toda esa amalgama pegajosa, irrigada por pequeñas caquitas y alguno que otro meado. Una experiencia inolvidable. Al salir, un sacerdote me indica juntar las manos con las palmas hacia arriba, y con una cuchara vierte sobre ellas leche proveniente de la misma bandeja donde antes han tomado las ratas. Poder tomarla se considera una bendición de los dioses. Leche de búfala con azafrán, clavo, cardamomo y babita de rata. Alimento divino. Manjar de los dioses.

¡Por los dioses del Olimpo! ¿Y esto? ¿Bienvenida a Lima? ¿Por qué tocan tanta bocina? ¡Por favooor, paren ya de tocar! ¿Hacia dónde van? ¿Por qué tan de prisa? ¡No me empuje, señora, por favor, shanti shanti! Arrímate, vaquita, que el ser sagrada no te obliga a ser estatua. ¡Cuidado con tus cuernos! ¡Búfalo mugriento! ¡Señooor, se le está cayendo el bebé de la moto! Este desenfreno tiene más ruido que mi cerebro. Me estoy mareando, necesito detenerme. Uno, dos, tres. Pie derecho, pie derecho, *stop*. El mundo sigue girando y girando, y yo acá, frenada en seco, bajo un semáforo que ya ha cambiado como veinte veces. Me estabilizo, me abstraigo del sonido, observo, respiro, olfateo, me cuelgo de mi punto de encaje. Debo decidir si ir a Delhi, Old Delhi o Nueva Delhi. Malabareo hacia arriba todas mis posibilidades, les devuelvo a los dioses mi destino. Desde arriba Zeus y sus secuaces castigan mi rebeldía vertiendo un pote de lluvia. Ante tal represalia me pongo mis lentes. Viajo por el desenfoque, me pierdo entre gotas, entre luces sin sentido, entre lo claro y el claroscuro. Colores, olores y sensaciones se filtran por mis vidrios empeñados. Gozo. Mi mente, tenaz enemiga de mi felicidad, apremia por imponer un desenlace, por apartarme del aquí-ahora. Como siempre cedo, la invito a opinar. Habla, mente, dónde vamos, desembucha. ¡A la madre patria!

Al parecer al embajador le complace recibir a una compatriota. Apenas cruzamos un par de palabras y me deja en una sala de reuniones con Paul, el cónsul. Apuesto, un par de años menor que yo, barba candado, ojos azules, mirada directa y suave en su hablar. Entre tímido, respetuoso y algo como inocente, pero muy eficiente, un diplomático bastante accesible. En sus manos encomiendo mi vida. No tanto. Todavía no. Pero sí le encargo un *terabyte* de material fotográfico de Medio Oriente, para que lo despache a Lima por valija diplomática. El encuentro termina en un restaurante de comida chatarra gringa, en Vasant Vihar. Una de las zonas residenciales más caras del mundo, donde se ubican las misiones diplomáticas.

Me muero de frío y no tengo suficiente abrigo. Por error elegí una litera de pasillo. Son más cortas. Mi cabeza y mis pies chocan en ambos extremos. Una de mis dos ventanas no cierra y toda la noche se filtra un viento helado. Al parecer algún pasajero ha tirado algo engominado por la otra ventana, el menjunje ha quedado en los barrotes como una chorreada estática y visualmente asquerosa. Cada persona que pasa me choca. Hay tres brahmanes que no paran de mirarme, algo cuchichean entre ellos. Al frente, un regordete hindú ronca estrepitosamente, succionando por ratos su propia respiración. De otro pasajero sale un olor a pezuña espantoso. Todo huele a curry, gracias a la lonchera que compartieron hace un rato los de al lado. La estoy pasando pésimo. Ni el bamboleo del tren logra adormecerme. Me faltan horas para llegar a Varanasi y doy por hecho que no podré dormir. Cómo hacerlo si me congelo. Medito sobre lo que estoy haciendo, hacia dónde me dirijo, retrocedo en los hechos. Dejo Lima libre y sin ataduras. En Donusa, una isla nudista griega de cien habitantes, propicia para un amorío, una flecha de cupido despierta en mí una repentina predisposición a enamorarme. Me enrollo con Christos, quien, además de hablar español, lo que me abre a su cultura sin trabas de idioma, queda prendido con este viaje vuelta al mundo que estoy recién iniciando. Se vuelve una pantalla pasiva que coopera con mis sueños, que alimenta y fortalece mi ego. En agradecimiento, quedo dispuesta a agrandar el suyo a cambio. A orillas del mar Egeo, en medio de un espacio helénico anterior al pudor, gozamos por unos días del pretérito tiempo griego. Como Adán y Eva en el paraíso, con nuestros cuerpos al desnudo, vestimos elaboradas ficciones de nosotros mismos, nos volvemos expertos en ropajes. El día de mi partida me pregunta si no hay problema que me acompañe a Samotraki y luego a Estambul, que aún le quedan vacaciones. Me agarra en frío. Qué le digo. Tic, tac, tic, tac. Pero qué pregunta tan impertinente. Tic, tac, tic, tac. Realmente quiero, quiero o no quiero, *be or no to be*. Mi cabeza va a mil y no es un buen día para decisiones. Al final le digo «pero, hombre, faltaba más, vamos». Y aquí estoy, sin querer queriendo. Nuevamente tengo que sacrificar mis planes, dejar anticipadamente el lugar donde más a gusto me encuentro para otro de nuestros absurdos desencuentros. Nuestros esquemas de viaje son incompatibles, él apenas se puede tomar unos días, que corren siempre en cuenta regresiva, y quiere ver en ellos lo más posible de cada país. Yo cuento con un tiempo sin fin para ir a mi ritmo, sin presiones. Pero seguimos en la farsa, nos mentimos a nosotros mismos, fingimos uno frente al otro.

A través del árbol, que tiene más monos que ramas, y que ocupa el ochenta por ciento de mi vista, acecho la llegada del hombre que viene a ser mi novio. Los primates entorpecen mi propósito. Gracias a una rama sin podar los tengo por montones en el balcón. Meten sus deditos por la fina rejilla protectora hasta cubrir todos los huequitos de la misma, la empujan hacia adentro con todas sus fuerzas, pretenden entrar a mi habitación. No me intimidan, pero tengo cero intimidad. Intimidad que de antemano alejo de Christos. Aprovecho que está de lo más hipocondríaco —se queja todo el día de que se siente mal, cree que está con la fiebre porcina— para tomar habitaciones separadas. Por si las moscas.

¡Allá está! Lo observo acercarse por la callejuela que da a mi balcón. Aquí viene Christos Angelopoulos, me digo. Χρήστος

Αγγελόπουλος, en buen cristiano: «Cristo hijo de los ángeles». Menudo karma.

Llega cual regalo navideño, el mismo veinticuatro, con grandes ínfulas de sabelotodo. Lo cual es, y en un abanico de lenguas. Ya ni le pregunto cuántas domina, porque a Turquía llego hablando turco, al Cairo hablando árabe, y no me sorprendería que ya supiera hindi. El chico tiene facilidad para los idiomas, hay que reconocerlo, para las fechas también. Es como un compendio de historia, una enciclopedia, muy culto, de todo sabe, solo que a veces patina.

—Aún no he encontrado un rico restaurante hindú —le comento refiriéndome a Varanasi, mientras contemplamos el Ganges desde uno de los ghats.

—Obvio. Si en la India solo se come rico en el Punjab —lo afirma con seguridad absoluta, mientras exhala hacia lo alto el humo de su ansioso pucho.

—Pero ¿tú qué sabes? No has estado en la India ni veinticuatro horas.

Lo sabe porque lo ha leído por allí. Antes de venir ha leído hasta la saciedad de India. Ya sabe cómo es todo, ya lo entendió todo.

—Ay, mi corazoncito tirano. Eso se sabe en todo el mundo —insiste Christos.

—No. Esa es la opinión de alguien, pero como estás acostumbrado a manejar filosofías de tercera mano, te la crees —él no lo niega, solo prende otro cigarrillo con el pucho del anterior—. Nunca te había visto fumar, menos de ese modo.

—Es que estoy con mucha ansiedad y me siento tan enfermo. Es una lástima llegar a la India así —se lo repite a él mismo por enésima vez—. Lo que es yo, a él de enfermo no le veo nada, pero le sigo la cuerda para mantener las distancias.

—No sé si estás más lejos de India que de Grecia —se lo comento mientras le señalo con un gesto su celular, el cual no deja de manipular.

—Hoy es el día de Cristo, todos mis amigos me están mandando saludos.

Y al parecer quiere contestarle a todos, desde la India, claro, ¡qué chic! Parece que todavía no aterriza.

—Imagino, ¡pero ya para con eso! Vamos que te quiero mostrar el crematorio principal —me levanto y lo jalo de la mano para que se incorpore, para que se desconecte de la red de una vez.

—Corazoncito tirano, despacio, cuidado que recién estoy aterrizando. Creo que me gustaría echarme una siesta corta primero.

—Está bien. ¿Te parece si nos juntamos a un cuarto para las cuatro? —le propongo.

—Perdón, ¿qué me has dicho?

—Que si te parece que nos juntemos a un cuarto para las cuatro —le vuelvo a preguntar.

—¿Te estás burlando de mí? —me pregunta él, mientras observo perpleja como empieza a acalorarse.

—¿Ahora qué te pasa? —Tomo su celular y le muestro en el reloj analógico la hora que le estoy proponiendo.

—¿Por qué quieres confundirme? —me levanta la voz, me saca un vozarrón.

Se volvió loco este huevón, pienso yo.

—Se dice cuatro menos cuarto —me lo aclara totalmente

enfurecido.

—Cuatro menos cuarto y un cuarto para las cuatro es lo mismo —le refuto, aún incrédula ante la escena que me está armado. Ya varios paseantes nos miran—. Usa tu sentido común —prosigo, ya un poco más acalorada.

—No, porque en Colombia…

—¡Al carajo Colombia! Es mi idioma natal y en ambas formas se dice y se entiende en todo Latinoamérica —lo interrumpo.

Nuestro encuentro es como un choque y fuga, sin haberlo habido siquiera. Simplemente empezamos a vivir nuestras vidas por separado a las pocas horas de su arribo. No entiendo para qué me hizo venir hasta aquí. De extraña manera me siento utilizada, defraudada y aliviada. Sospecho que además de engañarnos a nosotros mismos, coloreando un romance según nuestras propias necesidades afectivas, él ha moldeado una pose con todo esto, un tema de conversación con su entorno: «Estoy saliendo con una fotógrafa peruana que está viajando por el mundo, y este pechito le está dando el encuentro de tanto en tanto…». «Wow, ¡qué fascinante!, ¡qué chéeevere!». No sé qué expresión se use en griego, pero algo así. Somos un par de solitarios representando no sé qué papel.

A pesar del frío, y de la protesta constante de mi cuerpo, paso la navidad caminando en solitario por los ghats. Atravieso las pujas centrales con total indiferencia. Pujas menores se suceden unas a otras. Solo una cautiva mi atención. Un grupo de brahmanes echa por la borda toda la solemnidad habitual, con movimientos descoordinados y torpes. Miro por los alrededores a ver si Christos está. En el fondo no quiero encontrarlo, no quiero escuchar cómo conceptualiza todo lo que está pasando. Nada de teorías hoy, por favor. Lo que necesito son cremaciones, necesito sentir la muerte. La vida adquiere su pleno significado cuando sentimos la muerte. Mis pies caminan solos, mucho más adelante que mi mente. Avanzan a ritmo continuo entre el humo de los ghats ardientes. Los cadáveres en las piras se cuecen a diferentes tiempos, se hinchan y desprenden por pedazos, las manos y los pies primero. Mi nariz olfateaba en la oscuridad un peligro inexistente. Aprovecho para ver si me acompaña mi muerte. La muy alcahueta, acostada sobre la plataforma de un ghat gozando está. En su salsa. Mi cuerpo está débil, pero me siento más guerrera que nunca. Estoy de cacería, he salido a cazar poder. El poder del conocimiento. El conocimiento del verdadero sentido efímero de la vida. A mi alrededor todo está muerto, calcinado. Lo que subsiste es la enseñanza, una lección magistral de impermanencia. Mientras Jesús nace en el hogar de todos mis conocidos, yo me empapo de estas prácticas funerarias que representan una maestría en desprendimiento. Gracias, gracias, gracias. No dejo de repetírmelo como un mantra. Gracias por estar aquí y no en Lima, intercambiando regalos, acompañando a la familia en sus oraciones frente a un nacimiento de miniatura o metiéndome un atracón. Con total gratitud, y sobrellevando como puedo la baja temperatura, presencio por horas las cremaciones. Observo cómo los hindúes consumen sus ritos mortuorios sin dramatismo ni demoras. Sin mirar atrás. Sin mirar al pasado, a lo que queda del cuerpo cremado después de ser lanzado al río, ni a los otros fallecidos que tras ellos esperan su turno en la hoguera. El sentimiento de dolor y de pérdida lo noto en el rostro de un anciano, que no solo ve partir a su hijo sino que, a la vez, se ve obligado a prenderle fuego, mientras él sigue allí, con sus mismos achaques, pero solo.

Los días siguientes caigo en cama, muy enferma. El seguro me manda un médico de pacotilla, así que voy a ver a otro recomendado por los del *guest house*. Encuentro una fila de pacientes que empieza en la sala de espera y se prolonga por una de las callejuelas del casco viejo. Ubicada al final de la misma, observo cómo de una casa colindante un joven saca un artefacto, que podría ser la base de una balanza, o una máquina de escribir muy antigua, o cualquier cosa en realidad. Empieza a golpearla y sale un ratón, sigue golpeando y golpeando hasta lograr que dieciocho ratones abandonen el aparato tranquilamente, sin atropellarse. Los mismos que entran a las viviendas contiguas sin ninguna reacción por parte de los propietarios ni presentes. La escena no ha terminado cuando soy llamada por el médico. En la puerta de su consultorio una placa de bronce dicta: «Pase y no se lleve nada». Me toma la presión mientras coquetea con alguien por celular y me receta una medicina que a tres metros ya apesta a mil diablos. El medicamento me hace dormir dos días enteros. Al tercero amanezco mejor, pero para nada bien. Christos sigue en la habitación de al lado, gozando de la vida, mientras yo en cama sin importarle. De pronto me fastidia su presencia, su voz, su repentina vitalidad. Ahora que veo que lo pierdo o, mejor dicho, que ya no está más dispuesto, que hace su vida sin mí, en vez de sacudirme la caspa y chau, fuera de mi vida, lo retengo en mi pensamiento, mandando al olvido aquella lección magistral de impermanencia. «He cruzado medio norte de la

India por este arrogante», «si me hubiera quedado en el desierto no me hubiera enfermado», me lo reprocho todo el tiempo. El despecho que me brota es más conmigo que con él. No quiero estar más aquí, necesito irme. Varanasi me echa. Algo muy fuerte empieza a empujarme a Bodhgaya, insiste que tengo que ir para allá. No entiendo por qué esta urgencia, este apremio tan grande que es más fuerte que una intuición. Conozco el lugar, allí está el árbol Bodhi, bajo el cual se iluminó Buda. Un lugar de peregrinación budista por excelencia, que recuerdo como una aldea pequeña donde no volaba ni una mosca, ni moscas había, ni pensaba volver. A mi alrededor todos me dicen que primero me recupere, que necesito reposo. Al final reacciono ante los hechos poniendo mi ego por delante. Los acontecimientos se precipitan de manera vertiginosa.

Apenas tengo fuerzas para levantarme de la cama, agarro mis cosas, me despido del susodicho y desaparezco. Llego a la Varanasi Junction Railway Station a la misma hora que sale el tren a Gaya. No hay tiempo para buscar la oficina de extranjeros, que nos facilitan las cosas en estaciones tan grandes como esta. El sofocante aglutinamiento de vivos, y de vivos con sus fallecidos, me la pone más difícil. Todas las ventanillas tienen filas interminables. Me acerco a una gritando que mi tren está por salir, que un boleto, por favor. De esa ventanilla me mandan a otra «solo para mujeres». No me queda otra que colarme. Les pido a las damas de adelante que, por favor, me dejen pasar, que mi tren está por partir. Con boleto en mano, encontrar el andén donde está ubicado el tren es como una broma de mal gusto. A cada persona que le pregunto me manda a una dirección opuesta, todos se contradicen. Subo y bajo las escaleras de los puentes colgantes que unen las diferentes plataformas. Una especie de montañismo sobre el sitio, solo que con el peso de mis equipos, y con los búfalos y las vacas que descansan a lo ancho de los peldaños, no es tan divertido. Estoy toda transpirada. Finalmente doy con el andén y con el coche «solo para mujeres». No sabía que existía, pensé que se trataba de una ventanilla preferencial. De espanto. Al lado de este el vagón local es una sala VIP dentro del coche de primera clase. Miles de miles de mujeres, millones de críos. De seguro exagero, pero la impresión inicial es toda la población de la India en un solo vagón. Si los asientos son para tres, hay siete mujeres como mínimo, todas cargando bebes y niños que lloran y chillan. Los pasillos revientan con el mismo panorama. Me cambio de coche lo más rápido que puedo, hacia lo más lejos que encuentro. Termino en un *sleeper*. Al cobrador pretendo pagarle la diferencia cuando pase y listo, asunto zanjado, sab kuch milega. Pero este no es un tren cualquiera, este cruza el norte, desde Delhi hasta Calcuta, y las plazas se agotan con semanas de anticipación. Una familia de Uttar Pradesh se arrima para que pueda quedarme con ellos, total solo voy hasta Gaya, a tres horas de camino, de allí tengo que tomar algo hasta Bodhgaya.

No entiendo qué pasa, el tren para constantemente por tiempos muy prolongados, cada vez estamos más retrasados. En cada estación que para, lo único que logro distinguir es el nombre de la misma en alfabeto hindi. No tengo cómo saber cuándo llegaremos a Gaya o si ya la pasamos. Las horas pasan, la noche avanza, las ventanas se cierran, las luces se apagan, todos se acuestan en sus respectivas literas, y yo sigo sentadita en la esquinita de una de estas tratando de no molestar a su ocupante.

No hay a quién preguntarle nada. Podría ir a los coches adyacentes para preguntar si hay otros pasajeros con el mismo destino, pero al igual que este todos están a oscuras, con gente desparramada en los pasillos. Me siento muy débil, no he mejorado lo suficiente y esto es lo último que me faltaba. Ya me imagino en Calcuta. Solo que Calcuta a este ritmo puede significar más de una semana de viaje. Un indio me pasa una manta que apesta a humedad y encierro, pero no lo pienso dos veces, me acurruco como puedo.

A las tres de la madrugada alguien me despierta. ¡Gaya! ¡Gaya! ¡Gaya! ¡Gaya! Segundos de gran indecisión, ¿bajar a esta hora? ¿Qué me hago en Gaya a las tres de la madrugada y con este frío? ¿Y si me hago la que no entiendo y sigo hasta Calcuta? Pero no estoy preparada para Calcuta, cuántos días faltarán para llegar. El clima es extremo. Todos mis pensamientos en un solo minuto. Sesenta segundos, treinta segundos, quince segundos, diez segundos, cinco segundos. Finalmente bajo. De otro coche descienden unos tibetanos, a quienes les pregunto dónde van a dormir, porque es evidente que a Bodhgaya a esta hora no hay forma de ir. Resultan ser ladakhis e insisten en que me quede con ellos, casi me ruegan para que no salga por nada de la estación, que es sumamente peligroso, según dicen. Son dos familias enteras, más dos hermanas que viajan solas. Todos juntos vamos en busca de las *railway retiring rooms*. Un recurso infame según mi experiencia, pero recurso al fin y al cabo. Solo hay un dormitorio con una cama matrimonial que, por mutuo acuerdo, la van a ocupar las dos parejas de señores mayores. Los demás a dormir en el suelo, sin colchoncito ni nada. Con la tos de tuberculosa que tengo, y consciente de que otra mala noche sería fatal, me despido muy agradecida por su solidaridad. Les digo que voy a busca un hotel en el pueblo, que no se preocupen, que nada me va a pasar. Los ladakhis tratan de impedirlo, me cogen de las manos, no quieren por nada que me vaya, no saben cómo retenerme, tampoco pueden obligarme. Su último consejo es al hotel del frente, nada más lejos, y por nada del mundo a Bodhgaya, que a esa hora violan a niños y mujeres, asaltan con armas, realizan pruebas nucleares, matan.

Al hotel del frente lo cubre una mugre como de diez centímetros en todas sus instalaciones comunes, cómo serán sus habitaciones. Una pocilga por la que pretenden cobrarme una suma exorbitante. Para buscar otra alternativa despierto a un indio que está durmiendo en su rickshaw, ya que caminar no me parece del todo seguro. El lugar realmente intimida, emana una sensación de inseguridad y peligro latente muy inquietante. Demasiados militares con fusiles en mano, hombres de caras violentas y miradas fieras. Me pregunto qué hacen todos trasnochando, como esperando un ataque terrorista. Recorremos todas las opciones, que son muy pocas, y no encontramos nada disponible. Tampoco puedo regresar a la estación y buscar a los ladakhis. No podría recordar en cuál de las habitaciones se han quedado, y tocar puertas a las tres y media de la madrugada no me parece apropiado. De pronto siento miedo. Miedo a aventurarme hasta Bodhgaya a esas horas, después de todo lo que me han advertido y con la energía que percibo. La mitad de mí quiere arriesgarse y la otra no quiere; la mitad se siente atraída por lo desconocido y la otra se aferra a lo conocido. La vida sigue fluyendo a mi alrededor y yo aquí, estancada como una roca. El miedo es conveniente, me dice una voz en mi interior, no le des la espalda, recíbelo de frente. Vamos, me insiste, confía en la vida, a donde la vida te lleve. Adelante el chofer ha volteado a mirarme, mueve ligeramente la cabeza como la cobra. Envuelto en una frazada, con solo los ojos al descubierto, está que se congela, espera indicaciones. Por primera vez reparo en él, definitivamente no es un asesino en serie. En susurros los ladakhis tratan de persuadirme, pero un guerrero toma decisiones propias. Respiro profundamente, me tomo unos segundos para asentar mis nervios y me dirijo al indio «Bodhgaya».

En el absoluto silencio de la noche, el sonido del motor del rickshaw pregona con bombos y platillos nuestra osadía. Me sorprende no haber discutido esto con mi muerte, volteo a verla y le advierto que no se la juegue. Tranquiiila, me apacigua ella, mantente atenta, nunca a la defensiva, que no te agarren por sorpresa. Igual repaso, más para distraer la angustia que por estrategia, mis clases de armapol, arte marcial policial, que me enseñaron en la escuela de detectives. Escondo mi equipo fotográfico como puedo.

Es noche negra. Negra y escalofriante. A nuestro alrededor todo parece desolado. La neblina nos quita visibilidad, nos vuelve vulnerables ante los grandes camiones que surgen de súbito, que nos ciegan con sus luces altas y que al cruzarnos zarandean al rickshaw con la velocidad de un proyectil. Fuerzo la vista al extremo, imagino que mis pupilas se dilatan. Lo que atisbo no es del todo grato. Campamentos militares a ambos lados de la carretera emergen tras la niebla. Sombras armadas se desplazan de lado a lado. Sus presencias me dan más miedo que resguardo. Nuevamente siento cómo el miedo galopa por mi columna vertebral, me hace sentir más viva que nunca, mientras mis glóbulos rojos se corren la maratón. El frío endemoniado se cuela por todos lados, se potencia dentro del rickshaw. Apenas tengo un polo de manga larga y un polar bamba. Asumo que llegaré a Bodhgaya con pulmonía como mínimo. Me reanima la fuerza interna tan grande que me empuja hacia allá. No sé por qué pero presiento que empieza el aprendizaje, que finalmente estoy llegando a India, que algo que no espero está por suceder, hacia algún lado avanzo, quizás un cambio se avecina. A pesar de mi debilidad física me siento aguerrida y preparada para lo que se presente. Por momentos el hombre intenta decirme algo, mientras yo, congelada y titiritando, no dejo de repetirle ¡Bodhgaya! ¡Bodhgaya! No tengo la certeza de si realmente estamos camino a Bodhgaya. No hay ningún letrero que lo reafirme. Solo me queda confiar en el muchacho que me lleva a través de las tinieblas.

Llegamos pasadas las cuatro de la mañana, convertida en un solo bloque de hielo —con forma de pasajera de rickshaw— y sin poder parar de toser. Una tos que me sale desde el estómago, desde lo más profundo de mi conciencia. Bodhgaya duerme. La oscuridad reina. No hay un alma en la calle. Los hospedajes han proliferado. Los recorro todos y en todos me cierran la puerta en la cara. *Full.* A las cuatro y cuarenta me alquilan un cuarto por cuatro horas. Le pregunto al encargado desde cuándo el lugar se volvió tan concurrido. La respuesta que recibo lo dice todo. El XVII Karmapa está acá. Recién entiendo qué hago yo acá. ¿Conexión? ¿Destino? ¿Karma? ¿Intuición? ¿Dharma? No me aventuro a clasificarlo. El tema es que ya llegué. Físicamente maltrecha, pero presente.

A la sombra del Dharma

Bodhgaya, Tergar Monastery. Al interior del templo desayuna solo y en absoluto silencio el XVII Karmapa Ogyen Trinley Dorje. Muy pocas personas lo atienden, siempre mirando al suelo en señal de respeto. Su guardia personal me deja contemplarlo desde la puerta. Es la primera vez que veo su imagen desde nuestro anterior encuentro, cuando recién se había fugado del Tíbet y tenía catorce años. Ahora debe de tener veinticuatro. Aunque está sentado y envuelto en túnicas, se le ve bien plantado. Cabeza rapada, cara redonda y tersa, ojos rasgados, un cutis de bebé y unas manos a simple vista suaves, lo que revela que en ninguna de sus otras vidas ha labrado la tierra. Vidas donde, según se dice, ha ido sumando conocimiento. Quizá por ello irradia paz y erudición.

Cuando él sale del templo, yo entro. Inhalo el mismo aire que minutos antes él ha exhalado. El corazón me late a tres metros de mi cuerpo, tengo que estarle diciendo «oye, tú, ven para acá». No pasan ni diez minutos cuando lo veo, a través de los ventanales, caminar raudamente por el lado derecho del recinto. No lo pienso dos veces y salgo apresurada a su encuentro. Justo cuando cruzo la puerta, él da la vuelta y ambos nos encontramos frente a frente, intempestivamente. No hay tiempo de sentir nada. Él se detiene en seco por un segundo, sorprendido. Lo normal es que las personas bajen la cabeza ante el paso de su Santidad. Me esboza una sonrisa y reanuda su andar. Me llaman la atención de todos lados, a trescientos sesenta grados, si pudieran me lapidarían. Evidentemente he cometido una falta gravísima, pero ya está incurrida, no puedo rebobinar. Se sube a un auto y minutos después el monasterio queda desolado. Me indican que va camino al Mahabodhi Temple a dar enseñanza.

Para allá voy. Solo que aún no resuelvo el alojamiento. Escucho algo del Monasterio Birmano, cuyo gran portón de ingreso, entreabierto, me da la pasada al patio central, donde media docena de monjes y civiles conversan amenamente alrededor de una fogata. En un segundo me queda claro quién es el que manda.

—No damos posada —antes de que yo abra la boca me lo advierte el susodicho, un personaje en túnicas bastante parco.

—He venido para hacer Vipassana —le digo—. Necesito un lugar donde dormir mientras tanto, por favor.

No es cuento, ya me toca Vipassana y qué mejor donde se iluminó Buda.

—¿Vipassana? —piensa él en voz alta, mientras me examina de arriba a abajo como si fuera un pasaporte caduco. Mira a un joven sin túnicas y con una seña le indica que me den un cuarto.

Amplio, de techos altos y con dos catres como único mobiliario. Parece el cuarto de penitencia, solo le falta el crucifijo, pero no me quejo, está perfecto. Mis vecinos, con quienes comparto el baño, son todos birmanos. Quisiera preguntarles por su país, al cual iré en algunos meses, pero no es el momento.

Acelero el paso para llegar al Mahabodhi Temple o Templo del Gran Despertar. Construido en ladrillo en el siglo III, representa uno de los templos budistas más antiguos. Un complejo arquitectónico medianamente grande, abierto al firmamento pero cercado por un muro de baja altura. Contorno que marca los límites del extraordinario mandala humano que encuentro, compuesto de formas geométricas definidas por tonos amarillos, naranjos, azafranes y burdeos. El budismo en pleno, ordenado de alguna manera, por escuelas, linajes, monasterios, jerarquías u orden de llegada. En realidad no tengo idea de cómo se han organizado, pero llenan el espacio formando un inmenso diagrama, cuyo centro es el árbol Bodhi bajo el cual Buda alcanzó la Iluminación. Epicentro donde hoy el decimoséptimo Karmapa Ogyen Trinley Dorje, junto a un atado de renombrados maestros, engrandece la transmisión oral a través de armónicos cánticos en sánscrito y tibetano. Un micrófono ayuda a que estos se propaguen a los cuatro vientos. En su transitar se entretejen y cobran mayor vida al unificar tantas voces como presentes hay. Algunos lamas o monjes mayores, al igual que adultos tibetanos, refuerzan sus rezos moviendo sus molinos de oración, pronuncian de tanto en tanto el mantra de la compasión Om mani padme hum. En las cuatro esquinas del perímetro decenas de personas, en túnicas o con el traje tradicional de su país, se postran hasta quedar tendidos por completo en el suelo, con las manos juntas y estiradas por delante de sus cabezas. Algunos niños de la comunidad budista también lo hacen, mientras sus coetáneos monjes esconden juegos electrónicos bajo sus túnicas. Por nada dejan el juguete, prefieren aflojar en las plegarias.

Es el vigésimo séptimo Monlam Kagyu lo que estoy

presenciando, según me cuentan. Un festival anual de oración para que todos los seres alcancen la felicidad, acumulen méritos, se liberen del sufrimiento mundano, logren el despertar pleno y eliminen todos los obstáculos y circunstancias inquietantes que estropean la armonía global. Como resumirían livianamente en occidente, por la paz mundial.

Las voces de todos los presentes se alzan por momentos entonando y repitiendo de continuo Karmapa Khyenno, Karmapa Khyenno, Karmapa Khyenno: «Karmapa, por favor, piensa en mí, recuérdame, ayúdame». Coro que me enciende de una manera única, como si el pecho se me hubiera abierto de tal forma que pudiera inhalar la existencia entera. Un agujero en mi ser, por donde la esencia del Karmapa me llega directo al corazón y se disuelve en él, depositando una semilla que florece inmediatamente. A mi alrededor la vibración es demasiado potente, el sol brilla con alegría, calienta pero no quema. Los que se postran lo hacen con mayor velocidad y determinación, como personajes de una película reproducida en cámara rápida. Cada vez es más intenso, creo que estamos alcanzando un clímax, que vamos a explotar en un orgasmo cósmico grupal. Parecemos poseídos. Cualquiera podría pensar que somos un grupo de fanáticos religiosos adorando a un dios o a un pastor que ha venido a salvarnos de este mundo cruel, que todo esto es una cuestión de fe. Pero no va por allí, estamos recibiendo energía vital proveniente de la mente del Karmapa. Su mente iluminada nos sostiene, permanecemos suspendidos en ella, en lo vacuo que refleja. De sus manos, mente, corazón y de todo su ser consciente salen los hilos del engranaje. Todos somos uno, una misma conciencia.

El efecto en todos los participantes, que generamos buenos deseos en nuestra mente y los manifestamos verbalmente, se siente en los intervalos, cuando las múltiples recitaciones toman una pausa. Momentos en que el templo Mahabodhi se vacea y los alrededores se vuelven una algarabía de túnicas y voces. Las sonrisas se abren por todos lados. Cada persona que te cruza sonríe, junta las manos y te saluda. Los monjes son mayoría, seguidos por tibetanos, birmanos, ladakhis y butaneses; budistas laicos y simpatizantes de todos los continentes, y finalmente el resto, los extranjeros y el turismo nacional. Algunos se desplazan apresuradamente, aprovechan el descanso para atender algún asunto pendiente, otros lo hacen charlando tranquilamente. Gracias al caprichoso viento, que por ráfagas corre, las túnicas de los monjes flamean alrededor de sus cuerpos, dejan por momentos al descubierto uno de sus hombros. La energía que se respira es tan poderosa, tan perceptible, el ambiente está tan encendido que la paz colectiva me grita que estoy viva.

Por ratos bajo mis revoluciones y desciendo nuevamente al nivel mundano. Deambulo por el mercadillo en el que se ha convertido Bodhgaya. Permito a mis sentidos ser seducidos, husmeo algún deseo latente que satisfacer. Me adentro por los anárquicos puestos que invaden pistas y veredas, donde se comercializan cojines, mantas y accesorios para el atuendo monacal, además de reliquias tibetanas y objetos rituales budistas. Es fácil desorientarse en este dédalo mercantil y muy difícil ubicar una abertura que sirva de escape.

Frente a una de ellas —al reconocer el monasterio tibetano donde dormí la otra vez— me quedo de una pieza. Un *flash back* me atraviesa el rostro a modo de dibujo animado. En aquel entonces residían una docena de longevos lamas como mucho, uno de ellos me marcó, Lama Lobsang Yampe. El día que llegué, al caer la noche, me invitó a cenar a su habitación. La recuerdo al detalle: pintada con diseños tibetanos, con una cocina improvisada, una mesa de comedor, una cama y una ventana que mantenía cerrada, pero que constantemente era golpeada desde afuera. Eran niños que lo llamaban. Él se paraba, abría la ventana y les daba golosinas una y otra vez. Cocinó para mí. Recuerdo que yo le hablaba sin parar, necesitaba decir no sé qué tanto, algo que al parecer me urgía botar, sacarlo de mi interior. Mi inglés era como dos niveles por debajo del básico, así que lo hacía atropelladamente en español y en *spanglish*. Él me escuchaba con suma atención, ni pestañaba. Cuando yo me callaba, él me hablaba en tibetano por largo rato, muy pausadamente. Fue fantástico. Al dejar su pieza no sabía qué me había dicho, pero estaba renovada, radiante. La segunda noche fue igual y nuestras conversaciones me hicieron muy bien.

Rememoro aquellos sosegados días mientras contemplo el ajetreo que se vive hoy en este mismo monasterio. Cientos de monjes, de seguro provenientes de otros estados indios, caminan y corren por sus patios y pasillos. En la entrada se ha instalado un hospital provisional con medicina traída desde el Tíbet. Muchas personas esperan ser atendidas. Como hipnotizada, camino hasta el templo, lo contemplo desde el umbral. Miento si digo que lo recuerdo. Es como verlo por primera vez, pero pertenece a este monasterio que tan buenos recuerdos me trae y eso lo hace especial.

Un joven monje interrumpe mi contemplación. Me pregunta si estoy bien, si puede ayudarme en algo. Le comento que estoy feliz, porque hace diez años estuve aquí y conocí a un lama y bla, bla, bla. Le cuento toda la historia. Él me escucha sin prisa, luego me propone que lo acompañe a su habitación para tomar el té, algo muy común en los monasterios tibetanos. Su habitación es igual a la que yo recuerdo, muy sobria y con el mismo decorado, las paredes rojas, el filo de la puerta y de la ventana con diseños tibetanos donde predomina el verde agua. Hay dos camas y ninguna mesa, menos una cocina. Está en un piso superior, a cuya ventana no podrían llegar los niños de la calle. Mi recuerdo toma mayor vida, lo observo todo completamente ensimismada.

En dos zancadas el monje se me pone al frente, me abraza y me impone su erección. Me está punteando, ¡cómo se atreve! Sus labios en los míos. Me besa con furia en un descontrol total, no me deja soltarme y me pide que hagamos el amor. Alega que hace seis años que no la ve. Petición denegada. Me trata de convencer de todas las maneras posibles. No le importa que sea monje, que no nos amemos, que no haya una relación más profunda entre nosotros, que no sepamos nuestros nombres, que le duplique la edad, no le importa nada. Solo quiere sexo. Me lo repite una y otra vez, me ruega, por poco se arrodilla. Como último recurso le digo que no tenemos ni condón, que no insista.

—¿Condón? ¿Preservativo? ¡Voy a conseguir uno, no te muevas! —me lo advierte y sale disparado.

No puedo creerlo. ¿Qué va a hacer? ¿Va a ir a la farmacia y pedir uno?, ¿vestido así de monje? ¿O le va a pedir prestado uno al compañero de al lado? Es el momento de irme, pero me quedo y espero, esto quiero verlo, ya después veo qué le digo. En su ausencia recorro el espacio con la mirada, hasta que esta se detiene en un paquete de galletas de chocolate. No lo dudo, me muero de hambre, lo abro con cuidado y me voy comiendo una por una mientras espero. Finalmente el monje regresa agitado, se ve que se ha apurado.

—*Sorry*, no he podido conseguir ninguno —por la cara que trae de verdad lo lamenta.

—*Sorry* —le contesto, mientras le muestro el paquete que me estoy comiendo.

—No hay problema —me dice—. Es tuyo.

—*Ok, bye. I go.* Disculpa, ¿cuál es tu nombre? —le pregunto al levantarme.

—Jamphel, Jamphel Gyatso.

—Mucho gusto, Jamphel, ¿qué edad tienes?

—Veinticinco.

Interesante, me digo. La misma edad que tenía Tenzin, el monje que tanto amé en Nepal. Estoy a punto de cruzar la puerta cuando se dirige nuevamente a mí.

—Te puedo hacer una pregunta —me dice.

—Sí, por supuesto.

—¿Te gusta el sexo anal? —me interroga el monje.

—¿Y a ti?

—No sé, nunca lo he hecho —una mezcla de ganas e interrogación se dibuja en su rostro.

Conforme pasan los días las plegarias de todos se van transformando en acciones virtuosas, la localidad entera parece compuesta por excelentes personas. El templo Mahabodhi se vuelve la antítesis de un foco infeccioso, un cuadrilátero sacando chispas de energía positiva, un punto en el universo que siembra y propaga el silencio mental. Cuando llega el último día del año todos los presentes ya nos sentimos habitando el Nirvana.

Para despedir el año, el templo Mahabodhi se envuelve entero de velas. En su interior, cada monje lleva una dentro de un candelabro luminoso en forma de flor de loto. Los demás las portamos en la mano, haciendo malabares para que no se nos apaguen, por si acaso cargamos varias cajas de fósforos. La recitación de todos alcanza tal vigor que resulta imposible quedarse sentado. Como molinos de oración, todos empezamos a circular con nuestras velas, que misteriosamente se mantienen encendidas a la intemperie. Los cánticos se elevan, las plegarias se prenden, el XVII Karmapa transmite a través de todos nosotros. El momento parece mucho más sublime que el paraíso.

Una desgarradora estampa me baja a tierra: la repentina presencia de cientos de hindúes mendigando alrededor del iluminado complejo. Introducen sus brazos a través de todos los espacios vacíos que el diseño arquitectónico del muro de ladrillo presenta. Los estiran con latas en mano para pedir limosna. Imposible no verlos. Difícil tratar de no verlos de frente en esta ocasión tan mágica. Pero aquí están, frente a frente, recordándonos el sentido y propósito del Dharma: que todos los seres sintientes estén libres de sufrimiento.

Comienzo el año 2010 en Vipassana, que significa en lengua pali «ver las cosas tal como son», lengua que viene a ser para los budistas como el latín para los cristianos. Un retiro de diez días de silencio, donde se aprende la técnica que desarrolló el Buda Siddharta Gautama y lo llevó a la Iluminación, la misma que luego él enseño en la India hace más de dos mil quinientos años atrás. Se basa en la autopurificación mediante la autoobservación. Para obtener beneficios inmediatos se necesita perseverancia, por ello el curso es súper intensivo. Se medita en una sala desde las cuatro y treinta de la mañana hasta las nueve de la noche, con pequeños espacios para descansar, comer y estirarse. Los primeros tres días son esenciales para afianzar las bases, para agudizar nuestra atención. Para ello hay que observar únicamente el triángulo que se forma por debajo de los orificios nasales y la delgada área sobre el labio superior, ser consciente de las sensaciones, de los cambios de temperatura cuando se inhala y se exhala y de cómo se manifiestan estos al interior de la nariz y en el área antes mencionada.

Para una persona como yo, que desde que tiene uso de razón respira por la boca, esto es un martirio. Si a eso le sumamos la cantidad de horas que hay que permanecer sentado, con las piernas cruzadas en posición de semiloto, la palabra es tortura. Al inhalar y exhalar por la nariz mi respiración se vuelve tan lánguida que me duermo, pero con la posición que tengo ni eso puedo. Distintas partes de mi cuerpo se agarrotan y acalambran alternadamente. A mi alrededor todos se mueven sobre sí mismos, menos las indias que, al ser estudiantes antiguas, ocupan las primeras filas. Ellas eructan todo el día. Una sinfonía que acontece lejos de mi vista, pero siempre en mis oídos. No me irritan, me distraen. Los extranjeros cruzan miradas de asco. Pienso que repudiar a los indios por eructar no es más que un acto soberbio de tinte xenofóbico. En la fila de adelante una chica, algo más joven que yo, se hace mi amiga automáticamente y en silencio. Mientras la mujer sentada a mi derecha trata de meterme letra todo el tiempo, exponiendo la mente parlanchina que lleva dentro. Ante mi indiferencia insiste con miraditas y muecas que trato de evitar.

Hago mi mayor esfuerzo para abstraerme de lo que sucede a mi alrededor y silenciar mi mente, que ha resultado más invasiva y poderosa que el consumismo haciendo mapa. Se ha filtrado por todos mis sentidos, ha puesto su cabina de control a la altura de mi cerebro y desde allí me transmite incesantemente todo tipo de porquerías. Como una radio que no se puede apagar porque se le ha estropeado el botón y siempre está encendida. En la sala de meditación ni siquiera baja el volumen. Todos a mi alrededor están en silencio y en mi interior ella vocifera temas a discreción. Me escapo al baño y la radio sigue encendida, atosigándome. Me siento a comer y allí está la muy impertinente, como un taladro. Incluso cuando duermo permanece prendida, irrumpe en mis sueños arrebatándole espacio a mi inconsciente. Sabiendo su fuerza, no sé cómo he permitido que se me adhiera como una sanguijuela, sin tratar siquiera de ignorarla, de no escucharla. Por el contrario, asumo sus sueños, me creo sus cuentos, me como su rollo o simplemente la soporto. Esto tiene que terminar, necesito arreglar el maldito botón dañado y ponerle *push button off*.

Botón de apagado que al parecer se lo ha apropiado el tiempo. Detiene y retrocede las agujas del reloj a libre albedrío, goza al vernos rabiar, incluso nos hace caritas. Quiero saltar el muro, correr y gritar. No soporto más la postura, el horario, la tos, la respiración por la nariz. Me lleno de flemas, luego me viene una tos seca que no puedo contener. El lugar no ayuda. Hay un frío casi polar y no hay agua caliente. Para bañarme tengo que ir a traer agua fría de un pozo cercano y luego vertérmela encima de tacita en tacita. Me congelo en el proceso, pero no puedo dejar de lavarme. Con ello la tos aumenta. Quiero largarme, meterme en una cama y no exponerme más a ninguna corriente de aire. Pero de hacerlo le estaría dando la espalda al Dharma mismo, al despertar de mi conciencia, al Karmapa. Si me voy nunca me lo perdonaría, habría fracasado en lo más esencial de mi vida, habría perdido la última batalla. Se entabla una guerra, como la Segunda Guerra Mundial pero en lo personal. Christos irrumpe en la trinchera opuesta. Me domina la ira, me lleno de esta. Una ira que enciende mi cuerpo. No dejo de pensar en él y en todas las señales de su carácter que no quise ver. Me quita valiosos minutos, quizás horas. Felizmente logro serenarme, concentrarme en mi respiración y aceptar mis emociones. Aceptar que todo lo que vemos en los demás son solo apariencias, que es momento de dejar de interpretar a las personas de acuerdo a nuestro ego. Con ello la ira empieza a desvanecerse en mi interior, como un espejismo de despedida. De pronto, ¡puf! Sale de mi vida. Expulsado. Quedo completamente purgada de Christos. Lo exonero de todo rencor, de toda cólera. El perdón me llena de paz, me perdono a mí misma.

Comienzo a desatar los nudos que he ido atando a lo largo de mi vida, gracias a mi recurrente y desmedida reacción ante los estímulos agradables y desagradables. Porque, cuando un estímulo me gusta le meto más leña al fuego, juego con el deseo, con la ilusión. Pero si la situación no me gusta me lleno de aversión, de enojo, de ego. Estoy en ello cuando, al toser y expulsar bruscamente el aire contenido en mis pulmones tan inflamados, siento un dolor tan violento como si me hubiera roto una costilla. Nunca me he fracturado un hueso, pero el impacto me produce esa sensación. Una sensación más al fin y al cabo para observar.

Paso día tras día observando la ilusión, el deseo, la tristeza, las ganas de ir al baño, la pena, la euforia, el resentimiento, la gratitud, el hambre, la cólera, el amor, el aburrimiento, el hastío, el dolor, la frustración. Emociones que me acosan como mendigos implorando mi atención. Atención que enfoco en las reacciones que estas generan en mi cuerpo, el cual responde por sí mismo, sin poder controlarlo. Puedo estar atenta, vigilante, pero no puedo dejar de reaccionar. Una buena muestra, y para muestras un botón, es el limeño que recurrentemente se antepone a todos mis pensamientos. Lo nuestro es indiscutible, ni pensarlo, simplemente no va. Pero igual mi mente me lo trae al frente ininterrumpidamente. Los recuerdos son los mismos que evoco y evoco, pero los efectos que causan son diferentes. Por un momento mantengo una absurda conversación a calzón quitado con mi mente, invito a mi corazón a la disputa, les hago la pregunta de rigor: ¿realmente es amor o es puro ego?, quizá solo lo quiero por ser inalcanzable. Una señal me dice que es amor. *Okey*, pero con qué lo amo: con la cabeza, con el corazón o con los países bajos. Parece que la respuesta es la «d: todas las anteriores». Repentinamente hay un calor insoportable en la sala, me ahogo, estoy empezando a sudar, me saco la manta, la chaqueta. Insisto en que lo nuestro no es posible. Ubícate, me digo. Inicio un diálogo interior, que si bien es conmigo misma proyecto que es con él. Le hablo claro, lo mejor es que no tengamos más contacto, porque me he enamorado, distanciarnos es lo mejor… El drama. Se me humedecen los ojos, se me caen los mocos y tengo que permanecer sin moverme en la sala de meditación unos cincuenta minutos más. De pronto un recuerdo toma la delantera. Es evidente que me quiere, pero simplemente no puede; la atracción está allí, es indiscutible. El bobo se me acelera. Felizmente nuestros latidos solo los oímos nosotros mismos. Me permito fantasear con él. Ambos caminamos felices como perdices, recogiendo margaritas…. El idilio. Una mirada conduce a otra, y de una en otra llegamos a los besos súper apasionados. Ahora sí no aguanto más estar en la sala con todos los meditadores en silencio, a estas alturas ya sin moverse ni un centímetro, y yo con una pasión desbordante que humedece mi entrepierna …Cumbres Borrascosas. Pero recuerdo un gesto que me deja recontra picona, y el que se pica pierde. Interpreto negativamente un detalle insignificante y simplemente… Cortamos. Unas lágrimas de cocodrilo me brotan por los ojos aún cerrados. Luego me río para mis adentros, a mis anchas.

En unos cuantos minutos me he creado un romance, un desenlace y varias aflicciones por un hombre del que no tengo idea qué siente, si realmente siente algo por mí. Nunca se lo he preguntado, solo he vivido mi parte. Ahora no puedo caer en la trampa de creerme mi propio cuento, de no distinguir las fantasías y proyecciones como tal.

Conforme pasan los días, la extrema incomodidad se transforma en entusiasmo. El fervor se vuelve tal que hora tras hora me lleva en andas a la sala de meditación. Al séptimo día, me veo envuelta por una intensa luz blanca, que llena mi cuerpo por completo y resplandece a través de él; luego sale por la tapa del cráneo, como un chorro de luz multicolor. No me aferro a la sensación, ni condiciono mi mente para buscarla nuevamente, pero reconozco en mí un cambio de chip. Una mayor apertura. El inicio de una purificación mental más profunda. De allí en adelante todo es liviano, placentero, shanti shanti.

Al onceavo día se levanta el noble silencio. Lo primero que hago es correr a los brazos de la mujer que estaba sentada delante de mí, una gitana de Andalucía. Increíble cómo la energía que irradiamos, o que recibimos de otros, puede crear lazos tan intensos sin cruzar una sola palabra. La mujer que empezó a mi lado ya había abandonado. Holandesa, según me cuentan. Fumadora empedernida que no pudo dejar su vicio de lado por once días.

Antes de dejar Bodhgaya, paso a chequearme al hospital instalado en el monasterio tibetano. Al entrar me topo con el monje aquel de la inquietud anal. No sé si son los meses de abstinencia, pero lo veo hermoso. Nos sentamos a conversar en una banca. Intercambiamos unas cuantas palabras, le cuento del Vipassana. Haciendo alusión al cliché «no pero sí» me dejo conducir a sus aposentos. Al entrar me abraza con desesperación, su deseo lo estrangula. Me sofoca con besos inexpertos, besos entrecortados de picos a media caña, como relojes cucú. Besuqueos que acojo como una pared que recibe sucesivas capas de pintura. Este varón no me hará gozar, me lo advierto de antemano. ¡Bingo! Igual permanezco en escena, involucrada pero no comprometida. Tan presente como ausente. Me veo obligada a buscar un referente en mi galería mental, algún sujeto de salón digno de inspiración. No encuentro ninguno, intento visualizar un equipo de *rugby*. En realidad no necesito imaginación. Simplemente no puedo seguir con esto. Así que... «ferrocarril, carril, carril, carril, que viva la paz, la paz, la paz, un paso pa' tras,

255

pa' tras, pa' tras…». Lo alejo. Tomándole ambas manos, muy cerca el uno del otro, tan lejos el uno del otro, le digo mirándolo a los ojos que no puedo. Me ruega que me quede, que si no quiero no me pone un dedo encima, pero que me quede. Parece una quinceañera ansiosa de ser explorada. Coloco mis manos sobre mi corazón, inclino la cabeza como saludo de despedida y me quito. Paso por alto la consulta médica y me alejo discretamente del monasterio. Dejando atrás el desliz, como si fuera una estrella errante que iluminó fugazmente el firmamento, próxima a desaparecer en el olvido. Afortunadamente somos libres de olvidar los encuentros que nos dejan un tedio en la memoria corporal. Desgraciadamente, no estamos exentos de repetir el plato. Repitiendo, pero mejorando. Minimizando los avances, las consecuencias, los reproches.

Necesito sol y hacerme ver mis pulmones, siento que algo *heavy* me está pasando. En mi correo encuentro numerosos *mails* de una amiga de toda la vida. Tiene quince días libres y quiere tomarse el primer avión a India para pasarlos conmigo. Nos damos cita para la siguiente semana en Bombay. Punto de partida para las playas del sur, con solcito, buenos hospitales y, lo mejor de todo, con Kenny viviendo allá. Mi entrañable amigo indio, con quien viví mis mejores momentos en Dharamsala hace una década. Tomo un tren de treinta y cuatro horas.

Más movida que maraca de brujo

Por primera vez en mi vida me he visto vieja; al descender del tren, subida de peso, vistiendo un polo de hombre, deteriorado y transpirado; un abultado pantalón Alibaba, que no me asienta para nada; sobre ambos, la imprescindible faja laboral, para proteger mi zona lumbar; en mis agrietados pies, las empolvadas sayonaras de plástico marca Bata. *It's Bata, madame. Bata very good quality, madame.* La piel maltrecha, el pelo reseco, pidiendo a gritos una recortada, agotada y gibada, súper adolorida. Kenny me espera en el andén. Qué gusto verlo, correría a sus brazos por un abrazo lento, pero él camina a mi encuentro con prudencia. Me concede uno discreto. Retrocedo un par de pasos, lo observo por unos segundos como si fuera su modista. Está igualito, un poco más grueso, pero tampoco lo recuerdo esbelto.

Como presente de bienvenida me regala una noche de confort, frente al mar Arábigo, en la misma Marina Drive. Me cae a pelo. Una siesta, una dicha de ducha y a recorrer Bombay. Kenny marca la línea.

El espacio MasterCard abre la ruta. Deambulamos sin rumbo por una de las zonas más caras del planeta, observando la prisa de los transeúntes, la poca interacción entre ellos, su elegancia al andar, hablando siempre por celular, las contemporáneas propuestas, los rascacielos. Al doblar distraídos una esquina, nos adentramos en un sector muy antiguo, con sus raíces históricas intactas. Los vecinos, conversando en cuclillas en las puertas de sus casas, dan la impresión que disponen de mucho tiempo. Las rodillas separadas y apuntando al cielo, los brazos apoyados en las rodillas y las manos tomadas. Las mujeres colocan guirnaldas de flores e inciensos en los diseminados templos de piedra. En sus escaleras se forman pequeñas tertulias. Los niños nos cruzan corriendo y jugando. Diversas escenas de barrio se suceden, unas tras otras, como el parpadeo de una vieja película muda, cuyo final lo define una trinchera de apretujados tendederos, unidos entre sí por un sistema de atado de palos. Tras ellos el espacio se amplía. Entre un sinfín de tinas de baño, fijadas al suelo con cemento, grandes bidones de plástico e infinidad de baldes de todos los tamaños, un puñado de caballeros semidesnudos lavan rumas de ropa. Avanzo entre ellos metiendo letra a unos y sacando fotografías a otros. Kenny camina siempre adelantado. Comparte su tiempo conmigo, pero trabaja a la par desde su celular. Su esencia es la misma, pero ya no es el joven despreocupado y en vacaciones que conocí en el Himalaya.

Al dejar los lavaderos nos encontramos con un antiguo tanque escalonado, construido en 1127. El Banganga Tank me confirma que el «había una vez», que da paso a la mayoría de cuentos en nuestro lado del mundo, en la India simplemente no va. Acá el manejo del tiempo es atrevidamente caprichoso; según la leyenda el dios Ram se detuvo en este lugar hace dos mil cien millones de años, mientras buscaba a su secuestrada esposa Sita. Abrumado por el cansancio y la sed, Ram le pidió a su hermano Lakshmana que le trajera un poco de agua. Lakshmana disparó una flecha en esta tierra y el agua brotó.

Además, no fue cualquier agua, resultó ser una afluente del sagrado río Ganges, que fluye a más de mil kilómetros de distancia.

El paso del tiempo le recuerda a Kenny que ya es hora de movernos. Al llegar a Chowpatty Beach, una suave brisa nos roza las mejillas como la caricia de un amante. Las olas apenas se rizan en la orilla y el sol se desploma con fatiga a espaldas del horizonte. Los encantadores de serpientes, los astrólogos y los arrieros que ofrecen paseos a caballo llegan con nosotros. En breve aparecen los comerciantes. Abren caballetes y colocan sobre estos bandejas con plátanos, frutos secos, pulseras y burbujas de agua. Una marea humana va acaparando el resto del espacio. Pareciera que media ciudad se traslada a la costa a la hora del crepúsculo. Los hombres pasean de la mano, nos meten conversa. Familias enteras estiran mantas para el pícnic, mientras los niños piden a sus padres que les compren de todo. El color de los saris hace juego con la basura y los plásticos que se revuelcan entre las barcas en la orilla. La estela ardiente que deja el sol se transforma, rápidamente, en cielo oscuro. Cielo y mar adquieren el mismo matiz.

Cuando las luces se apagan y la película empieza, el corazón me palpita de solo pensar que estamos en Bollywood. Un sinnúmero de recuerdos galopan al presente. Sin embargo, Kenny me sorprende con *Avatar*, la primera película en 3D que veo en mi vida, y no con una *masala movie*. Una experiencia nueva y refrescante. Completamente opuesta al barrio rojo de Kamathipura, que los indios llaman *White Lane*, por las prostitutas de tez pálida que migran desde los tiempos del raj británico. Un espacio crudo y hostil, solo recomendable para los amantes de los impactos fuertes.

Es la hora no apropiada para señoritas. Camino en estado de alerta junto a Kenny por Falkland Road. Tengo miedo. Pocos lugares en el mundo me han provocado esta sensación que me recorre la columna vertebral. Una aprensión que me impide mirar de frente, apenas miro por el rabillo del ojo. Conforme avanzamos, simulando estar despreocupados, millones de ojos nos observan. Una humanidad de sombras nos cruza, me siento abrumada por una carnal perversidad. A ambos lados de la avenida decrépitos y sucios edificios de madera se apiñan. En sus puertas se aglomeran un sinnúmero de prostitutas, entre los once y sesenta años. Muy pocas llevan sari, la mayoría usa top y falda hasta los tobillos. Al descubierto los vientres, siempre fofos y celulíticos. Todas tienen bindi —punto rojo coloreado entre las cejas que simboliza la sabiduría oculta—, el Ajna chakra. Se exhiben desde ventanas y balcones. Bamboleándose en poses provocativas, se acarician entre ellas o se alisan el cabello. Ocupan todas las escaleras visibles o sugeridas. En las apretadas y estrechas jaulas de la planta baja se muestran en exclusiva como una primicia. Otras se agrupan para conversar, fumar o jalar a la potencial clientela que camina por ambas veredas, así como a los habituales parroquianos, siervos de la carne. Improvisadas cortinas ocultan los hechos cometidos en los interiores, pocas sábanas cuelgan de las ventanas. Exteriores e interiores se alumbran con neones verdes y rojos. Hay pocos rincones vacíos. El aire es claustrofóbico. Miles de labios de intenso carmesí gesticulan, blasfeman, creo que repudian mi presencia, probablemente se lo recriminan a Kenny. Nosotros casi no hablamos, esto no es un *tour* por un mercado cualquiera para conocer las frutas exóticas de la estación. Este es el mercado de la carne, los frutos de la perdición, donde la mercancía joven es la más cotizada y de la cosecha se encargan las mafias. Ellos la comercializan de manera sórdida, desafiante y trasgresora. En este rincón olvidado por los activistas de los Derechos Humanos no importan las castas, no hay fronteras ni prejuicios. Le agradezco en silencio a Kenny por haberme traído. Volvería a India solo para intentar adentrarme en este infecto territorio, para retratarlo.

Kenny me hace jugar con los sentidos. Las horas a su lado son excitantes, llenas de asombros. Solo que la punzada tan aguda que siento en el pecho me impide disfrutar a mis anchas, me boicotea constantemente el momento, el aquí-ahora. De dolor no puedo dormir por las noches y preferiría mantenerme estreñida. En un hospital me hacen una serie de chequeos y me detectan pleuresía.

Si bien mi inglés ha progresado, carezco por completo de vocabulario médico, tampoco comprendo lo que Kenny me traduce. Solo se me ocurre buscar a Martin Tagle en el Facebook. Es gastroenterólogo. Nada que ver con lo mío, pero es un excelente médico, algo tiene que saber al respecto. No lo he visto en décadas, pero es como un primo lejano. Hijo de una tía de cariño, amiga de mi madre del colegio. Su respuesta es inmediata y fulminante. Preocupante es la palabra. Me explica que la pleuresía es agua en la pleura, que viene a ser la membrana que cubre los pulmones. Que es necesario hacer una punción con una aguja y sacar algo del líquido porque a veces no es agua, sino pus que hay que evacuar. Que me haga un examen para descartar tuberculosis, porque esto no es un resfrío mal curado, es una neumonía con derrame pleural. Me habla de tomografías y pruebas para analizar la extensión del derrame. Sus palabras me lanzan al subsuelo de un porrazo y sin retorno. Directo al hueco negro sin salida. Flaqueo y me da por llorar, no por el dolor sino por la situación, por el desaliento que siento. Deposito en Kenny toda mi frustración, mi malestar. Lo agobio. En vez de tomar lo menos posible de su mundo y trabajar en mi recuperación, lo abrumo con mis males, lo retengo a mi lado hasta no dejar otro sentimiento que el hastío. Corren días negros sin saberlos llevar. Doy explicaciones sin parar, justificaciones que no son entendidas ni en la décima parte. Veo cómo nuestra amistad se va en picada. Todo cuanto hago empeora la situación. Él toma la menor cosa de manera totalmente distinta a lo que yo quiero expresar. Es como si de un momento a otro no pudiéramos conectar más, como si la comunicación fuera trunca todo el tiempo. Se me caen las lágrimas sin poder evitarlo y él me tacha por ello. El reproche se viste de drama.

Claudia llega para complicar más las cosas. No es su culpa, pero es inevitable. Es mi peor momento para mostrar algo de India a una limeña, por más entrañable amiga que sea. Vecinas desde la infancia, Claudia es todo lo opuesto a mí. Banquera, experta en finanzas corporativas, de traje bilingüe de día y tacos altos de noche, católica hasta la muerte y con un propósito claro en la vida: conseguir marido.

Le sugerí traer algo cómodo para caminar, pero ha llegado con cinco pares de zapatos para dos semanas, plataformas incluidas. Está llena de aprensiones, sobre todo de enfermarse del estómago. Prefiere alimentarse de papas fritas y Coca Cola del McDonald's. Locales que ubicamos para ella, mientras yo me las ingenio en cualquier restaurante indio cercano. Retrocede ante la pobreza palpable que se refriega en nuestras narices. Simplemente no quiere verla, da vuelta sobre sus propios pasos y sigue de largo. Una tarde, al pasar delante del emblemático hotel Taj Mahal, descubre una tienda de carteras y enloquece. Louis Vuitton, el nombre que menciona me suena, y he visto esas carteras mil veces, pero no las hubiera asociado jamás. Como tampoco me hubiera imaginado que eran tan caras ni tan selectas. Entra a verlas, yo la espero afuera por el aire acondicionado. Tarda demasiado, me parece que hace horas que está dentro y el viento de la tarde empieza a inquietarme. Pongo mi pleuresía por delante y regreso al hotel, ubicado a tan solo tres cuadras. Claudia me lo recrimina hasta el cansancio.

Un par de días después me internan en el Lilavati Hospital & Research Centre, el hospital de las estrellas de cine, de los ricos y famosos. Todos los doctores se apellidan Mehtha. ¿Una coincidencia?, ¿un mismo clan?, ¿miembros de una subcasta obligados a ser médicos desde antes de nacer? En definitiva, una pieza conjunta dentro del intrincado sistema de castas hindú, cuya exacta condición no logro comprender, a pesar de mis constantes indagaciones.

El doctor Tagle, desde Lima, monitorea todo, y está en permanente contacto con el doctor Sanjeev K. Mehta, quien detecta costilla rota e inflamación en la zona, además de pulmones evidentemente maltrechos. Un alivio no tener que extraerme ningún liquido del pulmón, con probabilidad de que sea pus. Por otro lado, fuera del cuadro clínico, ¿quién se rompe una costilla tosiendo?, pues yo. La aceleradita que se toma la vida de un solo sorbo, como si se me hubiera pronosticado pocos meses de vida y quisiera recorrer el mundo entero antes de estirar la pata, sobrepasando con creces el kilometraje que la vida me ha concedido, y haciendo oídos sordos a los avisos de mi cuerpo. Al parecer, este no encontró mejor recurso que quebrar una costilla para decirme *«stop»*, detente de una vez, deja de hacer. Vives demasiado rápido, demasiados desenlaces, entiende por qué suceden. Causa, efecto.

La estadía en el hospital es la oportunidad perfecta para reponerme y reflexionar, pero es todo lo contrario. La presencia de Claudia se vuelve una pesadilla. Todo el día broncas y discusiones. Me recrimina por no ser ella mi prioridad, habiendo venido hasta acá para verme. Aunque me siento culpable por haber aceptado que venga a darme el encuentro, no es mi principal preocupación en este momento. Me vengo sintiendo mal físicamente desde hace mucho tiempo y no tengo más fuerzas para turistear. Ella insiste que nadie se queda en una clínica por costilla rota, pero yo me aferro a la lujosa inmovilidad. Emocionalmente me veo desequilibrada y su presencia me perturba aún más. Sus constantes demandas, su indecisión en todo y su catolicismo tan ciego me irritan. A la vez lucho contra mis opiniones, porque me veo egoísta en mis puntos de vista. Pero no hallamos un punto de encuentro, nos volvemos una contra la otra. Nuestra amistad se transforma en una situación, en una pepa atragantada en la garganta. Igual insiste en acompañarme, hora a hora, día a día. No sé si por solidaridad, caridad o temor a explorar la India sola.

Yo añoro mi soledad, mi silencio. Quisiera no tener que escucharla, tener la opción de poner una película y escuchar solo a los actores de la misma. Poder leer un libro estaría mejor. Apagar mis sentidos y procesar para qué me está pasando todo esto sería lo ideal. Pero no hay forma, la matraca es omnipresente y progresiva. Felizmente, un día se arma de valentía y parte radiante, como una princesa en busca de Peter Pan. Empieza a recorrer alrededores y bares, a veces la acompaña Kenny, siempre tan atento. Solo por las noches llega a dormir al hospital, que resulta ser el mejor hostal, con vista al mar y atendidas como unas divas.

El día que me dan de alta Kenny nos acompaña al aeropuerto. Al despedirnos, lo colmamos de besos y abrazos, manifestaciones de afecto que no podemos controlar, que resultan siempre embarazosas para un indio. Con unas cuantas miradas de despedida, comprendo que tendremos mejores encuentros, que el tiempo lo renueva todo. En el primer vuelo que parte con destino a Goa nos embarcamos. Le dejo elegir a Claudia la playa, pero ante tanto titubeo le indico al taxi Arambol Beach, la solitaria y extendida playa que conocí en otro tiempo. Hoy en día un mercadillo para mochileros la anticipa incontables cuadras antes, lo que me pone sobre aviso lo mucho que ha cambiado. Le pido a Claudia que me espere, que voy a buscar alojamiento, que yo sé cómo es esto. Cuando vuelvo ha dejado el taxi tirado, con todas nuestras cosas, mi equipo fotográfico y computadora. Se ha ido a ver ropa. Estoy que la mato.

Por fin playa. Suficientemente ancha para calcinarte los pies, y con un mar aún más retirado. A espaldas de la orilla, frondosos árboles fronterizos forman un apretado cobertizo, dan sombra a los bares y restaurantes que se propagan bajo sus ramas. Entre estos, rústicas cabañas se hacen respetar. La música electrónica, las drogas y el desenfreno aún son parte del guión. El reparto principal sigue formado por hippies veteranos, mochileros y los completamente atravesados de metales y tatuajes. La novedad son los nuevos protagonistas rusos. Son tantos que en los restaurantes los menús están en inglés, hindi y ruso. La suma de embarazadas eslavas da la impresión que han venido a colonizar el antiguo enclave portugués. Lo terrible con ellos es que exportan mucha prostitución y carecen por completo de sensibilidad cultural. Creen que pueden llegar a cualquier lugar y hacer lo que les venga en gana. Como hacer *topless* en India, por ejemplo. ¡Tremenda ocurrencia! Con razón ha empezado una ola de violaciones en Goa, siempre a niñas y mujeres rusas.

Lo peculiar de Arambol es el mágico escenario que se crea a la hora del *sunset*, cuando el viento empieza a soplar, de manera casi imperceptible, acarreando a su paso a todo tipo de gente a la orilla, críos con sus padres, uno que otro adolescente, jóvenes en la edad de merecer, maduros y adultos mayores. Una gran mayoría son músicos. Guitarras, congas, didgeridoos, tambores, hang drums, bongos, flautas, armónicas, saxos y un único acordeón se van fusionando gradualmente, como si desde los cielos un todopoderoso DJ estuviera haciendo la mezcla. Pocos bailan, la mayoría solo sentimos la música. Por momentos un mantra hindú se antepone, alguien lo vocifera y todos lo coreamos: Om namah shivaya, Om namah shivaya, Om namah shivaya. A una sola voz confirmamos que en la India estamos. Hay mucha energía, vibra positiva y harto exhibicionismo. En la franja de arena húmeda, que nos separa del mar, se despliega todo tipo de talentos. Malabares de fuego, malabaristas con bolas de cristal, con bastones, con aros, con mazas, acróbatas, equilibristas, mujeres pasando los setenta que giran el hula-hula alrededor de sus cinturas, artes marciales con extrañas variantes. Además de un sinnúmero de incatalogables excéntricos, urgidos por llamar la atención, que ejecutan cualquier cosa.

Estos son los momentos gratos que comparto con Claudia en Arambol Beach, porque a pesar de todo estamos juntas y me siento en deuda con ella. La acompaño a explorar otras playas y gozar de estas. Cada cuatro metros le tomo una fotografía con su cámara, según sus requerimientos y necesidad de congelar cada instante, de perpetuar la imagen de ella misma como un temor a ser olvidada. A los pocos días toma un avión con traslado a Jaisalmer, donde Siva la espera. Algo verá de Rajasthan y, para terminar, el Taj Mahal.

Me instalo en El Relax Inn, una antigua villa portuguesa, cuyo anárquico jardín trasero se prolonga hasta la playa, hasta el mismísimo precario restaurante que el dueño ha improvisado con seis esteras, colocadas en paralelo, tres y tres, para hacerle frente al viento. Con la arena como suelo, el mar como vista, cuatro mesas como único mobiliario y un letrero que se vuela todo el tiempo y que lleva escrito «El Relax». Ridículo montaje donde las amistades brotan como flores de loto.

De vecina tengo a Nanami, una joven japonesa que viaja con su más joven hija. Una niña encantadora y manipuladora, independiente y suspicaz, llena de hadas y tiburones, miedos e ingenios. Una lindura como para disecar. Su madre es calma como su nombre, que significa mar. Leone duerme tres puertas más allá, un italiano que al talar un árbol este le cayó encima y lo dejó inválido. Su padre lo ayuda a entrar al mar, yo lo ayudo a hacer «muertito». Echado boca arriba lo animo a visualizar un grueso tronco que sale de su espalda baja, que atraviesa todo el océano hasta enterrar sus raíces en el centro mismo de la tierra. Seguidamente, lo incito a visualizar cómo afloran gruesas ramas de sus hombros, tobillos y cabeza, las mismas que traspasan las aguas hasta plantarse y enraizarse en el fondo marino. Así, suspendido como una alga en el agua, enganchado al centro de la tierra, se va recargando de energía, se reconcilia consigo mismo. Es Brisa quien me alegra los días. Un par de años menor que yo, guerrera para algunas cosas y chorreada en otras. Irreverente y trasgresora, de alguna manera me recuerda a mí misma. Tenemos algo en común: un mal de amor, de amor monástico. Ambas hemos estado enamoradas de un monje budista. Dos mujeres occidentales, dos monjes tibetanos y un mismo nombre: Tenzin. Ella viene saliendo del proceso, yo desempolvo del pasado mi pretérito enamoramiento. Me narra los besos que Tenzin le da, la manera como enrolla su lengua detrás de la tráquea para protegerla. Cómo sus dientes chocan, porque él desconoce los límites y velocidades. La escucho y no puedo dejar de traer a la memoria a mi Tenzin. Sus besos hambrientos, cada vez más apasionados por el remordimiento. Las noches ya avanzadas, cuando tenía que remangarse las túnicas para saltar el muro de mi hotel, cuyo portón se cerraba con tranca y cerrojo a las once de la noche. Luego el sonido de sus pasos corriendo por el charco. El agua acumulada en el tejado, en el patio, en la calle, en su cuerpo, en mí. El monzón siempre corriendo en paralelo a nuestros actos. Cada palabra dicha, cada beso dado, las culpas y los deseos, todo quedaba sellado con una gota de lluvia, un chorrito de agua que por algún lugar se deslizaba, que se filtraba entre ambos y detenía el tiempo, nos hacía reaccionar, sonreír con complicidad.

Maldito clima. Bendita ternura.

Hacemos buenas migas con Brisa, nos complementamos. El día que parte, con boleto de avión en mano, un amigo italiano le regala opio, pero le advierte que en los aeropuertos es muy peligroso. Como no quiere soltar el presente, lo une a una bola de «chocolate», protege la amalgama en un condón y se lo mete en la vagina. La veo partir feliz, ajustando cachete.

Entre tanto, mi recuperación sigue progresando en El Relax. La comida es buena, las chelas se acumulan entre risas, el vino corre a borbotones, los nuevos amigos resultan encantadores, los indios, de lo mirones que son, me hacen sentir un hembrón, y el mar calmo resulta una bendición. Un lugar literalmente relax, para pasarla bien un rato, algunas semanas cuando mucho, o lo que a uno le plazca. Otro cantar es verme obligada a permanecer acá, como pan que no se vende, al saberme imposibilitada de cargar y trajinar. Seis semanas me dicen que se demora en soldar una costilla, cuando hay tanto que ver en India y la visa no es eterna. De pronto ya no estoy tan contenta, mi mente me traiciona, la ansiedad me gobierna.

Mis días empiezan a deslizarse bajo la sombra, se vuelven aburridos, simples espacios entre penas, entre estratos móviles de tiempo que no me sacan del hoyo. Me alejo del grupo, camino tristemente por la orilla, busco algo que distraiga mi atención, y solo encuentro desazón. Un no sé qué me fastidia e intuyo que es la falta de exacta definición. La necesidad de poner nombre al matiz de cada emoción.

Mis vecinos me dicen que disfrute, que aproveche la playa para sanar, que la paciencia es el medio supremo para alcanzar el estado de Buda. Pero en mi estado, todo eso me suena muy lejano. Me lamento constantemente. A veces hasta me da vergüenza escucharme, me siento absurda. Peor aún, engreída. Como una sufrida suspirando por su desdicha, con el brazo estirado por detrás del diván y fumando un cigarrillo con boquilla. Solo me falta el perrito pekinés. Conversando con mi propia estupidez, un día me escucho gritándome a mí misma ¡Reacciona, Beatroz! ¿Quieres, por favor, dejar de hacer el ridículo? ¿Qué papel crees que estás representando? Solo te falta suplicarle a tu muerte que, por favor, te lleve. Te imaginas cómo se debe estar riendo. Me tiro un par de bofetadas y mi vida vuelve a cambiar. Giro a la derecha, tres pasos hacia el este. Mi estado de ánimo nada hasta la otra orilla.

Todo lo encuentro de maravilla. Súbitamente me siento en la gloria, teniendo un ataque de euforia, como de éxtasis en sobredosis, creyendo reventar de amor. Un amor puro explota dentro de mí, me desborda. Tengo ganas locas de abrazar a todo el mundo, pero físicamente no encuentro a ninguno. Por más *open mind* y *peace and love* que son mis nuevos amigos, no parecen tener agendado este tipo de amor. Gustan más de amor habitual, del yo soy tuya, tú eres mío y vamos a la cama, papito.

Al final, el amor incondicional que siento se termina ciñendo a la gente que quiero a la distancia. Les mando un abrazo intercontinental, tan fuerte pero tan fuerte que termino por abrazarme a mí misma, por aceptar que soy mi mejor compañía. Igual, como un manantial, sigo respirando y mandando amor a todo el planeta desde la periferia. Que se mantengan en sus puestos, que desde aquí le mando buena vibra a tuti li mundi. Como hacer el amor con las ventanas abiertas. Bueno, no así exactamente.

Madre Ganga, te lo has llevado todo

Más del ochenta por ciento de la población de India ve a los sadhus como santos; a mí me cuesta dejar de verlos como mendigos profesionales. Hindúes que dejan la casta que sus ancestros les legaron para tomar un camino de monjes errantes. Que renuncian a las ataduras carnales y materiales —como familia, mujeres, negocios y posesiones—, aunque ellos se permiten tener hasta dos celulares. No es usual verlos en actitud meditativa y mucho menos haciendo yoga. Siempre están limosneando o fumando hachís, droga que consiguen y mercadean gracias a las donaciones de la población hindú que, al considerarlos divinos, los mantienen.

Mantengo tantos prejuicios sobre ellos que me he creado una firme barrera. No solo no son santos de mi devoción, sino que tampoco puedo verlos como santos de ninguna religión. A pesar de ello, se acerca el Kumbh Mela, la peregrinación hinduista más importante. Según la tradición, los ascetas auténticos salen de los bosques, cuevas y templos de toda la India para reunirse con sus iguales en esta festividad. Una oportunidad que no puedo perder, aunque silencio la posibilidad de «aprender» de ellos cualquier tipo de enseñanza. Lo que ambiciono es poder retratarlos. No solo eso, quiero que se me entreguen, que el lente de mi cámara no sea una intromisión, muy por el contrario. Así

271

poder inmortalizar su estética y levantar el velo de su mundo interior. Revelar las grietas en su camino de abstinencia, por la penetración inevitable de la sociedad de consumo, que los aleja de su romanticismo espiritual y los aterriza al hoy, a la crudeza de la sociedad de descarte. Mostrar cómo ellos visten su desnudez —testimonio de su desprecio por lo material— con un sinnúmero de accesorios como pulseras, collares, relojes, sortijas, malas y apliques de leopardo, que les confieren un distintivo *fashion*; cómo, en medio de su desprendimiento, subsiste la incesante preocupación por el *look*, como una búsqueda o reafirmación constante de su propia identidad.

Maha Kumbh Mela 2010. Literalmente, en sánscrito, kumbhá: «pote, cántaro» y mela: «reunión, asamblea». Según la mitología hindú, en tiempos pretéritos, los devas (dioses) y los asuras (demonios) hicieron una alianza provisional para extraer juntos del océano de leche (kshirodadhi), uno de los siete exóticos océanos lejanos, el amrita o néctar de la inmortalidad con el fin de compartirlo luego. Sin embargo, cuando apareció el dios Dhanu Antari con el kumbhá (el pote que contenía el amrita), los demonios se lo arrebataron y huyeron lejos, perseguidos por los dioses. Durante doce días y doce noches divinas (el equivalente a doce años humanos), los dioses y los demonios combatieron en el cielo por la posesión del cántaro del amrita. Durante la batalla, cuatro gotas cayeron en cuatro lugares diferentes: Allahabad, Haridwar, Ujjain y Nasik. Ciudades bendecidas por el elixir de la inmortalidad, donde se celebran intercaladamente cada cuatro años el Kumbh Mela, y una vez cada doce años el Maha Kumbh Mela, el más gigantesco, la Gran Reunión del Pote. Donde me encuentro ahora mismo, la razón que precipitó mi salida de Goa y que me tiene ahora en la ciudad santa de Haridwar.

Al lado de esto la feria de camellos de Pushkar es un sencillo. Ahora entiendo por qué la llaman la peregrinación más multitudinaria sobre la tierra, con una afluencia estimada de cien mil personas por día, aparte de los sadhus, que ya están acampados desde mucho antes de que todo esto empiece. No hay mucha oferta hotelera, y al representar para el sector turístico la temporada recontra alta, que con suerte los beneficia cada doce años, está todo reservado a precios impagables. Los pocos extranjeros interesados, capaces de aguantar aglomeraciones de este calibre y bajo tal alta temperatura, se instalan en Rischkesh, a veinticuatro kilómetros. Lo que abundan son dharamsalas —refugios para peregrinos exclusivamente hindús— a quienes acogen gratis por un máximo de tres días de estancia. También es posible pernoctar en calles, ghats y orillas del Ganges, que de ahora en adelante llamaré Ganga, como lo llaman acá. Ante tal realidad, acepto la hospitalidad que gentilmente me ofrece la familia de Nadish, mi amigo yogui de Pushkar.

Me mudo a la pequeña, y bien ubicada casa, donde vive su hermano menor, sus dos primos y la madre de ambos. Una matrona que no habla una palabra de inglés, que no sale ni de día ni de noche, que simplemente no ve la calle. Básicamente cocina y lava platos. Tampoco come con los varones. Come sola en la cocina, sentada en el suelo. Lugar donde no se me está permitido entrar ni para ayudar, ya que sus alimentos son sagrados. Ellos son brahmanes y yo una pobre descastada, además de una puerca cristiana. A decir verdad, me hacen un favor, porque a mí eso de cocinar no me va.

Para salir de casa tengo que tomar aire y contenerlo, y con un pie aquí y otro más allá abrirme camino entre los hedores y la cantidad de gente tendida sobre el suelo. Ocupan todo el enredo de callejuelas minadas de templos, árboles sagrados y amplios havelis convertidos en dharamsalas.

Entre empujones y disculpas llego a la ribera occidental del Ganga, donde los peregrinos ejecutan su principal objetivo, la inmersión en el río que purifica los pecados. Entre ellos y sus abluciones, los sadhus circulan impasiblemente, como en desfile de modas, exhibiendo con bizarría su desprendimiento material. Algunos enrollan sus *dreadlocks* en un brazo junto a una manta. Así, cuando se entretienen con alguien más tiempo de lo pensado, desenrollan ambos y se paran sobre la manta, para no ensuciarse el pelo y descansar del peso de su cabellera, que algunos alardean con prominentes moños. Emancipados del opresivo sistema de castas hindú han creado nuevas divisiones, jerarquías y denominaciones. Los Naga Babas, por su aspecto agresivo, suelen ser los más provocadores y temidos. Siempre van desnudos y portando espadas, lanzas o tridentes, símbolos religiosos que, según me dicen, a veces se convierten en armas verídicas con las que luchan hasta la muerte por defender su fe. Algo que no he visto ni en Internet. En todo caso, en las celebraciones religiosas masivas, como esta, las diferentes sectas de sadhus se juntan en perfecta camaradería. La gente los venera, mientras escuálidos guardias los custodian. Los mismos que, de tanto en tanto, les gorrean la droga. Infinidad de monos observan las escenas, se masturban o se rascan entre ellos. Ambas riberas están unidas por varios puentes.

La ribera oriental carece por completo de trajín urbano. Lo

único pavimentado es la ancha vereda yuxtapuesta al Ganga, cuyos cinco escalones, que se pierden en sus aguas, la convierten en ghat. Limita, en paralelo al río, con un espacio boscoso de regular tamaño. Tierra desigual, con tupidos árboles y densas sombras. Bajo estas se improvisan campamentos y se viven los días de peregrinaje. Un área donde santones, yoguis y personas comunes y silvestres se mezclan y se apiñan, se buscan y se recompensan. Al atravesar la floresta un campo ferial, a tamaño monumental, ofrece un peculiar despliegue espiritual algo circense. Toldos y carpas se apretujan hasta donde la mirada pueda llegar, cobijo de algunos sadhus, así como de incontables gurús que vienen de todo el país con sus discípulos. Representantes de ashrams, partidarios de diferentes corrientes filosóficas, devotos de tal o cual divinidad. Al parecer la flor y nata de la espiritualidad de la India. Incluso están los Hare Krishnas, los primeros que veo en dieciocho meses en India. No faltan los faquires y el exhibicionismo de todo tipo de mortificaciones. Los sadhus Khareshwari son los que muestran mayor capacidad de autosacrificio. Practican voluntariamente el voto de no sentarse ni acostarse durante doce años, tan solo pueden reposar en un arnés con una pierna cada vez. Las piernas se les atrofian, les salen escaras y úlceras, lo que les confiere un aspecto de raíces. El árbol es el símbolo de su austeridad. No falta el sadhu arbolito que nunca se ha cortado las uñas, las cuales se les han encrespado de tal forma que parecen ramas. Conocedor de su atractivo cobra por dejarse ver, valor que cuadriplica cuando es ante una cámara. También están los que mantienen durante veinte años un brazo en alto.

Todo esto me resulta de lo más prometedor, pero el dolor sigue siendo un inconveniente. Necesito tomarme una radiografía de tórax, saber qué me está pasando. Dejo mis cosas con la familia de Nadish y parto a Delhi. Seis horas de tren, a la vuelta de la esquina en escala India.

Nueva Delhi, viernes dos de abril. En el Apollo Hospital me indican que debo internarme, para que me tomen la radiografía mañana sábado, a primera hora. Obviamente para sangrar al seguro, pero ese no es mi rollo, un día de reposo me caerá muy bien. Literalmente me duermen todo el fin de semana. Abro los ojos el lunes por la mañana. En mi somnolencia, por instinto, me reviso entera para ver si hay indicios de que me hayan extraído un órgano. Afortunadamente no. Mi ego quiere mandar a llamar al gerente, quejarse, pero ¿qué se gana? No me van a devolver las horas de vigilia que me han robado. Con las justas me mantengo en pie cuando me toman la radiografía en estado casi inconsciente. Me la entregan en breve y, afirmándome de un codo como si fuera una frágil viejita de noventa años, me conducen hasta las puertas eléctricas de salida. Cuando salgo el sol me golpea en la cara, las piernas se me doblan, siento que transpiro, que me caigo. No puedo tomar un tren así. Me subo a un taxi y le indico F-3/16 Vasant Vihar, Peruvian Embassy.

No tengo ninguno de mis sentidos operativos. No sé cuántas horas llevo en la embajada. Por un momento, Paul me mira directamente, con esos tremendos ojazos azules que tiene. Su boca se mueve. Hago *focus* puntual en esta, pero leer los labios no es una de mis habilidades. Casi como una mendiga, les ruego a mis oídos que tomen atención, que, por favor, se hagan una, que me colaboren. Ahora entiendo, el cónsul me está proponiendo que me quede esta noche en la cancillería. Me dice que en su despacho tiene un sofá cama.

Es muy tarde cuando me instalan, las horas de oficina hace horas que terminaron. Paul supervisa todo. Su esposa lo llama constantemente. Es evidente que él no quiere entrar en explicaciones, que el «estoy en una reunión» lo resume y justifica todo. Antes de irse me ofrece traerme algo de comer. Al poco rato regresa con una caja enorme de corn flakes Kellogg's. Me anima lo que queda del día, me llena de ternura. Lo siento tan indefenso, tan desamparado, como si hubiera que protegerlo de los malos, incluidos los malos hábitos alimenticios.

Haridwar. De vuelta al Kumbh Mela y a la India realidad. De manera recurrente, el individual sofá del cónsul aparece en mis sueños, mientras duermo bajo el sistema indio. Uno al lado del otro, sobre dos camas de plaza y media unidas. Nadie se mete entre sábanas. Nosotras nos tumbamos primero, ellos siempre llegan tarde, después de cerrar el negocio, una tienda de pasteles. Como las mujeres no merecemos ningún respeto, los caballeros apenas entran al cuarto prenden el ventilador, a tal potencia que este se sacude y amenaza con desprenderse del techo y volar como platillo volador. Del mismo modo el televisor, a un volumen ensordecedor, qué importa si la madre duerme al lado o si el barrio entero desea descansar. Yo me acomodo pegada a la pared del fondo, lo más lejos de los aparatos y lo más cerca posible de la madre, ya que es evidente que uno de los jóvenes estudia el modo de gatear hacia mí. El mismo al que he escuchado, más de una vez, correrse la paja cuando cree que todos dormimos. Como es usual sacarse los zapatos para todo, mantienen perennemente las plantas de los pies hechas un asco, y ninguno se las limpia para echarse en la cama, donde la mugre se va esparciendo de abajo al centro. Tienen un olor en particular, proviene de un tipo de aceite que se ponen en el cuerpo y en el pelo.

Tolero todo este embrollo por los sadhus, por ellos permanezco en Haridwar. El no poder cargar aún mi equipo fotográfico es una ventaja, no los invado y ellos se habitúan a mi presencia. Tengo por delante tres meses de Kumbh Mela, así que por el momento solo los observo a prudente distancia. Registro en mi mente la ubicación de los más extravagantes con la misma agudeza con que acostumbro pautear la luz antes de fotografiar. Al empezar a serles familiar surge una conexión con algunos, paso un tiempo con este, otro con los de más allá y así voy creando lazos de simpatía con varios de ellos. Hari Giri me encanta, emana una energía angelical. Alrededor de unos veinticinco años, no se cubre con accesorios. Sobre su cuerpo desnudo esparce constantemente, como protección, cenizas de su propio fogón, como nosotros lo hacemos con el protector solar. Lo que sí tiene es un celular, y lo usa con mucha frecuencia. Me gustaría saber cuál es su plan tarifario y área de cobertura, ya que su domicilio habitual es una cueva, en una zona montañosa impenetrable al norte del país. No habla inglés, pero al ser bastante visitado nunca falta un intérprete. Nahar Giri es un naga baba bonachón, con algunos kilos y collares de más. Le encanta la papaya. A menudo lo encuentro solo, bajo las dos telas con las que ha armado su carpa, chorreándose y atragantándose con una. No habla inglés, nos comunicamos con señas. Aunque a veces le

278

da por hablarme en hindi, mientras yo, con mi mejor sonrisa profesional, afirmo con la cabeza con cara de que algo le estoy entendiendo, cuando en realidad nunca le entiendo un carajo. Siram Puri es el más joven de todos, cubierto siempre de joyas. Con catorce años ya tiene dos discípulos mayores que él, a quienes los obliga a mantenerse siempre a sus pies. Pertenece a una mancha de sadhus de Bihar, donde, según me cuenta, las jerarquías entre ellos están claramente definidas. Es bueno para el hachís y la conversa. Habla en inglés y le encanta hacerlo frente a la grabadora de audio que siempre cargo. No deja que me vaya sin antes mostrarle lo que ha quedado grabado. Shri Ganjendra Giri Naga Baba es todo un personaje. Con una despigmentación avanzada en la piel, tiene el cuerpo completamente moteado. La ceniza sagrada que lo envuelve no hace más que resaltárselo, dándole una apariencia desigual e impura. No se saca por nada el sombrero negro de *cowboy*, ni los malas que lleva enrollados en los bíceps, ni mucho menos los collares que le atraviesan el pecho y la espalda como cintas de ametralladora. Yo lo llamo con cariño Rambo Baba y él sonríe, no sé si lo ubica. Al igual que Shiva, que se le representa sentado sobre una piel de tigre, para señalar que ha conquistado el deseo, Rambo Baba, sentado sobre su piel de tigre falsa y fosforescente, exhibe sus habilidades con el pene. Lo enrolla una y otra vez, alrededor de palos pulidos, de troncos y cuchillos. Ante algún espectador que muestre asombro se le para al frente. Con la verga ya enrollada, y levantando una por una las piernas, como los perros para mear, se pasa el complemento por detrás. Cuando tiene el rodillo a la altura del coxis, con su miembro enroscado en el centro, llama a otro sadhu para que se suba sobre la vara. En realidad muchos lo hacen, es un pasatiempo común entre ellos, incluso se van pasando un palo y cada uno muestra la resistencia de su pene, pero para Rambo Baba es casi una obsesión. A Siva Raj Giri Naga Baba los *dreadlocks* y la barba enmarañada no solo le llegan al suelo, sino que se prolongan algunos metros más allá de su talla. No es para nada simpático, pero es un excéntrico exhibicionista y le encanta que lo tomen de modelo. De seguro es el sadhu más fotografiado, insignia de los mismos en Google. Lamentablemente un día desgracia su vida, al narcotizar y dormir a una turista para lo que todos imaginan. Episodio que lo lleva a la ruina. Lo agarran entre varios, lo despojan de sus galas, le cortan la mata de pelo y la prolongada barba y así, con aspecto de pordiosero, lo expulsan de Haridwar, quedando grabado en la memoria colectiva como *Bad Baba*.

Hay días que solo camino y camino por horas, al acecho de nuevos espacios estratégicos que pueda usar como sublimes escenografías. El Gharo Ghat es perfecto, primer piso y subterráneo de un edificio. Una escalera en sombra que llega hasta el Ganga, siempre al tope de sadhus, bañándose al desnudo, cubriéndose de ceniza o marcándose el rostro y el cuerpo con polvos de colores. Espacio pintado por entero de rojo y amarillo, donde la plasticidad de los cuerpos, emblanquecidos como estatuas calcáreas vivientes, contrasta con la geometría y la dureza del cemento. Donde las texturas, y la suavidad de las telas, se funden con los cuerpos en un solo elemento, ofreciendo imágenes inmensamente ricas en estética.

El estímulo visual es tan potente que lanzo al olvido el tiempo recomendado y saco la cámara, eligiendo al azar un lente por vez. Gracias a ello se me presenta la oportunidad de retratar a un sadhu veterano, completamente despojado de todo lo material y con rasgos sumamente interesantes. Mientras posa para mí no deja de repetirme: «No Facebook, no Facebook». Otro día le pido permiso a otro sadhu para fotografiarlo con el monito que siempre veo que le da vueltas por el cuerpo. Estoy a punto de encuadrar cuando un dolor tan violento, tan desgarrador, me hace gritar más fuerte de lo que me sabía capaz. Retiro la cámara de mi rostro y noto que tanto el sadhu como el monito se han quedado inmóviles. Me miran atónitos. A lado de ambos un mono enorme me observa en actitud amenazante. Con la boca abierta, del largo de mi cara, me muestra unos colmillos de unos cuatro centímetros de alto. Más atemorizante imposible. Destriparme parece ser sus planes. Los indios se amontonan a nuestro alrededor. No entiendo por qué me atacó. Supongo que su instinto le hizo ver en la cámara una amenaza para un pequeñín de su especie. Al instante, el antebrazo izquierdo se me hincha en forma de torre, y al tocarlo parece compuesto de miles de bolitas de *tecnopor*, como si me hubiera triturado el músculo.

Cosa increíble en todo Haridwar, donde vienen millones de personas en peregrinaje y está llena de monos, no hay un solo hospital ni posta médica con vacunas contra el tétano. Tengo que trasladarme a otra ciudad aledaña, donde me ponen once puntos y la vacuna respectiva; luego debo viajar dos veces más para cumplir la dosis antitetánica. Más allá de la agresión, y de la impresión que me deja el rostro fiero del primate, quedo regia con una costilla rota, un brazo destrozado por un simio, dolores en la espalda baja y en el nervio ciático y, como mal menor, el estómago como agua desde hace más de una semana.

Al parecer India pretende aniquilarme, pero no podrá. De

ninguna manera lo logrará. Puede quebrarme y ayudarme en mi rediagramación, pero no puede quitarme lo que soy, un cóctel de agregados físicos y mentales en constante cambio que está más allá del cuerpo y los dolores que me aquejan. No puede cambiarme el karma si yo misma no hago nada por ello, aunque me bañe mil veces en la Madre Ganga y repita otras tantas Om namah shivaya. Puede hacerme replantear toda mi cultura occidental, hacer que me cuestione en cosas tan banales como la forma de eliminar los mocos de mi nariz o si usar o no zapatos. Ya logró que deje de usar papel higiénico, y puede hacerme sentir un insecto asqueroso, depredador de bosques, por volverlo a usar. Incluso puede mostrarme aspectos más ásperos de mi personalidad. Mi egoísmo, mi aferramiento al yo, al dolor últimamente, pero no puede destruirme. Aunque, siendo honesta conmigo, India no tiene nada que ver. Entonces, ¿para qué me está pasando todo esto?, ¿qué es lo que mi cuerpo sigue tratando de decirme?, ¿qué es lo que tengo que aprender?

Un portón grueso y de continuo abierto me introduce a un espacio peculiar, el Vishnu Ghat. Un gran patio abierto por completo a la Madre Ganga, rodeado de habitaciones en sus otros tres lados. Resulta ser un privilegiado dharamsala. En una de las esquinas más próximas al río, un milenario *banyan tree*, o higuera de Bengala, acoge bajo sus ramas a una buena mancha de sadhus y aduladores. Atravesados por una sesgada luz dorada, no puedo dejar de contemplarlos. Para solapar mi voyerismo escribo sobre ellos en mi bitácora. Me descubren, me ofrecen hachís desde lejos. La verdad que paso, y se los digo con el brazo. Observo cómo lo fuman, según la costumbre, en un chillum de cerámica que rota de mano en mano, una y otra vez. Como filtro usan una gasa larga que sujetan con la mano, por donde aspiran la droga. Tejido ligero e infecto que nunca cambian y que todos chupetean; salpicado de manchas color tabaco que se acentúan en el centro, donde permanece más tiempo unido a la pipa.

Al cuarto día de observación distante, un baba, evidentemente extranjero, rompe el hielo. Se me acerca y como Ananda Baba se presenta. Le calculo entre sesenta y largos a setenta y pocos. Me cuenta que dejó todo en Estados Unidos para seguir el camino espiritual, y en su andar en baba se ha convertido. Tiene *look* de sadhu, pero la piel blanca como un pollo hervido. Está recontra metido en el tema, súper convencido, me lo quiere explicar todo. Entiendo muy poco su inglés, o tal vez es mi falta de interés. Acepto su invitación para integrarme al grupo.

De todos los sadhus reunidos, que son varios, solo uno habla inglés, Mahant Upendra Giri Naga Baba. No vive calato siendo un naga baba. Al parecer antes sí, pero ya no es de su preferencia. Su carisma e hilaridad sobresale, se carcajea sin tregua y no es por la droga. Al hacerlo el rostro le queda chico para desplegar tanta alegría. Sus ojos también ríen, están llenos de amor a la vida. Imagino que es el más importante, porque ha creado su guarida en un mandir —un pequeño santuario hindú—, ubicado en la esquina opuesta al *banyan tree*, a orillas del río. Allí duerme solo, y tiene un televisor. A la entrada del mismo ha instalado una cocina provisional y una despensa. Mi procedencia lo tiene muy intrigado, pero no tengo nada con qué demostrarle de dónde provengo. En el fondo le importa un bledo, no deja de repetirme que él es mi *brother* y yo soy su *sister*.

Visualmente no son sadhus muy atractivos. Tampoco llevan una vida de sacrificio ni son unos santos, al igual que todos fuman el día entero. Aunque me digan que es la medicina de Shiva, el hachís es droga y bajo el árbol hay mucha compraventa. Pero hay algo en ellos que los hace diferentes. Es la actitud de servicio, sus maneras de distribuir lo que tienen, de desprenderse de lo propio para dar un presente al del costado. De recibir con una mano y dar con la otra. A diario las personas les arrojan dinero a los pies. Mahant Upendra dispone de gran parte de ello para mandar a comprar alimentos y preparar prasad —ofrenda de comida— que dan gratis a todos los que quieran almorzar en el ghat. Beneficiarios que luego se acercan a ellos para recibir su bendición, tocarles los pies y de paso dejarles más dinero, y así recíprocamente se alimenta la dinámica. «Mandala, Mandala». Que circule, que circule, me dice Mahant Upendra. Noto también que él mismo cede unas monedas a quien lo necesite o, simplemente, lo desee, incluso me lo ofrece a mí. No sé a cuánto pueda acceder el capital que manejan, pero hay mucha rotación, cambia de mano muchas veces al día.

Este compartir es la enseñanza y el imán que me hace volver día tras día. Empiezo a llevarles kilos de tomates, pepinos, té orgánico, leche y víveres. Tampoco me dejan que ayude en la cocina, pero sí que lave las verduras.

—¿Dónde? —pregunto con las manos el primer día.

—¡Ganga! ¡Ganga!

—¿Ganga?

Qué desagrado, me digo. Solo me falta agarrar una infección.

A veces pasa el heladero. Acarrea un macizo bloque rectangular, del cual resta porciones con una especie de cortador de queso; como todo alimento en la India, sabe a gloria.

—¿De qué es el helado? —pregunto un día, después de haber comido decenas del mismo.

—¡Ganga, Ganga! ¡Ganga *water*!

—¡Ups!, mejor ya no pregunto más nada.

La respuesta que no quiero escuchar me llega en breve. Todo el agua que corre, brota o se consume en la ciudad santa de Haridwar proviene del Ganges. Da lo mismo qué tome o dónde lo tome, si me baño en la ducha o en el río. Por lo tanto, no tiene sentido resistirse. Pongo mis aprensiones de lado y me zambullo en las aguas del Ganga. La corriente es muy enérgica, pero no necesito aferrarme de las cadenas que prenden de las orillas como lo hacen los indios. Veo a más de uno pasar raudo y veloz por el centro mismo del río dando de alaridos. Gritos que se silencian de súbito y el mutismo se explaya por ambas orillas. El Ganga se los ha llevado, seres afortunados, futuros miembros VIP del Nirvana.

De fugaces chapuzones paso a prolongadas abluciones. En el proceso se me revela la verdadera esencia de la Madre Ganga. Tan parecida a la «limpia» de la Madre Ayahuasca. Se mete por todo mi cuerpo, se apodera de mi energía vital, me moja por fuera y me riega por dentro. Ahora entiendo por qué el «bath» es mucho más que un baño. Conlleva un misticismo difícil de conceptualizar, que simplemente es. Por eso se realiza en solitario y nace tomarlo con la mirada elevada, hacia los dioses, cualesquiera que estos sean, hacia la energía suprema del universo. Decir en solitario es una metáfora. Acá siempre hay mucha gente, pero cuando una se sumerge en sus entrañas no va con la patota, metiendo chacota. No, una a la Madre Ganga se acerca sola. No es una norma, es porque así provoca. Hay que estar despejado mentalmente para dejar que te hable, para que te dé su mensaje, para que te abrace y te apapache.

Hay ghats especialmente venerados para el bath. El más importante es Har Ki Pauri, donde se cree que el Ganga inicia su lento fluir por las llanuras, luego de descender de manera precipitada por los desfiladeros y gargantas del Himalaya. Nunca me baño en Har Ki Pauri. Al ser la única extranjera, entre miles de miles de miles de indios, los curiosos están a la orden del día. Demasiado público para lo complicado que es bañarse vestida, con más de una tela encima para no evocar la sensualidad de los saris mojados, cliché de las *masala movies*. Allí mismo hay que cambiarse el atuendo, no hay camarines obviamente. Una sarta de malabares para cubrirme solo con una tela y cambiarme tanta ropa mojada por una muda seca. Miles de mujeres están en la misma movida, solo que lo han hecho toda su vida y lo podrán seguir haciendo con los ojos cerrados. Mantienen los senos al descubierto durante el proceso. Los varones ni las miran, al parecer el severo pudor que reina en este país no contempla los pechos como zona erógena. Ellos son más simples y veloces, camisas, bividís y pantalones afuera. Se quedan solo en sus ceñidos calzoncillos bóxer de algodón. Predominan las panzas abultadas, las piernas de palitos. Todos te miran, se regocijan. Se refriegan los talones, las plantas de los pies, los deditos, uno por uno. Se aplican champú y tiran el sachet a la Madre Ganga que todo se lleva. Se frotan el pelo, la nariz, los ojos y luego viene la enjuagada. Finalmente la plegaria, que incluye el tres por tres. Tres veces se tocan la boca, tres veces la nariz, tres veces los ojos, tres veces los oídos, tres veces el miembro. Finiquitado el ritual, y

286

prestos a partir, lanzan a la Madre Ganga, que todo se lleva, cualquier cosa que ya no quieran. Lo insólito es que estirar las piernas hacia el Ganga al sentarse es una falta gravísima, pero no es ofensa tirarle tu basura o el zapato que ya no te sirve.

No solo desperdicios lanzan al Ganga, muchos encausan en sus aguas los restos de un familiar cercano. Al contrario de la ciudad sagrada de Varanasi, donde la gente va a morir y ser cremada, en esta ciudad sagrada se honra la vida y están prohibidas las cremaciones. Eso no impide esparcir las cenizas de un ser querido, previamente cremado en su localidad. Al ser esta una festividad tan masiva, donde todos los ritos son múltiplos de infinito, es natural que mientras los vivos nos bañamos impacten en nosotros pequeños fragmentos de huesos humanos. Formando menudos y efímeros remolinos nos envuelven por escasos segundos, para luego reanudar su camino al mar.

Los muertos me incomodan mucho menos que los vivos; por ello, cuando no me baño en el Vishnu Gath, procuro caminar hasta los espacios más apartados para el bath. El calor es tan brutal que tomo varios por día, o tan solo sumerjo los pies, lavo mis ropas y espero que estas se sequen. A mi lado, las mujeres lavan sus saris; luego, entre dos, sujetan las puntas en el aire y esperan a que el sol los seque. A poca distancia siempre hay un baba que realiza el mismo acto, pero con mayor esmero. Lava su ropa, su taparrabo, se lava él, sigue lavando sus cosas, luego raspa la grada del ghat que lo acoge, le saca el sarro, el moho, sigue con su pelo, lo embadurna de champú y empieza un nuevo proceso de lavado. Cuando termina saca agua del Ganga con un bacín y riega a los árboles de atrás y a los de más atrás.

Bajo el árbol del Vishnu Ghat encuentro una mañana a los

sadhus rodeados de niños. Alternan la recitación de mantras con la entonación de cánticos alegóricos a Shiva, a veces en hindi; otras, en sánscrito. El director de orquesta, por supuesto, es Mahant Upendra. Se le ve tan dichoso, tan radiante, que es como un sol que ilumina al grupo. En una pausa me propone que me mude con ellos. Me explica que él regenta el dharamsala del Vhisnu Ghat durante el Kumbh Mela, y que hay una habitación que comparten miembros de su ashram, entre hombres y mujeres. Así me entero que es el gurú de un ashram, en el mero centro de la India del norte. Su propuesta me parece una excelente opción, así que vamos a ver la habitación en cuestión. Compartida de fijo por seis personas, y por uno que otro de paso, tiene mal olor y el baño da arcadas. Con un silo todo salpicado de excremento, que nunca han limpiado desde que empezó el Kumbh Mela, o quizá desde mucho antes. La jarrita que sirve para limpiarse las partes íntimas es intocable. El lavadero está atorado, lleno de pelos y porquería. El lugar es una pocilga, prefiero compartir la cama con la familia de brahmanes. Le agradezco a Mahant Upendra, pero no. Al final llegamos a un acuerdo, me quedo con ellos, pero bajo el árbol, compartiéndolo por las noches con Ananda Baba, al que llaman American Baba, y con Ramshahi Giri. Vestido siempre como un caballero de las cruzadas, es el único sadhu del grupo que me transmite tal paz silenciosa que su sola presencia llega a bajarme las revoluciones.

Dejo casi todas mis cosas con la familia de Nadish, quienes están en total desacuerdo con mi decisión. Compro un par de colchones de un centímetro y medio de alto cada uno, y me hago un campo bajo el *banyan tree*. La costilla aún me duele, pero no tanto, va camino a su recuperación total. El antebrazo creo que tardará un poco más.

Se inicia mi instrucción. American Baba, que es un militante de la causa, y Mahant Upendra, que es un entusiasta de la misma, deciden enseñarme hindi. No el idioma coloquial que me permita hablar con los indios, no, no, no, eso es una banalidad. El Shiva *language power*, filosofía hinduista a la vena. *Hindi inside*, me dice Mahant Upendra, y con su dedo índice toca su cabeza y luego señala la mía «dire, dire» (poco a poco), Shiva *power inside computer*, Bea. Nos comunicamos como podemos, entre inglés y hindi. Ananda Baba me presiona tanto que termino comprando dos diccionarios, uno en inglés-हिन्दी y otro en हिन्दी-inglés. Como el hindi está en alfabeto hindi no me entero de nada, pero Mahant Upendra queda fascinado con el legado.

Se toman muy en serio mi aprendizaje cuando a mí me importa poco más que nada. Al parecer deliberan entre ellos por la metodología, mientras yo, sentada en medio de los dos, me siento como un experimento educacional. De la misma manera como alguna vez me machacaron el Ave María repito como loro: «*Atma, only Atma, Atma inside, Atma means Parmatma, Parmatma means is God, God means is live. All words means parmatma, Parmatma inside*». Esta es la parte sacrificada de mi vida bajo el árbol, cuyo papel represento solo por darles gusto. ¡Pero cómo has cambiado pelona!, me digo para mis adentros un día, trayendo al presente mis prematuros años rebeldes. «Para qué voy a aprender a leer, si tú lees tan bonito, me puedes leer cuentos tooooda la vida», le porfiaba a mi pobre madre cada mañana, con mi libro *Coquito* entre las manos. Al igual como cuando era niña, hoy solo pienso en el tiempo que falta para que suene la campana del recreo. Un día, en plena lección, Mahant Upendra me anuncia que ya no somos *brother and sister*, que ahora él es mi gurú, mi guruji —como se les llama acá de cariño al maestro.

—¿Tike tike? —me pregunta si está bien Mahant Upendra.

—Tike tike —acepto. Por qué no, si le hace feliz.

Así pasamos de ser *brother and sister* a Guruji y cheli —aprendiz de sadhu—, *father and daughter*. Hasta nombre recibo: Choti Chidia Giri, pequeño pajarito de montaña.

Luego me persuaden de cambiar mis ropas, el problema es el color de las mismas. Amarillo, cúrcuma, azafrán, naranjo, rojo, carmín y bermellón son los colores shanti shanti, que representan la paz interior. Dentro de esta gama me indican el azafrán. El color de los hombres santos, de los ascetas que han renunciado al mundo. El color de la pureza, que trae luz y quema la ignorancia. Su uso simboliza la búsqueda del conocimiento de Dios. No han pasado ni veinticuatro horas de nuestra conversación y ya me encuentro vestida y sazonada por entero de azafrán y cúrcuma. Nos vamos mimetizando, felizmente que sacarme la ropa no es un requisito.

Día y noche permanezco junto a ellos. Mi vida se ciñe al espacio circundante a mi nuevo árbol-hogar, cuya sombra nos cobija de día y cuyas ramas nos arrullan de noche. Es bajo su follaje que mi mundo gira. El hachís es la neblina que nos cubre, el manto de Shiva. Las moscas reposan sobre nosotros como una segunda piel. Las atraen los vasitos de plástico, con rezagos de chai, que se acumulan a nuestros pies descalzos. Los malos olores se detienen a un metro de nuestras narices; lamentablemente no podemos recibirlos, para ellos tenemos la agenda llena. Pero el horario de atención está abierto a todos los que quieran unirse al grupo. El desfile de sadhus y celebridades es perenne. Mahant

Upendra, que en adelante llamaré Guruji, al igual que los otros sadhus fijos del Visnhu Ghat, no salen nunca de este perímetro; si necesitan algo mandan a un cheli. Sin embargo, hay otros sadhus que no dejan de circular, vienen de todas partes a saludar y siempre son recibidos con una pipa lista. Guruji enciende unos cañonazos extra recargados cada cinco minutos, ante el recién llegado o junto a la asidua concurrencia. Antes de hacerlo, y luego de que el silencio se extiende entre los presentes en señal de respeto, cumple con el rito. Toma fuerzas, al parecer inhala todo el oxígeno que nos rodea. Luego lanza hacia lo alto un sonido agudo, estridente y prolongado, que le sale desde lo más profundo de su ser. Inmediatamente después vocifera, lo suficientemente alto como para que lo escuchen en el Nirvana: «*Yadé to abadge bul gaya to barbadge. Samne bale tu seiketagú magar terá nam naji letaju*». Algo así como: ¡Eh, ustedes dioses, que están allá arriba, despierten! ¡No se duerman ni se olviden de hacernos felices!». Después de su «chiquita» a los dioses, recién prende el chillum, y una bocanada de hachís se expande sobre todos nosotros. Lo hace circular, él nunca le da una segunda pitada. Guruji jamás repite el mismo plato, sin importar cuántas pipas tenga que prender para que todos a su alrededor queden saciados.

La banda de músicos nunca se hace esperar. Son los mariachis del hinduismo. No vienen a venerar a los sadhus, vienen a echarse unos temitas a cambio de unas rupias. Vestidos siempre con los colores de Dios, llevan turbantes coronados con exóticos penachos de plumas de pavo real y ornamentos color oro; en las manos, panderetas, flautas, maracas, bongós y vasijas de bronce para la propina. Son el complemento perfecto para los escenarios, casi teatrales, que se van formando y reemplazando, que simulan ser de otro tiempo, puestas en escena proyectadas de antemano en la mente de un director creativo.

Un día aparece una muchacha cuya edad no pasa de los veinticinco y la energía da un giro inesperado. Desconozco su procedencia, sus rasgos no son indios pero habla a toda velocidad un dialecto que la mayoría entiende. Parece que le falta una tuerca, pero fácil podría ser una gran maestra disfrazada de orate. Canta a todo pulmón, cánticos que, según declaran ellos, las mujeres no tienen autoridad de entonar. No espera a que los sadhus le obsequien un mala o alguna baratija como suelen hacer; ella les exige que le entreguen tal o cual cosa. Los despoja desalmadamente de sus apegos. Mientras lo hace les grita algo como «¡desprendimiento!, ¡desprendimiento!». Por poco les muestra los dientes al hacerlo. Advierto que a Guruji le duele entregar ciertos objetos, posiblemente obsequios de algunos maestros o simplemente porque les tiene cariño. A Ramshahi Giri le arranca sus trapos, y con ellos su digno *look* de caballero de las cruzadas. Lo deja convertido en un viejo urgido de aseo. La señorita guarda la mercadería en bolsas plásticas y maletines, que luego endosa a Guruji para que él vele por estos en su pequeña morada, donde entra y sale a despojo para acomodar sus pertenencias, para abrir y cerrar sus equipajes. No deja de coquetear con un resinoso jovencito rastafari. Por las noches duerme en el suelo del Vishnu Ghat, acurrucada a él, o duerme lejos del ghat, pero siempre con él. Con él desaparece un día, dejando todos sus bultos y buen material para las malas lenguas.

Las malas lenguas tienen en jaque a Ganga Giri, otro adorable personaje en proceso de convertirse en sadhu. Por desgracia está enamorado, algo no permitido para un asceta. Él y su amada

Archena Giri jamás se separan, y ella no deja de contemplarlo con descaro. Pasan los días con nosotros, pero al caer la tarde tienen que irse a otro lado. Guruji no les permite quedarse a dormir en el ghat, por esa grave falta del amor en pareja. Él, con quien tengo mucha empatía, siempre se despide diciéndome: «*No tension, tension is conflict, conflict with your body, conflict with the others*». Es lo único que sabe decir en inglés, fuera de eso ni *hello*.

Cada día, al caer la tarde, cuando ellos parten, una escoba barre literalmente el tiempo. Bajo el árbol permanecemos los sadhus, los habituales personajes locales, las amistades de paso y yo. A nuestro alrededor, el ghat se mantiene al tope de peregrinos. Es la hora en que Ramshahi Giri, junto a un cheli, sacan de la cocina bandejas con los clásicos vasitos de plástico llenos de chai. Se mezclan entre el gentío para ofrecerles algo calientito. Todos toman, luego todos tiran su vasito de plástico al suelo. Un municipal, o como se llame acá, apenas cubierto por un lungi color naranjo, pasa la escoba. Empieza desde la orilla del Ganga y sigue hasta la parte posterior del patio. A la par que avanza limpiando, los indios van generando a su paso, de manera instantánea, una nueva tanda de basura. Las moscas se deleitan con su último tentempié del día. Llegan los sancudos, se les hace espacio como a todos los seres aquí presentes. Todos se van haciendo una plaza para pasar la noche. Le hacen sitio al del costado, al recién llegado, a los que siguen llegando. Siempre hay lugar para uno más, siempre hay un pedacito más, una tacita más. Se comparten las meriendas y los bidis. Meditan algunos, otros conversan o contemplan a los sadhus, a la rubia que anda con ellos. El encargado de la limpieza termina su labor cada día prendiendo una gran fogata de plásticos y otros desperdicios, que nos sumerge a todos en una agresiva contaminación que a nadie incomoda. La tarde va dando paso al ocaso y las pujas se multiplican por ambas orillas, es la hora de ofrendar a la Madre Ganga. Entre cánticos y grandes candelabros de bronce, ondeados en el aire por algunos brahmanes, y con llamas de más de un metro, miles de velas son introducidas al Ganga sobre hojas de banano, escarchando el río de luces móviles. En lo alto, infinidad de estrellas van escarchando el firmamento.

El día termina con el Visnhu Ghat convertido en una alfombra humana de indios durmiendo codo a codo, tumbados sobre cartones, plásticos o frazadas. Usan su bolso de almohada y a su lado colocan la lata de colación, en algunos casos también el bastón. A mi lado, American Baba ronca lánguidamente, mientras Ramshahi Giri aprovecha la placidez reinante para meditar. Sentado bajo el árbol se mantiene por horas en silencio o recitando dale que dale el Om namah shivaya. Los demás sadhus se las arreglan en el suelo, entre los peregrinos, ocupando el espacio más cerca al río. Eventualmente me ubico entre ellos, para sentir al Ganga suficientemente cerca como si fuera mi almohada.

Hay noches que el sueño me abandona, y para no despertar al resto salgo a deambular. Disfruto caminar a pata pelada y en solitario bajo la luna llena o durante las noches negras sin luna. El silencio finalmente reina en todo Haridwar. El dormitorio comunal se extiende por toda la ciudad. La Madre Ganga acuna a los dormidos con sus latidos. Algunos trasnochadores se reúnen alrededor de pequeños fuegos. Sentados en cuclillas calientan sus largas manos tostadas, platican, toman chai, fuman bidis o hachís. La superficie fresca bajo mis pies me baja a tierra el fervor del día, me hace sentir viva, infinitamente agradecida. Cuando vuelvo al Vishnu Ghat, Ramshahi Giri sigue en posición de loto. Con una palmada me señala que me siente a su lado. Me obliga a sentarme erguida, corrige mi postura, me incita a respirar, inhalar, exhalar, meditar, reposar mi mente. No tenemos palabras en común, pero el cariño es mutuo. El silencio no hace más que reafirmarlo.

Después de once semanas viviendo bajo un árbol, en condiciones muy primitivas, sola entre tantos hombres, algunos cerca de la divinidad y otros al borde de la locura, el Maha Kumbh Mela termina. Guruji me insiste para que vaya con ellos a su ashram. Algunos locales, que ya me conocen, vienen a persuadirme para que no lo haga. El argumento siempre es el mismo: el Kumbh Mela es una vitrina donde todos se portan bien y siempre estoy visible, pero que sola entre ellos, apartada en una localidad sin los servicios básicos, puedo perderme, puedo no salir de allí. Agradezco y sigo los consejos. Los ayudo con la mudanza y los veo partir como beduinos en un camión. Moqueo, aunque intento contenerlo y me reprenden por ello.

De pronto me encuentro sola, sin un alma alrededor, en el patio del Vishnu Ghat; con la Madre Ganga al frente, esperándome con los brazos abiertos para todas las veces que a sus aguas bravas quiera seguir entregándome.

Así termina la experiencia más impactante de mi vida. Difícil determinar el efecto que ha causado en mí, las consecuencias que traerá en mi futuro. Por el momento me encuentro en *stand by*, suspendida en el éter, ni un hilo me sostiene. Parece que perdí piso, el piso que tenía dentro, el piso que me construí. Mi pasado se me ha desprendido. Mi vida se ha hecho añicos, toda la realidad que monté se ha desvanecido. Solo me queda la gratitud, la sonrisa y una sensación de desplome, de derrumbe de un edificio. Siento que he retomado al punto cero de mi vida, a la partida. ¿Quién soy ahora?, ¿dónde quedó la Bea, la Beatroz, la Beita, la Beatriz, la Beatrice?, ¿dónde están? Miro bajo los árboles, levanto piedritas y no las veo. Se han ido, me han dejado. Ahora necesito aprender a vivir de una manera más liviana. Aprender a comer con cubiertos, a beber como me enseñaron mis padres, a usar zapatos y papel higiénico, a defecar como un occidental. ¿Es esto es lo que vine a buscar a la India? Sí, definitivamente sí. El vacío, el borrarme a mí misma. Ojalá pueda mantenerlo durante el tiempo que me quede de vida.

Sentada en el piso del ghat, estiro el único polo del pasado que aún conservo, presente de mi primer enamorado. Acomodo sobre este los malas, collares y accesorios que los sadhus me han regalado, todo un cargamento. Un peso pesado para la odisea que estoy por retomar. Con un hilo grueso hago un atado. No incluyo el mala ni la pulsera de Guruji, tampoco la sortija horrenda que me regaló Ramshahi Giri con una letra E, que no tengo idea qué puede significar. Le agradezco al Ganga por todas estas dádivas, por todo lo que me ha dado y de todo lo que me ha liberado, y enrumbo mi ofrenda. Veo como la Madre Ganga se la lleva —como se lo ha llevado todo— las penas y frustraciones, las ilusiones y desencantos, las pérdidas y despedidas, la esperanza de volverme a juntar con Kenny en este viaje, el apego y desprendimiento con los sadhus, el llanto impertinente que solté con la partida precipitada de American Baba, mi costilla rota, mi aversión por sus aguas. Todo te lo has llevado,

Madre Ganga. Cuántas puertas he cerrado, cuántas otras se han abierto. Me has dado una prueba tras otra, he salido jalada en casi todas y luego te has llevado los exámenes. Me has dejado la enseñanza, mi patrón de comportamiento, para que lo observe, para que lo suelte y lo sople hacia lo alto, hacia los dioses, hacia mis Apus que a través de los océanos me cuidan.

Choque y fuga

Es tiempo de reintegrarme a la civilización. Para hacerla suave, y con anestesia, decido comenzar por ir a Rishikesh. Ciudad ubicada a pocos kilómetros río arriba, donde se alojaron los turistas interesados en el Kumbh Mela.

Todo un despliegue de kayaks y balsas inflables de canotaje, surcando las aguas de la Madre Ganga, me da la bienvenida. Río que además de sagrado es llano como un plato, no tiene ni un rápido. El espectáculo que ofrece el esparcimiento turístico merece tomar asiento. Me acomodo en la angosta playa de río, usando una piedra como respaldo. Un indio se me acerca para venderme la excursión, me comenta que se trata de rápidos clase dos y tres. Qué cara le habré puesto que se retira sin insistir, casi en puntas de pie, casi en retroceso, en absoluto silencio.

Envuelta en una soledad perfecta retrocedo en mis recuerdos, paso a paso, hasta llegar a mi primer descenso en balsa de Langla a Paullo. Además de mí estaban «los industriales», unos chicos perennemente vestidos de negro, con brazaletes de cuero y púas, miembros del grupo punk «Descontrol» y de la banda electrónica industrial «T de Cobre». Era la primera vez para todos. Íbamos con nuestras zapatillas de mercado, chalecos que jamás pasarían la prueba de seguridad, unos remos pesadísimos de madera, atestados de punzantes astillas, y por supuesto sin casco, eso era para maricas y kayakistas. Un guía colorado y de pelos parados nos explicó las ordenes: «Todos adelante es todos adelante, cuando diga derecha adelante toda la izquierda rema para atrás. Igual, izquierda adelante es derecha atrás, *hiside* peso derecha o *hiside* peso izquierda es todos a ese lado». Facilísimo, un sencillo. Inflados de valor y entusiasmo abordamos "La Flecha", una balsa que no desaguaba sola, que se llenaba de agua y había que sacarla con un balde de plástico, que ese día se rompió a los cinco minutos. Como un Tagadá, totalmente fuera de control, descendimos las crecidas aguas del río Cañete, en clara alusión al nombre de la embarcación. El guía tuvo que improvisar nuevas órdenes: «Agárrense de las ramas», «saquen las ramas de la balsa». Si ese río hablara. Aquellos rápidos, tantas veces vividos, tantas veces sentidos, tantas veces sobrevividos. Donde años después el mismo guía me rescató un minuto antes de perder la vida, un minuto después de perder la memoria, en plena sopa de letras.

Mientras observo las escenas que tengo al frente, la sonrisa se me forma de oreja a oreja al recordar tantas anécdotas con mi familia del río, mis amigos de toda la vida. Aquellos que me enseñaron a burlarme de mí misma y me dan la fuerza a la que siempre puedo remitirme. Porque un *yuppie*, en su oficina con aire acondicionado, bien al terno, al celular, al seguro de vida y a su metro cuadrado reservado en el Parque de los Recuerdos, no es ningún referente para mí. Pero mejor no decir de esta agua no beberé, quizás algún día termino siendo una tía frívola y obtusa, adicta a la peluquería, al club y al Prozac.

La arena que me arroja un soplo de viento fortuito me aleja de mi palabrería y de la orilla del río. Me introduce a la capital mundial del yoga. Otra ciudad santa a tamaño pueblo, tomada por occidentales fanáticos del yoga. Vestidos perennemente de blanco se alucinan todos unos yoguis. Hablan de temas trascendentales, con voz moderada y mucha calma, dejando bien claro que están shanti shanti. Emanan una espiritualidad de cafetería, *extralight*, cero calorías, cero por ciento grasas. Parecen Paulo Coelho en su primer semestre de Bhagavad-guitá. Junto a ellos reside otra jungla turística en su propia búsqueda. Utilizan su respiración, controlan sus emociones tomándose el pulso o activan sus chakras a través de sonidos. Me cuesta interactuar con ellos, ni lo intento. Al verlos me encuentro un tanto silvestre. Disfruto de verme diferente, aunque eso me personifica, me crea una entidad propia a la cual aferrarme, contradice mi propia búsqueda. Apenas he saboreado la disolución de mi antiguo yo y ya quiero alimentar uno nuevo para reemplazarlo, para establecer mis propias fronteras. Tampoco es tan fácil arrancarme la suma de mis experiencias, mi propio bagaje, como si tan solo apretara *delete*, *delete*, *delete* a todas estas páginas y liquidara este libro.

Observo mi argumento. En el fondo lo único que estoy haciendo es jugar Lego con mi ego, armándolo y desarmándolo. Dejo el pajeo mental y salgo a caminar, a perderme por el entorno montañoso de este lugar. Atravieso bosques interminables, me pierdo en solitario horas de horas sin ver un alma en vida, con el silencio como única compañía. Para comprobarlo voceo mi nombre, me llamo a gritos, pruebo nuevamente con el «uno, dos, tres probando». Nada, ni el follaje de los árboles me responde. Me pellizco para verificar si es real tal maravilla, extraña e inquietante a la vez. Como el espacio sepultado bajo la densa selva, al que llego sin querer queriendo, que reconozco por los trulys de piedra —construcciones circulares—, que hoy tratan de liberarse de las entrañas de la naturaleza, la cual abraza el otrora ashram donde los Beatles venían a escribir sus canciones y a encontrarse con su gurú Maharishi Mahesh Yogi con la misma ferocidad con la que, décadas atrás, las enloquecidas *fans* desearon abrazarlos a ellos.

Casi en escombros, un amplio salón sin puertas, con los pisos levantados por atrevidas raíces, las ventanas rotas y una segadora luz irrumpiendo por todos los agujeros de los muros me induce a entrar. Todo se cae a pedazos y aun así se respira *rock and roll*. Me siento donde puedo y con mucha generosidad cargo un chillum. Antes de prenderlo, saludo a los dioses, como me enseñó Guruji, y lo hago circular. A mi lado, John Lennon, Ringo Starr, George Harrison y Paul McCartney fuman sin prisa. Sentados desordenadamente, rotan en orden el «chocolate». Por momentos se juntan y se desbandan a carcajada limpia, mientras desempolvan cartas con besos estampados con lápiz de labios, bocetos de canciones y discos de vinilo, entre otros *remembers*. Se turnan la única guitarra presente, entonan a viva voz fragmentos de sus éxitos: «*Yesterday all my troubles seemed so far away. Now it look as though they 're here to stay. Oh, I believe in yesterday*».

Peace and love, al igual que el yoga, es lo que «vende» Rishikesh. Sin embargo, el mismo día que llega Nadish, contratado por una escuela de yoga para dar clases, me va a ver al *guest house* con un amigo y a mí me echan del hospedaje por recibir indios. Al administrador no le importa que sean sus vecinos de toda la vida, compañeros del colegio, profesores de sus propios huéspedes, ni yoguis recontra *peace and love*. Nada. ¡Afuera todos! ¡A la calle!

Es hora de despegarme del área, del Om namah shivaya. Necesito liberarme de la India que te atrapa y se apodera de tu

302

voluntad, que te habla del desapego extremo, pero te lanza a la apatía e inmovilismo de su recurrente sistema ancestral. Irme se vuelve una urgencia. No más Ganga ni espiritualidad bamba.

Nadish propone ir a Mussoorie, una estación de montaña ubicada a los pies del Himalaya. Vamos en moto, horas de horas, curvas tras curvas, una paliza. Llegamos tan agotados que frenamos en el primer restaurante con hostería que vemos.

El ambiente de resort montañés es el mayor atractivo de Mussoorie. Un lugar perfecto para relajarse, con una buena copa de vino frente a una chimenea, leyendo un libro, de esos que te enganchan desde la primera página, o acurrucada a un apuesto caballero. No traigo libro y mi acompañante está lejos de ser un bombón, pero sin los kilitos de más, ni el pelo anaranjado, en «algo» está, aunque su verdadero encanto está en su interior. Además hace frío, a falta de abrigo un abrazo es el mejor recurso. Un abrazo seguido de un cariño es revolcón seguro.

El humo del porro, que el caballero ha traído, empieza a intercambiarse en nuestros labios. Siento los suyos relamer los míos, la cálida presión de su lengua sobre la mía, el sabor de la misma, la manera como su cuerpo se enciende. Los besos se superponen y se trepan unos encima de otros. Se interrumpen solo para comenzar de nuevo, se animan y expiran. Besos lentos y apasionados, demasiado buenos para ser los primeros de Nadish. Se lo comento y se enfrasca en una serie de explicaciones entrecortadas y confusas, de las cuales concluyo que aprendió a besar practicando con un amigo. Nada me sorprende, tampoco lo hace bisexual. Muchas veces pienso que los hindúes se «entretienen», mientras les buscan una esposa que cumpla con todos los requisitos de casta y astrología. Nuevamente la entrometida de mi mente está presente, emitiendo juicios que nadie le ha pedido. Reacciono y me traigo de vuelta a la entrega carnal, al deleite de los sentidos. Al aroma a sándalo y almendras que desprende el lozano y terso cuerpo de Nadish.

Las caricias se desplazan suave y espontáneamente sobre nuestros cuerpos. Nuestras prendas se deslizan hasta el suelo como sedas, todo fluye con gran naturalidad. Generosos en el amor e implacables en la búsqueda del placer, recorremos todos los ardientes espacios sin aire, sin dejar metro cuadrado sin usar a lo largo de la habitación y el baño. Para él todo es nuevo y está dispuesto a recuperar en una noche todos sus años de abstinencia, veintiocho en total. Con crédito e intereses por si no la vuelve a ver hasta el día de su boda. Para mí su flexibilidad y dominio del cuerpo me abre a un mundo nuevo de posibilidades. Posiciones varias, eyaculaciones y orgasmos a destiempo nos estremecen por tandas durante toda la noche, nos dejan exhaustos y sin peso. Yacemos sin decir una palabra sobre el lecho alborotado, los ojos entreabiertos, los labios curvados esbozando una sonrisa. Una enorme gratitud y ternura nos hace cómplices. Afuera una contundente lluvia nos arrulla hasta perder el sentido.

Al rayar el alba todo es diferente. La culpa y el arrepentimiento se asoman por mi lado de la cama. De la misma manera como me espía mi gata por las mañanas. Él se incorpora al otro lado de la misma, reventado. Parece que entregó tanto que no le quedó nada para sostenerse. Evita cruzar miradas, pero echa un vistazo discreto a su alrededor como para validar el lugar de los hechos, donde ha quedado desechada su castidad, que hasta el día de ayer conservó, no por votos ni religión, sino por convención social. Fue su decisión zurrarse en la tradición, lo dejó muy claro cuando esto empezó, sin forcejeos ni sometimientos. Y como buena trasgresora que soy, no me pareció del todo mal. Eso me exime de algunas culpas, pero no de todas. Debí recordar que, a veces, el sexo une pero luego separa, que uno queda agradecido y el otro sufre. Un día estamos a un lado y al siguiente día estamos al otro. Solo que un virgen a su edad se la juega en completa desventaja, por falta de práctica en las estrategias básicas para andar entre géneros.

No sé si es falta de práctica, de sólida convicción o de hondo sustento, pero todas sus técnicas de control sobre el cuerpo y la mente, junto a su aparente conciencia del momento presente, que lo hacían menos propenso a hacer dramas innecesarios, se le desmoronan como un castillo de naipes. El yogui que tengo al frente se desinfla. Adopta una personalidad de mendigo, demanda cosas y promesas irrisorias. No entiendo qué pretende, ¿qué me quede en la India con él y de paso arruine la vida de un brahmán?, ¿o que lo saque de India y lo mantenga en mi país? La segunda opción, está claro, es la que más le apetece. Quiere que implantemos una prisión, que se defina nuestra relación. ¿Cómo quieres que la llamemos?, le digo, ¿amor místico?, ¿amor yóguico?, ¿amor *sport* elegante?, ¿amor con fecha de vencimiento?, ¿amor de una noche de invierno?, ¿cómo quieres etiquetar nuestras horas de amor? En mi país lo llamaríamos «polvo». No lo entiende, se lo explico y se enoja. Nos peleamos como novios. Multitud de conceptos dispares sobre el amor se agitan como burbujas en su interior. Intenta vomitarlos todos a la vez, los arroja por todos sus poros. Yo no quiero hablar más de amor, la simple palabra y sus definiciones se me están volviendo tediosas. Prefiero la verdad al desnudo y sin vergüenza, poner sobre el tapete nuestros deseos y pasiones con horrorosa franqueza. Mis palabras le arden como el alcohol quirúrgico en una herida abierta. Observo con los ojos, bien abiertos, «la horrible metamorfosis causada por el baño ácido de la verdad». Esto lo leí en algún lado.

No lo soporta. Recoge toda su humanidad y se manda mudar a «Víctimalandia». Se refugia en el alcohol y el hachís. Incluso compra tabaco. No puedo creerlo. Voy a rescatarlo. A persuadirlo para que use las herramientas que tiene, que son muchas, para contemplar objetivamente la situación, para poner su mente bajo control y no perder la perspectiva. Pero él prefiere regocijarse en su propia confusión, en el melodrama, como un disco rayado que no puede salirse de la misma ranura. Nos enredamos en conversaciones desgastadoras y sin sentido, donde cada argumento se convierte en un nuevo enredo. Él quiere si o si tener la última palabra, y yo no pretendo tener la razón e intento decírselo. Solo quiero ser feliz. Si a él le hace feliz poner los puntos sobre las íes, por mí, perfecto. Pero no es tan sencillo, él no sabe ni dónde poner los puntos, mucho menos las comas, ni qué decir de los punto y comas. Su vulnerabilidad me agota. Al final ni lo escucho, solo lo miro y afirmo con la cabeza a todo lo que dice. Buda decía que ante todo había que decir «sí», que eso lo cambia todo. Si uno dice «no» continúa en la lucha, una lucha contra la corriente. Mi abuela Lula, que estaba muy lejos de Buda, también me repetía que la felicidad está del lado del «sí»; que el «no» crea aversión, nuevas barreras. Así que, Nadish, tienes toda la razón, totalmente de acuerdo contigo. Qué bueno, ya nos estamos entendiendo. ¿Nos vamos?

Regresamos lo antes posible. ¡Por favor, pise usted el acelerador! Curvas tras curvas, horas tras horas, otro azote. Nos despedimos en la estación de ferrocarril de Haridwar, con un cuasi abrazo y un beso frío como un glacial. Intento no pensar más en todo esto, de poner cambio y fuera, pero no puedo. El incidente es como una mancha de vino tinto que no se va y no se va.

Tendida en mi litera, del Superfast Dehradun Express, saco de adentro y me enfrento a mis emociones más oscuras, hasta ahora contenidas. Pienso que fue bueno que Nadish descargara toda su frustración y no la contuviera como una bomba en una olla de presión. Pero mi caso es diferente, tengo más experiencia y vergonzosas repeticiones del mismo error. Cualquier descontrol, que pueda terminar en este tipo de acontecimientos y resultados, es lo que debo prevenir. Me pongo en sus zapatos, considero su entorno, su educación. Qué realidad tan distinta. Pero la Existencia sabe por qué hace las cosas, a quién cruza en el camino de quién. Algún aprendizaje oculto tiene que esconderse detrás de este episodio, donde cada uno debe estar representando el rol que el otro necesita para sanar viejas heridas, para avanzar en la vida. Al final, el tiempo lo pone todo en su lugar. Entonces para qué hacer su chamba, para qué dar tantas vueltas al tema.

Tendida en mi litera, mientras el tiempo pasa, observo lo atiborrado que está el tren, no entra ni un alfiler y aun así siguen subiendo pasajeros. Entre el montón me llama la atención una mujer. No se da abasto entre tanto crío. Uno en cada brazo, un tercero enroscado en una pierna, el cuarto que la jala del sari para que le compre dulces y la quinta, una adolescente, parada a su lado, se mantiene impávida, no la ayuda en nada. Desde mi posición elevada, que me da mi litera del tercer nivel, le propongo con una seña que me pase alguno. Un rato, digo. Para qué se lo digo, me pasa tres, y de paso pasa la voz de que hay una gringa que acepta niños en su litera. Me empiezan a subir uno tras otro. Quedo en una posición súper incómoda, además con la tensión de que no se me caiga ninguno. Lloran, se les chorrea el delineador de los ojos, se les caen los mocos o me tiran del pelo. Las madres se acercan a ver a la amable *baby-sitter*. Me sonríen moviendo la cabeza en círculos, cuchichean entre ellas. Se ve que la escena les divierte. A mí personalmente no me hace ninguna gracia. Como si los llantos y chillidos fueran poco, el conductor del tren no ha sacado el pie de la bocina desde que salimos de Haridwar. ¡A-lu-ci-nan-te! O la tiene malograda o a qué coño toca tanto, sobre todo que no se ve gente por los rieles entre estación y estación. Vamos a ocho horas de avance estridente y al revés porque, para coronar, elegí, sin darme cuenta, una litera orientada de espaldas a la cabina de conducción.

Cumplidas las nueve horas y cincuenta minutos llego a mi destino con los nervios de punta y los tímpanos afinados.

Turbantes, dagas y nobles acciones

Ajos y más ajos. Montañas de ajos, con personas sentadas por todos lados pelando ajos, todo un recinto solo para los ajos. No entiendo por qué tanto protagonismo con estos, pero es el área que más me atrae, siempre termino entre ajos. En otra sala se pelan, rallan o cortan las demás verduras. Para hacer chapati hay habitaciones por todos lados, por los lugares menos pensados. Torres y torres de chapatis. Varones en pareja los tuestan en amplias planchas. Al costado de ellos, un ejército de hombres y mujeres se encarga del trabajo previo, amasa las bolitas de harina o las aplana con un rodillo. Tanto el dhal —guiso a base de lentejas—, como el arroz con coco, se cocinan en ollas de casi dos metros de diámetro, cuyas cucharas más parecen remos. Me pasan una para que dé una movidita. Imposible, no hay forma. Se ríen de mi esfuerzo. Solo hombres fuertes se apuntan para esta titánica labor. Por donde me filtro las personas están contentas, charlan amablemente mientras trabajan arduamente. El intercambio de sonrisas es perenne y expansivo. Todos cooperan con un placer inusitado. Primero sus ritos, luego arriman el hombro; yo con ellos, primero tomo fotos, luego me pongo a pelar ajos.

La perfecta sincronización con la que cientos de voluntarios trabajan, para dar de comer a miles de indios y extranjeros, es admirable. Algunos cocinan, otros sirven y otros tantos acomodan a los que van ingresando al espacioso comedor. Si bien la afluencia es masiva, se respeta la fila india. Conforme van entrando, en grupos de doscientas cincuenta personas, se van sentando sobre largas alfombras de fibra de coco, formando hileras. La bandeja de acero inoxidable, con sus diferentes compartimientos, es colocada en el suelo, delante de cada comensal. Voluntarios de todas las edades, siempre sonrientes, sirven y rellenan las bandejas con thali; dhal, chapati y arroz con coco. Cuando el grupo termina, después de veinte minutos más o menos, y antes de que el siguiente grupo entre y se siente, una docena de hombres sikhs se encargan de la limpieza. Con una especie de carritos de golf, y cortadoras de césped, pasan por todas las filas hasta dejar todo reluciente.

Les estoy hablando de un punto, dentro de la superficie terrestre del segundo país más poblado del mundo, que mantiene un índice estatal de hambruna que se bambolea entre lo alarmante y lo extremadamente alarmante.[9] Un epicentro dentro de sus 3,3 millones de kilómetros cuadrados que ofrece comida gratuita a todo el que quiera, las veinticuatro horas del día, los trescientos sesenta y cinco días al año —con posibilidad de repetir hasta reventar—, a un promedio de ochenta mil personas en días de semana y de cien mil los fines de semana, sin distinción de credos ni nacionalidad.

Por supuesto que no hay papeo sin lavada de platos, labor que abarca un montón de espacio y un despliegue mayor de personas. Los platos pasan del comedor a unos amplios recipientes de

---

[9] ISHI, India State Hunger Index.

acero inoxidable, donde permanecen por escasos segundos; luego son trasladados desde allí, de mano en mano, como ladrillos de construcción, hasta los lavaderos. Hileras de hileras de estos, ubicados en paralelo. A los lados de cada uno, personas de ambos sexos los reciben y los sumergen en la canaleta central, siempre a tope de agua y en constante circulación. Allí los refriegan, les ponen detergente y los enjuagan a extrema velocidad. A través del lente, me mareo al ver cómo infinitas manos se mueven en desorden y con tal rapidez, entrando y saliendo del agua espumosa. El sonido del metal es ensordecedor y perpetuo las veinticuatro horas del día.

Todo me parece de otro planeta. Una obra que si me la cuentan no me la creo, pensaría que se trata de una quimera demasiado utópica y exagerada para ser real. Pero es real y todo gracias a los sikh, seguidores del sikhismo, la novena religión del mundo en cuanto a número de fieles. Concebida en el seno del hinduismo, se desligó luego del mismo por su ferviente oposición al sistema de castas, aunque mantiene del culto inicial la creencia en la reencarnación. Con la diferencia de que para los hindúes, la virtud solo produce una reencarnación en mejores condiciones de vida; mientras que los sikh, consideran que el ser humano puede liberarse del ciclo de reencarnaciones mediante la virtud. De allí el empeño que los hace ser como son, puro corazón. De una solidaridad y benevolencia que se nota en todas las ciudades donde son mayoría, al dar sustento gratuito y todo tipo de servicios a la comunidad. Aquí en Amristar, ciudad al noroeste de India, no se ve en las calles ningún mendigo ni indigente. Calles por donde se desplazan sin pausa sus buses. Recogen gratuitamente a los fieles y visitantes del aeropuerto, de la estación de ferrocarriles y de la estación de buses para traerlos directo al Golden Temple —la meca de los sikhs—, donde les brindan alojamiento gratis y servicios limpios como no hay otros en India. Ofrecimiento al que declino por seguridad. Cargo a mis espaldas alrededor de once kilos entre cámara, lentes y computadora, además de todo un patrimonio tecnológico que llevo aparte, entre calzones y demás prendas. Reemplazable en cualquier país del mundo e invalorable en India. Como se trata de dormitorios compartidos, donde no sabes con quienes te toca, por prevención prefiero instalarme en el Lucky Guest House, a dos cuadras del Golden Templo.

Por fin una habitación de lujo, con ducha casi española. No sé qué me provoca más, si saltar de felicidad sobre la cama o ponerme a trabajar. Opto por lo segundo. Desempaco las cuatro cacharpas que traigo. Sobre la cama estiro todos los cables, organizo los discos duros, compruebo que todas las memorias estén descargadas, las baterías cargadas. Me preparo para quedarme varios días, este lugar merece un buen reportaje. Enciendo el computador para ir ordenando mis ideas. Lo intento. No puedo. Insisto. Nada. Me encuentro demasiado dispersa. Toda esta energía desbordante, en horario continuo, me ha puesto eufórica. Me agarra la «acelerona». Mis emociones empiezan a desbandarse, una alegría intensa se apodera de mí. Mi mente estalla en mil pedazos, se incrusta en mis neuronas. Me cuesta canalizar mi inspiración. Necesito poner mi mente en Ommm. Tomo un almohadón y me siento a observar mi respiración. Los resortes del suelo hacen brincar mi objetivo como en canguro de cumpleaños infantil. Nuevamente me siento frente al computador, ante el horror de la página en blanco. Me vuelvo a parar, mi cuerpo entero se activa. Me urge bailar. Abro iTunes, busco a los Hermanos Yaipén, a ABBA, a Santana, a Rossy War, a Bach, a Gilberto Santa Rosa. Paso de uno a otro, para volverme a sentar frente a la Mac. No pasa nada. Debo controlar mis intensidades, pero en el fondo no quiero. Me encuentro en esos días arriba de la ola. Donde lo único que deseo es que el frenesí me dure, que la embriaguez se prolongue. Que pueda quedarme en el tubo, surfeando de la alegría a la melancolía, rozando solo los bajones, los revolcones. Soy feliz en esta cima, no puedo negarlo. Sé que no puedo retener el momento ni congelarlo, que esto pasará y bajaré a un nuevo valle, luego otra cima y a gozar de la vida. Regreso a mi cometido, no puedo. Pienso que la computadora es la que me inhibe. La apago y saco la bitácora. Mi mente sigue a galope, mientras mi lapicero me advierte, en mayúscula serigrafía: «No corras, Ambrosoli hay en todos lados». La bitácora abierta me mira impaciente, esperando ser activada. Saca el freno, me dice. Le suelto una sonrisa forzada, le hago muecas con las manos. No me presiones, le digo. Mi lado yin del cerebro le insiste al hemisferio izquierdo, sin quitar el dedo del renglón al ojo avizor, que ya suelte, que se deje de cosas con la forma y empiece. En realidad, para qué hacerlo. Puedo narrar, fotografiar, pero siempre estaré estancada en el juego de la selección, viviendo de manera parcial. Para qué esforzarme en asociaciones, en exprimir mi creatividad, «en hacer». Siempre estamos haciendo algo. ¿La idea no es simplemente Ser? ¿Existir? Al diablo con el reportaje. Lo haré luego, bajo alguna presión de tiempo de entrega.

A veces me gustaría poner *record-rewind-play* a mi mente, para poder analizar mejor su productor. ¿Analizar? ¿No será observar, dejar pasar y liberar? Exacto, lo anoto en la bitácora. Me rio al hacerlo. ¡Otra vez! Qué necesidad la mía de atestiguar mi propio chat. Es contradictorio, pero es la energía creativa la que da sentido a mi vida, y sin embargo intento aplacarla constantemente, para hacer la finta de que vivo el vacío como una brisa, de que nada es permanente, pero no es cierto. Puedo engañar y hasta impresionar al resto, pero no me puedo engañar a mí misma. La sensibilidad que llevo, que se enfrenta con lo que creo, es la que nutre mis textos, mis fotos, mi vida.

Las mareas de mi propia vida empiezan a arrastrarme hacia un futuro imprevisible. Se me desgarran las ideas y mi concepto fotográfico. Empiezo a morir. Estoy mutando.

La noche transcurre entera sin poder enfocarme. Empalmo horas con días, vigilias con desvelos. Al sueño lo invoco por las noches. Veeen, veeen, le digo, pero es necio el desgraciado. Deambulo por mi mente, mi cuarto y el templo. Me meto por todos los recovecos. Exploro a mis anchas, como si estuviera en mi casa. A nadie le incomoda mi desplazamiento por los lugares más secretos, tampoco que lo registre todo. La placidez reinante tira mi euforia de un hilo, como si yo misma fuera un globo de helio que hubiera que descender de los cielos. Me baja a tierra, me sumerge en una armonía insuperable, todos mis chakras se alinean de pronto.

Vibro entera a pie pelado, no uso zapatos. Me cansé de tener que despedirme de ellos todo el tiempo, sin esperanzas de volverlos a encontrar entre tantos miles de calzados. Me quemo los pies, eso me mantiene alerta. Al lavármelos antes de entrar al templo, en las canaletas asignadas para ello, el agua fresca me produce un placer inmenso. Al traspasar el arco de ingreso, la blancura del complejo me enceguece. La magnitud me deja pasmada, me dejo arrebatar por el asombro. No tanto por la belleza, que no es poca cosa, sino por la paz soberana, que de entrada me toma como una succión y me despoja de mis recientes pensamientos. Es como ingresar a una burbuja virtual desde el mismo umbral. Una divina sensación que me incita a postrarme. Sin pensarlo ya estoy de rodillas en el piso, como los musulmanes, con la frente pegada a la casta blancura del suelo. Todos vamos con la cabeza cubierta. Para los sikh es habitual, las mujeres siempre llevan un velo y los hombres el tradicional turbante sikh que los caracteriza. Los niños y adolescentes sikh, que aún no les crece la barba, ni tienen tanto cabello por esconder, se cubren la cabeza con una especie de malla de *ballet*, con todo el pelo recogido en el centro, formando un moño. Las mujeres en sari tampoco tienen mayor problema. Los hombres y mujeres, que no solemos llevar nada, tenemos que agenciarnos un pañuelo y amarrárnoslo como podemos.

Al interior del recinto, ocupando casi la totalidad del espacio, luce imponente la gran piscina del amrit, que significa néctar. De allí que Amristar se traduce como estanque del néctar de la inmortalidad. En un par de orillas las mujeres realizan sus baños rituales. En espacios relativamente pequeños, blancos y cercados por una celosía, que permite el ingreso del agua y de la luz, pero no de las miradas furtivas. No me atrevo a fotografiarlas, ni de pedirles permiso. Se ven tan apiñadas en ese interior que ni por la experiencia me baño entre ellas. Los hombres gozan del espacio abierto a la inmensidad. Tienen tanto espacio que da la impresión de que apenas se bañan unos cuantos. Sumergidos hasta el cuello, oran con las palmas de las manos juntas o cruzadas sobre el pecho, la mirada siempre hacia abajo, al revés que los hinduistas. Parecen unos Pebbles ninjas, con sus dagas o espadas atravesadas en sus turbantes. La espada, que representa la defensa al más débil (kirpan), es una de las cinco «Ks», o símbolos de fe, que están obligados a portar siempre los hombres. Los otros cuatro son: pelo largo sin cortar, símbolo de santidad (kesh); peine de madera o marfil, símbolo de limpieza (kangha); ropa interior de algodón, símbolo de pureza (kaccha) y brazalete de acero, símbolo de la determinación (kara). Junto a todos estos artículos y sus propietarios se bañan los hijos varones. Los más pequeños permanecen más tiempo en el agua de lo que el rito demanda.

Si bien se le llama Golden Temple a todo el complejo arquitectónico, lo más sagrado de todo es el lingote de oro gigante que flota en el mero centro del néctar. Una construcción de dos pisos de mármol macizo, suspendida sobre una plataforma, que integra elementos musulmanes e hinduistas. En lo alto ostenta una cúpula dorada en forma de flor de loto invertida. Está invertida, volviendo a la tierra de la que salió, para representar el interés de los sikh por los problemas de este mundo. Absolutamente todo está recubierto con placas de oro puro. Según me cuentan, son setecientos cincuentas kilos de oro los que adornan y dan nombre al Templo Dorado o Harmandir Sahib. Una majestuosidad que resplandece por sí misma.

A este se accede a través de una estrecha y larga pasarela de mármol que corre sobre el agua. Las colas que se forman en esta son interminables y la espera desespera, no compensa con los pocos minutos que se puede permanecer al interior. El tiempo justo para ver a los cuatro «guardianes» leer de continuo el Gurú

Grant Sajib. Su lectura, en punjabi, toma cuatro horas de corrido. Al no tener sacerdotes, cualquier sikh es libre de leer las sagradas escrituras. Al finalizar, otros cuatro hombres sikhs toman la posta para las siguientes cuatro horas. Al ser una religión de hombres firmes, de talante militar, no realizan sus ritos con fervor ciego ni sentimentalón, como en otras religiones. En el sacro Harmandir Sahib prevalece un vigor sobrio y místico, que honestamente no me mata. Prefiero gozar de todo lo que sucede alrededor del mismo.

Doy vueltas, vueltas y vueltitas, una y otra vez, por el inmaculado paseo de mármol blanco que rodea la piscina del néctar, que se extiende hasta los albinos edificios que circunscriben el complejo. Junto a mí, centenares de personas hacen lo mismo. En cada esquina nos ofrecen agua fresca y chai. Al ser todo blanco y luminoso, el Harmandir Sahib brilla con mayor intensidad, mientras en el agua su reflejo se expande en todo su esplendor y el cielo se mantiene azul intenso durante el día. Una combinación cromática perfecta, salpicada de mil colores por los saris y los turbantes. Cuando me canso de pasear me siento al borde del agua. Contemplo extasiada cómo se transforma todo lo que me rodea según las infinitas mutaciones de la luz. El tiempo pasa sin ser consciente de ello. La lectura del Gurú Grant Sajib, amplificado desde la plataforma por unos altavoces, baja de volumen cuando la oscuridad devora el ocaso, y las enseñanzas se enroscan en la noche como una suave letanía que anestesia a los peregrinos que prefieren dormir junto al néctar, y a su casi imperceptible movimiento, que en los albergues gratuitos. Custodios sikhs, con largas lanzas, velan sus sueños. La iluminación es sutil y el impacto sensitivo me queda grabado en la conciencia.

En la retina llevo grabada la imagen de los guerreros Sij Nihang. Llamados así por la palabra persa «nihang» —que significa «cocodrilo»—, un sobrenombre que los persas otorgaron a estos guerreros porque luchaban tan ferozmente como los salvajes reptiles. No sé nada de sus valentías ni de sus crueldades en el campo de batalla, pero sus descomunales turbantes, de tres o cuatro veces el tamaño de sus cabezas, me tienen completamente hechizada. Armatostes de unos veinticinco kilos aproximadamente, bajo los cuales esconden todo tipo de dagas, cuchillos y espadas de diferentes tamaños; además de una cadena de hierro por si las cosas se ponen serias. Tocados atiborrados por fuera de cuchucientos símbolos religiosos. Visten siempre de color entero, combinando el azul eléctrico, el amarillo y el anaranjado. De los codos hasta las muñecas llevan gruesos brazaletes de hierro. Del cuello les cuelgan malas de oración con cuentas de acero, que no se rompe como las cuentas ensartadas tradicionalmente y resisten las batallas. Infaltable la elegante y prominente espada. Por nada se sumergen en el agua sagrada, pero circulan como todos. Siempre muy dignos y garbosos. Personalmente los sigo con disimulo, eso creo yo por lo menos. A la primera oportunidad que se me presenta, les meto conversa, les tomo fotos. Al que más persigo es a Baba Jagir Singh, mi predilecto modelo bélico. Una leyenda. Un anciano de ochenta y largos años, cuyo turbante la aumenta medio metro más de altura. La gente se acerca a comentarme, cuando me ven con él, que es el «único ser humano al que se le puede ver desde el espacio». Me parece genial, le da color de altura al templo de oro.

Si de turbantes sikhs se trata las anécdotas sobran. Si vas al cine, por ejemplo, y te toca un sikh adelante, perdiste. De hecho solo ves una fracción de película. En una época, implantaron la ordenanza de que todos los que circulaban en moto debían de tener casco sí o sí. Se tuvieron que mandar a hacer cascos especiales para sikhs, pero al final se rehusaron a usarlos. Supongo que encontraron más que suficiente, para cualquier nefasto impacto, la cantidad de tela que ciñen sus cabezas.

Una de las peculiaridades de los sikhs es la forma como eligen los nombres. Su oposición a la estratificación social es tan fuerte que prefieren evitar el apellido, muy ligado a la identificación de las castas. Usan solo su nombre de pila seguido de Singh (león), en el caso de los hombres, o Kaur (princesa) en el caso de las mujeres.

Uno se imagina que deben ser súper creativos con los nombres para no llamarse todos igual, pero no sabría qué decir al respecto. Al bautizar a los recién nacidos, se abre al azar el Gurú Grant Sahib y, sin pensarlo mucho, se elige un nombre, cuya inicial se toma de la primera letra de la esquina izquierda de la página izquierda. Nada que ver con la selección de nombres para los recién nacidos occidentales, que tienen ocupados a sus padres durante nueve meses haciendo listas de nombres que van sacando de Internet, comparando y descartando. Otro cuento, libre de castas.

Las castas es todo un tema indescifrable. Quizá tenga que ver con la desagradable costumbre de los indios de poner directamente sobre los pasteles los mugrientos billetes y monedas al momento de pagar por ellos o de entregar el vuelto. Imagino yo —no es una afirmación— que debe de haber algún tipo de rollo entre ellos con el asunto de las castas y pasarse el dinero de mano en mano. Especulo en ello, mientras espero que me atiendan en una dulcería, cuando un bus se cuadra justo delante del local, sobrepasando en tamaño su frontis. De este desciende un grupo de niños fenómenos, seguidos de una guapísima y cosmopolita mujer india de entre treinta y cuarenta años. Veo que todos la saludan muy cariñosamente, que su carisma es bastante reconocido en la ciudad. Quedo prendida, una mezcla de profunda compasión, y morbosa atracción, me invade. Quiero retratarlos. Espero que todos hagan su pedido, que estén disfrutando de las calorías, para acercarme a la dama. Manni Kaur es su nombre. Me cuenta que Hope Compasión, una organización benéfica de los sikh, ayuda a personas en desventaja social, que queda a las afueras de Amristar, que ella vive en Londres pero viene a ayudar siempre, que ama a estos niños, que al día siguiente se regresa a Inglaterra, que si quiero ir mañana es el día.

Claro que voy. El lugar es impresionantemente grande, con pabellones para todo tipo de personas y antecedentes. Mujeres con enfermedades psiquiátricas, hombres con los mismos problemas, muchachas violadas y traumatizadas por distintas circunstancias, discapacitados, ancianos, niños sin padres, áreas para los que tienen necesidades educativas especiales, para los que necesitan algún tipo de servicio de reinserción familiar o social, un anexo de psiquiatría forense y otro para los olvidados de la sociedad. Manni me hace un circuito por las instalaciones, nos acompaña un número considerable de niños con problemas y un par de técnicas. Entramos a una sala de mayólicas, donde un *jacuzzi* nuevo espera ser estrenado. Me explica que la hidroterapia estimula a las criaturas. Se mete vestida y le van pasando los niños por turnos. Ellos sueltan gritos de júbilo, se retuercen al contacto con el agua, solo uno expresa rechazo. Veo las escenas y siento que me estoy enamorando de ella. Que si fuera hombre le pediría la mano en ese mismo instante. Me provoca abrazarla, y por supuesto que lo hago apenas puedo; ella me corresponde, al igual como lo hace con los niños. Finalmente nos encaminamos al sector de los pequeños. Manni lleva en brazos a unos siameses unidos por el tronco, solo llevan puesto un calzoncillo seco. La escena es enternecedora. La rodean por la cintura con sus piernecitas delgaditas, mientras el tronco parece un tremendo corazón, con dos cabecitas que salen hacia ambos lados. Los cuatro brazos se cuelgan de su cuello, de tanto en tanto una manito acaricia su rostro. Ella les da besitos esquimales intercaladamente, les hace cosquillas en diferentes partes del cuerpo, aunque ellos no siempre reaccionan a la vez.

La casita de los niños, rodeada de jardines y juguetes, nos recibe con todas las ventanas y puertas abiertas. Entre besos, abrazos, crayolas, pinturas, fotos, jardinería y juegos de carpintería disfrutamos de la vida. Me entrego por entero a sus requerimientos, todos me jalonean para jugar conmigo. Ninguno me pregunta mi nombre, me llaman Di di (hermana). A pesar de sus carencias y problemas, son los chicos más felices y agradecidos que he conocido. Me endosan su riqueza. Me llenan de agradecimiento.

Manni se pasa gran parte del tiempo en su cuarto, acomodando sus cosas, aunque mucho no la dejan. Por ratos la encuentro tirada en la cama, rodeada de niños. Los espacios que quedan libres sobre la colcha están cubiertos de revistas, álbumes de fotos, regalos, pañales, dulces y botellas plásticas con jugo. La ternura se dispara hacia todas las direcciones, el amor es lo que sobra. Los siameses son los más protagónicos, no descansan nunca, son unos diablillos. Es evidente que viven en una constante negociación, porque a veces uno quiere sentarse, mientras el otro quiere caminar. Incluso cuando ambos están parados siempre uno queda más erguido y el otro cuelga por un costado, y no necesariamente es el mismo. Lo psicomotriz debe de haber demandado todo un aprendizaje, mientras que los afectos ya son otro cantar.

Se acerca la hora del vuelo de Manni. Tiene que partir al aeropuerto y la despedida con los niños es muy triste. Uno de los siameses tiene una pataleta tremenda. Se echa en la cama y patea con fuerza, su llanto es un compuesto de alaridos desgarradores, parece que no quiere por nada que Manni se vaya. A su lado, su otra cabeza ni se inmuta. Solo le presta por entero el cuerpo a su hermano para que exprese su disgusto, para que persuada a la mujer que tanto llena sus vidas. Ella lo consuela con tiernas palabras en punjabi, pero él no quiere escuchar, simplemente no quiere que se vaya. El desenlace está cantado.

La veo alejarse en un Jeep de la institución. Junto a mí, los niños no dejan de hacerle adiós con la mano. Cuando su imagen nos deja por completo, varios me abrazan y sollozan en mis brazos; otros me apuran para retomar los juegos. Me siento tremendamente afortunada de estar aquí con ellos, nunca he recibido tanto amor como en este día, no necesito nada más en la vida. Al instante, el impertinente de mi ego se hace presente. Me reprende por haberle prometido a Manni jamás publicar las imágenes de estos chicos. Me tomo unos minutos para ver en la pantalla de la cámara los instantes capturados durante el día. Qué pena, me digo, pero promesas son promesas. Miro a mi muerte y le pregunto si no puede darle un zarpazo a este desubicado ego mío, como anticipo de herencia digo. Mi muerte me mira desde mi izquierda, con una sonrisa mueve la cabeza como diciendo: «Ay, mujer, qué cosas se te ocurren».

Tentando al destino

La armonía cromática del lago Dal es digna de un acuarelista. El empleo de la misma paleta de colores en las casas de madera, tendidas en hilera en la ribera más cercana al área urbana, en los *houseboats* —barcos viviendas— y en las shikaras —una especie de góndola de cuatro metros manejadas con una sola pala—, mimetizan todo lo construido por el hombre. Elementos que se reflejan, con una ligera distorsión lineal, colgados de cabeza como un espejo sobre las lentas fluctuaciones del agua. «Lo que se busca es abarcar los matices de los cambios de estación, en especial los de la eterna primavera», me cuenta Abdul, un apuesto musulmán, de rasgos muy finos, cejas pobladas, mirada intensa, cabello negro azabache y una tupida barba color cucaracha teñida con henna. Barquero que se conoce todo el teje y maneje dentro del lago y un *houseboat* donde llevarme.

El Dreams Palace, el *houseboat* al que me trae, sin nada que lo identifique como hospedaje, me ofrece un aposento inmenso. Con una cama *queen* algo disminuida ante tanta alfombra persa. Echarse en esta es como flotar en el mismo lago, ya que las paredes son persianas de madera que se abren por completo a babor y estribor. Al igual que los dos compartimentos continuos. En el primero está el lavamanos y la tina; el segundo ya es la mera popa, allí está el silo. Sin vecinos a la vista, mantengo ambos espacios abiertos para contemplar, mientras los ocupo, el encanto de las flores de loto.

Tras una noche de cuento, mientras me registro, tres jovencitos prestos a zarpar en canoa me proponen ir con ellos. No me provoca para nada, recién estoy llegando. Otro día será, agradezco pero no. Para persuadirme, uno me suelta el precio de alquiler de la misma, que afirma ser igual al paseo con un local. Salimos al tiro.

Caigo de inmediato en un letargo dominguero debido al lento y continuo meneo de la canoa, que apenas simula una línea que se eleva sobre el nivel del agua, prácticamente no sobresale. Con tenues impulsos el remo la desliza sobre la superficie líquida, la cual se ensancha por trechos para dividirse y estrecharse luego en caprichosos canales. Sendas angostas que nos precipitan a chocar calculadamente con otras canoas. Impactos que son seguidos de un roce continuo y chirriante, hasta que ambas embarcaciones se desprenden en su direccionalidad. Antes de tal desenlace, musulmanes, algo más apurados, nos saludan con grandes sonrisas. Uno nos pide detenernos, comparte con nosotros su té y con los chicos su narguile —pipas de agua para fumar tabaco—. Finalizada la tertulia retomamos aguas más abiertas. Estrechas islas pobladas van apareciendo. Todas estas atravesadas de cables eléctricos, con puentes de madera y una reducida plaza, donde los niños se mecen en columpios de hierro. Las personas nos llaman desde sus hogares para saludarnos. Los niños sobrepasan en cantidad. No tengo idea de cómo manejan el control de natalidad en el islam, que es lo que manda Alá, pero la abrumadora presencia infantil revela una realidad opuesta a cualquier tipo de planificación. Sin planificación se desarrolla el mercado flotante, al que de un momento a otro nos encontramos inmersos. Con canoas sumergidas por el peso de las coliflores, sandías, verduras, frutas, panes, plantas y alfombras. Cada vez son más y en segundos quedamos literalmente comprimidos entre varios comerciantes, todos varones. El vehemente movimiento de las aguas amenaza con voltearnos hacia cualquiera de los lados laterales, de irnos de bruces sobre los tomates o sobre los sacos de oculta mercadería. Las canoas rechinan al frotarse y ninguna se puede mover. De pronto se pone a llover. Propongo volver. Antes de ponernos en movimiento ya estamos completamente mojados.

De regreso delibero sobre la probabilidad de que abran la carretera a Ladakh, mi objetivo final, por lo que realmente estoy acá. A Ladakh solo se puede acceder con suerte durante los tres meses de verano, el resto del año permanece bajo nieve. Cuenta con dos rutas de acceso: por Manali (norte-sur), que ofrece unas vistas increíbles al Himalaya, o por Srinagar (este-oeste), muy próxima a la línea de fuego entre India y Pakistán. Opción un tanto incierta, ya que Srinagar no cuenta con transportes regulares a Leh, el pueblo más habitado de Ladakh. Tampoco se puede alquilar un Jeep y nunca se sabe cuándo saldrá uno. Pero como me atrae el peligro, y tengo tiempo, opté por este acceso, consciente del riesgo. Así que aquí estoy, en Srinagar, la capital del estado de Jammu y Kashmir, la manzanita de la discordia entre ambos países.

Una zona altamente conflictiva desde la independencia de India. Cuando la India y Pakistán se desligaron, y empezó la gran controversia de si la región, que nunca formó parte de la India británica, debía anexarse a la India o a Pakistán. La población era predominantemente musulmana, pero por alguna razón Jammu y Kashmir era un principado gobernado por un maharajá hindú, en cuyas manos se dejó la decisión de fusionarse con el Pakistán musulmán o con la India hinduista. Los ánimos estaban muy agitados por aquel entonces y no había que ser adivino para saber que, sea cual fuera la decisión que tomara, el desastre se avecinaba. La Guerra indo-pakistaní, también llamada la Primera Guerra de Cachemira, se desencadenó en octubre de 1947. Desde entonces el área de Cachemira sigue siendo un punto picante entre los dos países. La postura oficial de la India es que Cachemira es una parte integrante de la India, mientras que la posición oficial de Pakistán es que Cachemira es un territorio en disputa, cuyo estatus definitivo solo puede ser determinado por el pueblo de Cachemira.

El pueblo de Cachemira afirma ser islámico hasta el tuétano. Hablan en cachemir, lengua cuya escritura usa el alfabeto persa y proviene de Irán. Aun así, nadie entiende mi reducido vocabulario árabe, aprendido en Medio Oriente, con el cual fácilmente podría desempeñarme en Irán. Las mujeres no usan burka, y surcan las aguas con tal destreza que ponen en evidencia que por estos lares no tienen mayores restricciones para desenvolverse. Sus mezquitas, construidas en su mayoría en el siglo XIV, son tan recargadas en su decoración en papel mache como escuetas en asistencia. En el casco viejo los creyentes toman largas siestas sobre los tapetes destinados al sajdah —la postración a Alá, en dirección a La Meca—. No se dan por aludidos a la hora de la oración, ni dejan de hacer lo que están haciendo. Son unos musulmanes un tanto relajados, me da la impresión. Quizá por ello no hacen el mínimo esfuerzo por pasarse a Pakistán. Mejor que otros se ocupen de esos temas, la armada, por ejemplo. A mi parecer prefieren hacerse de la vista gorda. Incluso percibo un solapado esfuerzo por demostrar lo a gusto que viven todos, como pretender exportar su realidad como celestial, irónicamente en constante alerta de guerra. Quizá para atraer visitantes —no lo sé— o para evadir la realidad. Insondable de alguna manera y nada inmaculada. Por algo se dice que no es un destino recomendado para turistas. De hecho la *Lonely Planet* recomienda evitar la zona bajo peligro de secuestro. Afirma que es indispensable contactar primero con nuestras embajadas para que estén al tanto. La *Lonely* siempre exagera.

Una semana después, de holgazanear sobre las aguas de este artificioso paraje, la monotonía se instala. El aparente paraíso continuo me produce hastío. Tal cual fui advertida, no hay transportes ni ser humano que pueda darme reales coordenadas de cómo salir de aquí, de cómo abandonar Srinagar. Tampoco hay noticias de lo que pasa fuera de estas tierras. El mañana no existe. Mañana abrirán la carretera, mañana tendremos noticias de cómo está el clima o, por último, un mañana con trasportistas en huelga. Nada. Me encuentro atrapada en un reino gobernado por la atemporalidad. Ahora entiendo el secuestro que menciona la *Lonely*. Es bastante subliminal.

La realidad cambia completamente de apariencia. Los días conforme transcurren van perdiendo su sentido, se vuelven etéreos. El tiempo, en todas sus connotaciones, se convierte en el centro de mis cavilaciones. Un tiempo que solo existe en función de mi espera. Tan distante al tiempo de una mujer embarazada, al de un corredor de bolsa, al del físico, al de Buda, a la rotación del sol, al tiempo a través de las horas. Trato de no pensar más en ello y permitir que el silencio me alcance. Pero mi mente no lo permite. Me machaca minuto a minuto lo absurdo que es viajar con expectativas. No deja de refregarme en la cara que las rutas trazadas y los tiempos fijados no son más que nuestra necesidad de control. Sé que casi ningún aspecto de la realidad está bajo nuestro control, aun así mi respuesta emocional al momento no da cabida a la aceptación. Simplemente mi ego está frustrado, se siente con el embrague enganchado en un estancado tiempo presente. El único movimiento que advierte es el del «Palacio de los Sueños». Que, al igual que el resto de *houseboats*, se mece en estas aguas desde la época de la colonia, cuando el emperador de Cachemira logró negarles a los británicos la posesión de tierras en la región, y estos se las ingeniaron construyendo barcos-viviendas.

El Dreams Palace es administrado por un hombre cuya edad anda por los setenta. Vive a bordo con su hija y su nieto. El niño de cuatro años es hiperquinético. Me persigue con una larga caña, que balancea como si fuera una espada. Siempre lleva como única prenda la parte de arriba de su piyama de felpa. Le encanta mostrarme su pirulín. Cuando se cansa de blandir su espada me apunta con el pirulín. La madre tiene algún problema psiquiátrico. Se le ve algo aturdida, pero es feliz. Baila y da de risotadas el día entero, sin motivo aparente. El viejo es insoportable. Embustero. Un día te retiene con promesas o servicios incluidos y al día siguiente si te vi, no lo recuerdo, o si algo te ofrecí, se me olvidó. No sé qué nivel de alzhéimer finge tener. No tiene ninguno, simplemente es un zorro viejo. Tiene su propia interpretación del clásico sab kuch milega: *everything is possible*. Insiste en saber de mi vida, de dónde vengo, en qué trabajo y por qué no vino mi marido. Me cansé de evadirlo. Finalmente, le digo que trabajo en el Departamento de Recursos Humanos del Ministerio de Asuntos Internos de mi país, uno muy lejano llamado Perú. No me pregunta más y toma distancia. Posiblemente para que no le endose nada de mi tediosa existencia. Entretanto, los muchachos no dejan de deambular a mi alrededor. Ellos y yo representamos los únicos cuatro forasteros en la región.

No recuerdo sus nombres, pero sí sus nacionalidades: ucraniano, sueco y kazajo. El mayor no pasa de veinticinco años. Ellos más que nadie han perdido la noción del tiempo. Han venido hasta acá solo por el opio. Gozan del «viaje» sin percatarse si es de día o es de noche. El viejo no escatima esfuerzos para mantenerlos en el trance. Apunta con afán en su libro hasta el aire que respiran. Está cantado que luego les dará el palazo con la cuenta. Les va a pasar la factura por todo lo que han consumido y por todo lo que «ellos se olvidaron de registrar», y ninguno de los tres estará en condiciones de alegar.

A cierta distancia observo cómo se van manifestando sus estados alterados de conciencia, cómo toman vuelo sus *trips*. Mi mente misma se lanza a viajar, a recordar, a ser perseguida por las imágenes de mi vida a la misma edad. De joven uno tiene más tendencia a experimentar sensaciones y vivencias nuevas, es parte del proceso de encontrar el propio Yo. El cual no existe en realidad, si partimos del hecho de que no somos productos acabados, sino el resultado de dar nombre y apellido a un grupo de agregados en constante transformación. Agregados como son las sensaciones, las percepciones, los impulsos, la capacidad de discernimiento, la conciencia y muchos más. Ninguno de estos permanente ni independiente, por ende nosotros tampoco. La ciencia lo ha demostrado, estamos vacíos de hasta el menor átomo de autoexistencia. A pesar de ello, para enmascarar nuestro ego, nos aferramos a un «yo», carente de sustento, y lo hacemos real.

Por otro lado, y en aparente contradicción con lo antes formulado, «encontrarse a sí mismo», a cierta edad, tiene mucho más valor del que creemos. Tomar distancia y alejarnos de nuestro entorno cotidiano nos ayuda a reconocer quiénes somos en realidad, no en quienes somos a los ojos de los demás. Cuando eres uno más en tu sociedad, cuando se comparten los mismos patrones de conducta y las metas se entrecruzan, es difícil distinguirse con toda claridad. Poder viajar a tierras lejanas, con idiosincrasias y conflictos abismalmente opuestos, es una buena oportunidad para confrontar nuestra visión del mundo, para reconocernos ante lo inesperado. Como cuando estás metido en tu propio cuento y un grupo de leprosos, como gatos, intenta frotar sus muñones en tu cuerpo exigiendo caridad. Un ejemplo un tanto brutal, pero verídico, que te hace reaccionar, reconocer cómo actúas ante cada estimulo, cuáles son tus verdaderos y personales valores. De jóvenes nos precipitamos a estos enfrentamientos. La búsqueda de nuestra propia identificación se vuelve una necesidad, una urgencia fundamental. La India en este sentido es el mejor campo de entrenamiento, aquí no puedes escapar a ello. Te enfrenta con realidades tan extremas y violentas que te obligan a «ubicarte» rápidamente. Sin anestesia, sin terapias, sin psicólogos, sin psiquiatras, sin *coachs*. La India si no te cambia te remece. En el proceso te hace vomitar lo que tienes dentro. Empieza por extirparte las costras que se han formado en tu inconsciente, que nunca te imaginaste poseer. Hace que afloren cuando menos lo piensas. En definitiva, crecer duele y a veces hay que tener cojones para trascender el simple acné, las propias convicciones y lo que nos ha impuesto nuestro entorno. Solo que los jóvenes nunca están solos. Hay millares que salieron de casa con un mochilón lleno de apegos, opiniones, expectativas y precauciones de mamá. Dispuestos todos a encontrarse a sí mismos, a ver qué hay más allá de la realidad aparente. En la ruta se buscan, se atraen, se acompañan, se escuchan, están juntos en la juerga, en la movida y en el revolcón. La resaca es mental y colectiva. Experiencias que constituyen una vital etapa de la vida.

Cuando uno ya tiene sus años, no viene a la India a buscarse. Ya sabemos quiénes somos, con qué pie cojeamos. Aunque no queramos darle la cara al monstruo que tenemos dentro, lo tenemos bastante identificado. Conocemos nuestros lados más oscuros, nuestros demonios. Nuestra posición «madura» es saber dominarlos, controlarlos. En cierta medida sabemos cómo hacerlo, desde infantes los hemos estado reprimiendo inconscientemente por vergüenza o por culpa. Conforme estos se han ido manifestando, cuando se nos ha «salido el indio», hemos aprendido a ocultarlos, primero a nosotros mismos, después al resto. Los ubicamos tras la espalda de nuestro ego. Luego, para no volvernos locos, y liberarnos de todo lo indigesto que nos molesta de nosotros mismos, lo proyectamos en otros, encontramos chivos expiatorios a quienes endosárselos, en quienes recalcar tales bajezas, a quien culpar.

En vez de ser seres de luz, desarrollamos mecanismos para afianzar nuestro ego. Buscamos incesantemente aceptación y reconocimiento para fortalecerlo. Para ello, nos presentamos ante cada persona con una cara nueva y mejorada de lo que más nos agrada de nosotros, como los platos en las mesas giratorias de los chifas. Siempre intentando cautivar y engrandecer nuestro nombre y apellido, nuestra imagen.

Termino de conceptualizar esta diferencia generacional, de la cual hasta el momento nunca me había detenido a pensar, y la pregunta es inmediata: ¿Y mi «no-yo»?, ¿en qué está? La sola formulación, con la madurez como referente, me deja en puntos suspensivos. Titubeo que es interrumpido por Adbul, que aparece de improviso en el barco. Me avisa que un Jeep a Leh está por partir.

De Srinagar a Leh son cuatrocientos treinta y cuatro kilómetros, trayecto que toma dos días de viaje. Son doce horas en ruta por día, si no hay contratiempos, y pernoctando en un refugio gélido y pestilente. Con dirección al Himalaya, la carretera es espectacular, pedregosa y peligrosa. La mayor parte del tiempo el camino es fangoso, con precipicios espeluznantes y curvas de infarto. Lo mejor es no mirar hacia abajo o no hacerlo con demasiada frecuencia. Hay pasos de montaña particularmente riesgosos, donde solo es posible el tránsito en un sentido. Los coches se detienen en estos puntos y se forman largas colas. Cada chofer se baja de su vehículo y estudia muy bien por dónde va a pasar, antes de aventurarse a ello. Yo no quiero ni verlo. Ni bajo del Jeep. Tanto indeciso afuera me produce angustia. Como si fuera poco, a los lados del camino, algunos letreros poco amistosos te recuerdan que: «Estás a distancia de tiro del enemigo» o que «el enemigo te observa».

El desplazamiento militar es continuo y exagerado. Convoyes interminables, de tanques y vehículos blindados, se desplazan de un lado a otro. Cuando el ancho de la trocha lo permite, hay que orillarse por largo tiempo para que puedan pasar. No terminan nunca de pasar, siempre son demasiados. Parten de diferentes bases militares, diseminadas por el área y medias ocultas bajo la nieve, para dirigirse a sabe Dios dónde. Como si la guerra estuviera encendida a la vuelta de una montaña. Impresiona la cantidad de inversión que la India destina para mantener activa tanta tropa.

Al segundo día, el atuendo militar y el islámico empiezan a barajarse con el hábito guinda de los monjes budistas. Picos nevados y montañas de granito ostentan su grandeza. Empequeñecidas ante tal naturaleza, diminutas aldeas, con sencillas estupas y banderas de plegarias, empiezan a ser cada vez más frecuentes.

En el penthouse del planeta

Lo veo y no lo creo. No hay forma, hasta allá no llego. Que si subo ya no bajo. Lo pienso dos veces, calculo el peso de mi equipo y contemplo mi objetivo. Encaramado sobre un promontorio rocoso, y con indudable parecido al Palacio Potala en Lhasa, se eleva el Thiksay Gompa, construido en el medioevo como monasterio y fortaleza.

Llegar hasta uno de los lugares más remotos del mundo ya es bastante, me digo a mi misma, ahora no puedes arrugar. Respiro profundamente, lleno mis pulmones de aire puro y empiezo a subir, peldaño a peldaño, por el laberinto de gastados escalones. Estancias dispuestas en diferentes niveles cuelgan del barranco. A través de algunas puertas entreabiertas vislumbro la austera vida de los monjes. El monasterio, de doce pisos pintados de ocre, rojo y blanco, y con un total de diez templos, corona el dédalo.

En cuatro patas, con la lengua afuera y sin aliento, hago cumbre. Los monjes que me cruzo, en este cielo donde se han subido, no son muy comunicativos. Aparte del encargado, ninguno me dirige la palabra. Ahora comprendo cómo Ladakh, al igual que Bután, han logrado mantener intacta la cultura y vida monacal budista tibetana.

Vida monacal que presencio, minuto a minuto, desde las cuatro de la madrugada, cuando se enciende la cocina a leña estilo ladakhi, con incrustaciones de corales, turquesas y otras piedras semipreciosas. Agua, leche y té verde se hierven en esta. Aparte, en un tronco ahuecado, disuelven mantequilla de búfalo. Cuando queda bien derretida la vierten en la gigantesca olla. Entretanto, una fila de teteras se va formando, tras ellas aguardan ansiosos monjecitos. Apenas las reciben, repletas del *butter tea*, parten apresurados, pero con dificultad, hasta la sala de oración, en cuyo interior, sumergidos en la semioscuridad, los monjes recitan sus agudos, profundos y monótonos rezos. Vacilantes lamparillas, alimentadas con manteca rancia de yak, permiten distinguirlos. Por momentos cabecean, dormitan, hasta que un monjecito les rellena el cuenco con té.

Entre tazas y teteras encuentro una mañana a un grupo de ellos. Deshojan una pila de cuadernos de oración, a simple vista muchas veces recitados. No lo comprendo y, como son de pocas palabras, solo observo. Las extirpan y agrupan por números iguales de página. Luego arman subgrupos de menor tamaño, que enrollan y sellan con una telita color azafrán, dejando siempre al descubierto el número de página. Tres días después de verlos entregados a tan minuciosa labor, y bajo alguna pauta de numeración que desconozco, empiezan a rellenar con ellos estatuas de budas y otras deidades hechas de bronce. Las mismas que hasta el momento han estado presentes con la cara tapada con una gaza blanca. Vendas que retiran cuando las estatuas quedan bien selladas con los rezos al interior. Logro comprender que están destinadas a los comercios de Leh, al mismo monasterio o como dádivas a otras gompas.

Decenas de antiguas gompas —así les llaman acá a los monasterios budistas tibetanos— rocían el fértil valle del Indo. Un valle que podría semejarse a cualquier lugar del mundo, si no fuera por sus dimensiones. Solo la maciza cordillera del Himalaya, con picos que llegan a pasar los ocho mil metros de altitud, puede dejar a un valle de alta montaña convertido en una miniatura. En el nivel más bajo e inmediatos al río Indo, uno de los ríos más largos del continente, que pasa por China, India, Pakistán y desemboca en el mar Arábigo, se extienden campos de cultivo de intrincadas particiones. Llano verde que en breve se funde en un desierto mineral de un gris monótono, transformado luego en altas y alineadas montañas de cumbres nevadas. A los pies de estas, enanas elevaciones sostienen liliputienses monasterios. Visto desde nuestra visión ordinaria, al nivel del río, se trata de prominentes montañas pétreas sosteniendo imponentes monasterios medievales. Puntos elevados y soleados estratégicamente orientados para hacer frente a los meses de invierno, cuando el viento sopla en ráfagas glaciales y la temperatura baja a menos treinta grados centígrados.

Afortunadamente es verano, *festival season*. Ladakh celebra la llegada del sol y los monasterios son los principales promotores. Thiksay Gompa no participa, así que o bajo o me lo pierdo todo.

Decido desplazarme a dedo, dado que el transporte público pasa una vez al día y sin horario establecido. Mi primer aventón me lo da un musulmán en un destartalado camión, con una reluciente media luna con la estrella del islam hecha de hojalata y montada en el techo.

Desconozco qué hay para conocer. Al no saber a dónde me dirijo, el chofer no sabe dónde avisarme. Avanzamos en silencio.

Ante un despliegue monástico, al borde de la vía, le pido que se detenga. Bajo. Con tocados rojos, parecidos a la mitra papal, unos cuantos monjes cargan címbalos, tambores y trompetas.

Algunos monjecitos, con los brazos extendidos y las palmas de las manos hacia arriba, sostienen sin moverse delicadas katas de seda. Otro grupo de infantes, con sombreros grandes y redondos, exhibe estandartes con brocados tibetanos. A ambos lados de la pista se enfilan todos. Esperan el paso de un gran maestro espiritual para darle la bienvenida.

Lo que pasa son las horas, casi se pasa el día entero. Soy la única que expresa aburrimiento. Los budistas son maestros en el goce de la impermanencia del tiempo, lo deben haber aprendido en India. Más allá de unas cuantas caravanas militares, y uno que otro camión, no hay mayor circulación. Aun así todos permanecen atentos en sus puestos. A mediana distancia se divisa alto y sobrio el monasterio al que pertenecen, Stakna Gompa. Finalmente, la caravana tan esperada cruza la vida de todos los presentes. Desde tolvas e interiores varias personas saludan, los monjes hacen todo el ruido posible por escasos segundos y eso fue todo.

En otro aventón diviso, desde mi asiento de copiloto, un monasterio aislado y enclavado en lo alto de una colina, dominando un paisaje lunar. Al descender del coche decenas de estupas me encaminan al Chemrey Gompa. Traspaso su grueso portal y encuentro a todo el monasterio ensayando una coreografía. Dan vueltas por el patio como si bailaran en pareja, pero sin pareja, sosteniendo entre las manos un objeto inexistente. Solo uno lleva el orden de los pasos apuntados en un papel, que repasa y comunica a cada paso. Por la concentración que muestran, recorro la gompa casi en punta de pies. Creo que no notan mi presencia, ni tampoco mi partida.

Conforme pasan los días me voy trazando objetivos

concretos, como los grandes monasterios y sus festivales de máscaras. Máscaras endemoniadas de colores intensos, grandes colmillos, tres ojos y muchas calaveras. Rostros brutales que se barajan con luminosas máscaras de buda y apacibles deidades. Sofisticadas mascaras rituales, acompañadas de abundante y recargado ropaje, tras las cuales los monjes danzantes permanecen en el anonimato. Se mueven lentamente, como si estuvieran repasando en su mente los pasos insuficientemente practicados, guiados por el sonido de los tambores resonantes. En absoluto silencio, y apretujados en el arcaico patio, los espectadores los seguimos con la mirada. Un fastidioso monje, que cobra por mirar, nos interrumpe una y otra vez, por fotos quiere más. He disparado demasiadas desde el mismo lugar, la luz se me está poniendo en contra, el desplazamiento es limitado, me largo.

Lejos de la celebración, y diseminados por los recovecos del mismo monasterio, otras escenas demandan mi atención. Monjes como soldaditos de plomo, sentados inmóviles sobre cojines en el techo, recitan mantras y giran sus malas de oración. En un claustrofóbico cubículo de un metro cuadrado, sepultado entre libros ceremoniales, empolvadas ofrendas y dinero colocado en una bandeja, a modo de donación, un anciano monje, casi adherido a un tambor, no deja de golpearlo con la baqueta. Le dedica una puja a una deidad. Husmeando por oscuros laberintos, y siguiendo a un ramillete de monjes, llego a la cocina. Lúgubre, con una irrisoria luz que pasa por un tragaluz. Las paredes están todas rajadas y la leña sofoca a los presentes, quienes se aglutinan por un té, un plato de comida o un simple respiro ante tanto festejo. El cocinero me ofrece un té, que no logro beber a falta de tazas libres. El espacio se abre a un comedor, apenas iluminado por unas cuantas velas. En mesas, de altura japonesa, unos agotados bailarines comen casi en tinieblas, algunos con cubiertos, pero la mayoría con la mano. Deslucidos dragones pintados de colores se vislumbran entre la oscuridad.

Me retiro del Hemis Gompa —construido en 1620— resignada a descender a pie su escabroso acceso montañés. En el trayecto se detiene un Jeep de turistas nacionales. Me ofrecen jalarme, me ubico en el hueco de atrás. Al bajarme en el Tilskey Gompa no encuentro a quién dirigir mis agradecimientos. Nadie me mira, todos observan con vehemencia el espacio que acabo de ocupar, constatan que no les haya robado nada. *Okey, jullaaaaay*, le agradezco al viento en ladakhi.

El festival de máscaras de Lamayuro, la gompa más antigua de Ladakh, es otro cuento, palabras mayores. En su patio central, amplio y despejado de todo obstáculo, los bailarines vuelan, ejecutan danzas enérgicas. Giran y giran hasta quedar como campanas sus aparatosos atuendos. De tanto en tanto echan la cabeza hacia atrás, mientras elevan, mueven y golpean sus tambores con movimientos trémulos. Desde el techo de la gompa verlos rodar haciendo círculos, sobre el dibujo en espiral del suelo, pintado con tiza y en proceso de extinción, me quita el aliento. Los siento una mezcla de geishas y samuráis.

Ostentan feroces máscaras zoomorfas, con expresiones desafiantes; máscaras de demonios con marciales sombreros y altas banderas que salen de estos; máscaras de lozanos venados con pañuelos de colores que llegan hasta el suelo; máscaras que salen de escena por momentos, cuando histriónicos rostros monacales exigen protagonismo. Algunos laureados por potentes tocados de serpientes, sostenidos y sosteniendo calaveras blancas que coronan con un llamativo dorge en lo alto. Otros arremeten contra el aire con escudos y sables. Las caras pintadas, largas trenzas con víboras enroscadas y sombreros simulando platillos musicales.

Tambores rituales marcan los pasos. De tanto en tanto se suman varios dung-chengs. Con gran esfuerzo los acarrean un grupo de monjecitos que entran y salen del patio. De cuatro metros y medio de largo, estas trompetas de cobre vienen divididas en tres secciones que encajan a modo de telescopio. Pero al estar ornamentadas para la fiesta es imposible desplegarlas, lo que dificulta enormemente el desplazamiento de los pequeños monjes. Se quedan atascados constantemente entre las puertas de la gompa, impidiendo el paso de todos, incluso el de los bailarines que se impacientan por salir al patio.

En un par de esquinas del patio se han congregado fotógrafos de todo el mundo. No sé de dónde han aparecido tantos, tan de pronto. Todos con trípodes y escandalosos teleobjetivos. Somos muy pocos los que nos movemos, los que buscamos diferentes ángulos. Lo hacemos con sumo cuidado, entre nosotros procuramos no estorbarnos.

Con respeto y discreción me infiltro por todos lados, registro la festividad desde adentro. Recorro los dormitorios de los monjes, los ayudo a colocarse el relleno que hace que sus trajes se vean voluminosos. Me cuelo en el espacio donde repasan las danzas por última vez. Me muevo como prensa y no como turista.

El festejo finaliza con un acto que simboliza el triunfo del bien sobre el mal. Con flechas y dagas, los más destacados danzantes atraviesan y decapitan un muñeco —de un metro de largo, hecho de harina y mantequilla— que yace en el centro del patio con los tobillos atados, una mano en la cabeza, la otra en el corazón y un vigoroso pene grande, gordo y erecto. Los budistas consideran que asistir a estos rituales da fuerza espiritual y buena salud.

Lo que es a mí, estas celebraciones me dejan más cansada que caballo de bandido después de un asalto. Como si fuera ligera la faena fotográfica, con su constante carga y baja mochila, tengo que escalar hasta mi aposento con los nueve kilos que pesa mi equipo. Serán muy budistas acá, pero el ascenso al Tilskey Gompa me recuerda cada día el camino de pecadores, su cruz y su calvario.

La indulgencia la recibo al llegar a mi pieza, cuando me pasan una vela y puedo recostarme unos minutos. Mentalmente repaso las imágenes capturadas. Al no poder revisarlas debo confiar en mi experiencia. Recargar las baterías siempre es prioridad, no puedo darme el lujo de consumirlas en mirar. La luz recién llega a las siete de la tarde y se mantiene prendida de continuo hasta las once de la noche. No se ven interruptores por ningún lugar. Poder cargar una batería es casi un acto de magia. Irónico, porque en el resto de India los interruptores son unos tableros enormes con una o dos docenas de tomacorrientes cada uno. Absurdo, porque los espacios siempre disponen de un solo *socket* donde enroscar un foco, a lo más dos. Así es este país, extremo hasta en eso.

Después de un esfuerzo, literalmente extremo, colapso fotográficamente hablando. Mi *laptop* está muerta, no hay forma de cargarla. Mis tarjetas están llenas y no tengo cómo descargarlas. Un ciclo de electricidad es insuficiente para cargar por completo una sola batería. Simplemente la Existencia no quiere que siga «haciendo». Me detengo.

Aflojo con los tiempos. Apago el despertador y me pierdo las pujas. Solo el sonido largo y continuo, casi infinito, de los dung-chengs logra despertarme. Sonido parecido al canto de los elefantes, extremadamente grave, de baja frecuencia, sostenido y centrado en una nota durante largo tiempo, con cambios inesperados de intensidad. Desde el techo del monasterio los monjes los tocan en pareja, con el fin de poder alternar sus respiraciones. Los otros monasterios hacen lo mismo, a cierta hora de la mañana todas las gompas se comunican a trompetazo limpio. Los ecos, maximizados por las montañas, se expanden hasta los confines del valle.

Hora de levantarse. De la cama al suelo, del suelo a la cama, de la cama al suelo. Echada, sentada, echada. Echada en la cama recibo a mi muerte, mi verdadera maestra. En este último día de mi vida me concede unos minutos para desprenderme de todas mis cargas, de todo el polvo que se ha acumulado a mi alrededor. Poco a poco la mochila se va vaciando. Me libero de mis ansias por explorar el mundo exterior, por tomar aviones, sacar visas, triunfar en la vida, comprar regalos, pagar el seguro de salud, el seguro del auto, la luz, el agua, la Sunat, el tener que votar en contra de algún candidato presidencial, el agradar a los demás, el esquema del bien y del mal, la Navidad, el Día del Padre, el Día de la Madre, el compromiso de ir de negro a velorios ajenos. En tanto las obligaciones y ataduras mentales se van disolviendo, mi vida se funde en lo opuesto. Abandono la identificación y mi ego deja de existir. Sin forma ni sustancia, empiezo a irme por un tubo sin principio ni fin, por el luminoso túnel blanco sin magnitud. ¡¿Blanco?! Una interferencia mental me devuelve a mi cuerpo terrenal, me recuerda una meditación mejor.

De la cama al suelo. No está muy limpio pero da igual, acabo de librarme de las cargas autoimpuestas y olvidé considerar los pisos que hay que limpiar. Sentada en el suelo visualizo un bosque de neblina. Entre brumas y una arboleda susurrante, diviso una puerta. Con sigilo la abro y encuentro una habitación vacía, donde una intensa luz roja me incita a desvestirme. Me despojo de mis prendas y de todas mis pertenencias materiales, las que traigo conmigo y las que guardo a través de los océanos. Permanezco un tiempo en silencio. A través de la luminiscencia otra puerta se revela. Al cruzarla una potente luz naranja, que trata de irradiar más allá del cuarto que la contiene, me enceguece. Ante su resplandor dejo mis afectos, pasiones y emociones. Permanezco en silencio. Sin hemisferio cerebral derecho paso una nueva puerta, ubicada bajo el mismo esquema de las anteriores, una al frente de la otra en línea recta. En la habitación contigua una luminosidad amarilla me absorbe. En su centro dejo mis obras: fotografías, libros, exposiciones, reportajes y escenas del crimen. Silencio. La radiante luz amarilla me encamina hacia la siguiente puerta. En la intensa luz verde primario, que hallo en la habitación posterior, abandono mis perspectivas a futuro, mis metas, proyectos y ambiciones. Silencio. Cruzo la siguiente puerta y una poderosa luz turquesa me arrebata el lenguaje. Adiós palabras, idiomas, definiciones, afirmaciones, negaciones y hemisferio cerebral izquierdo. Silencio. Sin mente, y en conciencia despierta, atravieso la siguiente puerta. La luz azul eléctrico a la que me enfrento termina por extirparme los pensamientos que anteceden al lenguaje, filosofías y pensamientos a favor o en contra. Silencio.

En estado de conciencia sin elección traspaso la siguiente puerta. Una luz violeta me envuelve al entrar, en esta dejo mis creencias y convicciones. Silencio. Prolongados rayos de luz blanca, filtrados por los cuatro lados de la siguiente puerta, surcan el espacio violeta. Urgida por ser abierta y liberada de su cuantioso contenido luminoso, me dirijo hacia esta. Al abrirla una cegadora luz blanca me abre al espacio ilimitado. No hay otro cuarto, no hay más puertas, no hay más nada o solo queda la nada. La unidad del vacío. Vacía de mí misma descanso en aquello que Es. Ya no soy, pero aun así soy. Existo con el todo, pero no como individuo definido por una separación delimitada. No soy más una isla, soy la vasta expansión del vacío. Disuelta mi mente me he llenado, me he convertido en el todo.

Cuando finalmente me libero de mis barreras mentales, y me detengo en mi andar, mi visa a punto de vencer me obliga a avanzar, a retomar el camino. Debo abandonar «da tierra de los altos pasos» y llegar a Delhi, un largo viaje de varios días con diversas conexiones.

Parto por la ruta Leh–Manali, sin saber que se trata de la carretera más alta del mundo. Es tal la altitud que dicen que se puede hablar con Dios. Famosa por sus espectaculares vistas, de las cuales poco veo. La nieve nos sobrepasa, como por tres metros, a ambos lados del trayecto. Solo se ve el camino estrecho, la mayor parte del tiempo convertido en un río con subidas y bajadas fuera de cualquier tipo de adjetivo. Cada tanto la muralla baja de altura, nos permite ver el caos que nos rodea. Un paraje completamente blanco, con montañas nevadas que se mimetizan en lo alto con la capa de nubes compactas, sin revelarnos su altura ni la forma de sus cumbres puntiagudas.

Bloques de hielo regados por todos lados, como recién desprendidos de algún glacial. Camiones haciendo filas interminables, unos cuantos volteados. Una sola máquina que intenta ayudar a todos, que levanta con su pala un carro medio sumergido que entorpece el camino. Al segundo día, en una de las tantas paradas al borde del abismo, limpio con la manga lo que evidentemente es una señalización vial: Gata Loops, veintiún curvas de herradura peligrosas. Cuatro mil seiscientos sesenta y siete metros sobre el nivel del mar. Se me escarapela el cuerpo. Pienso que si esta es la conversación que se tiene con Dios debemos estar ya en el purgatorio. Que si le suplicamos algo de calor de seguro nos manda al infierno.

Experiencia delictiva

Old Delhi es un infierno, encarna la crueldad de India. Entre la basura, gran parte perennizada como una capa superpuesta al suelo, los indigentes en mancha te lanzan sus tentáculos, exigen clemencia. Te obligan a ver virulentas colecciones de llagas y amputaciones. Otros, deformados por sus propios padres, intentan ganarse la vida de la misma manera. Las víctimas del tráfico de órganos te agobian con sus desventuras. Perros con sarna se rascan y se soban en todo lo que hallan a su paso. Cubiertos de moscas, un par de muertos descansan en la pista. Los transeúntes les tiran monedas, como si fueran mendigos que en algún momento se van a levantar y usar la limosna para comprar leña y prenderse fuego ellos mismos.

Un incendio u otro siniestro parece haber azotado Paharganj. Un *ghetto* de mochileros que hasta hoy he logrado evitar y que hoy me resulta estratégico por su ubicación. No es más que una larga calle al frente de la estación de trenes. Algo así como Jirón Tarata, el día que Sendero Luminoso dejó su huella, o como Líbano durante un bombardeo. Sin veredas, la pista luce socavada desde sabe Dios cuando, testimonio de una pretérita intención por arreglarla o de colocar cañerías. Calle flanqueada por *guests houses* con frontis inexistentes. Solo fierros que sobresalen de cuartos decapitados, como si estuvieran a punto de construir una carretera y para abrir camino hubiesen tenido que rebanar parte de las viviendas de ambos lados. Afuera de los mismos, pizarras bien afirmadas invitan al viajero: *«Welcome Confort Stay at "X" Guest House. Govt. Approved»*.

Me quedo en Delhi lo suficiente para enviar mi trabajo por valija diplomática, retirar dinero para Birmania, mi siguiente parada donde no hay bancos ni cajeros, y gastar mis últimas rupias en locutorios charlando con Kenny y Nadish.

Aeropuerto International Indira Gandhi. Pasaporte, equipaje, *boarding pass*, migraciones y *stop!*

—*Madame*, su visa es falsa. Esta visa es falsificada. Su estadía en el país ha sido un delito. ¡Sáquenle sus maletas! —continúa calumniando el indio.

Simplemente no puedo creerlo. Díganme que esto no me está pasando.

—Me la dio el Consulado de India en mi país. ¿Cómo va a ser falsa? Hace ocho meses que estoy aquí, la he mostrado infinitas veces y ningún problema. ¿Cómo ahora resulta ser falsa? —alego cuanto puedo, pero no hay caso.

—Vaya al ministerio tal y resuelva su problema. Su infracción es muy seria.

—Tengo derecho a llamar a mi embajada —exijo en voz alta.

—*No possible* —concluye el desgraciado.

Everything is possible in India, lo pienso en inglés.

—Sab kuch milega —se lo digo en hindi.

—Acá esta su maleta, *madame*. El caballero —señala a otro tipejo— le va a traer un taxi para que vaya al ministerio —me dice otro cretino.

Pierdo mi vuelo. Los quiero matar. Los odio, indios corruptos. No quiero ver a ningún indio más, que los parta un rayo. Es más, no soporto más la India, la mugre, la corrupción, el caos, pero sobre todo no los soporto a ellos. Me quiero ir, quiero salir, necesito largarme de este país. Cuantas veces has dicho lo mismo —me recuerda en absoluta calma una voz interior— cuando nadie te retenía y no te ibas. Después vas a querer volver a esta India que no te suelta, que te engancha y crea adicción, a esta India que llevas en las venas. Este es solo un episodio, persiste la maldita voz. Una batalla que ya tienes perdida. Estás vencida. Acepta la jugarreta del destino.

Con la furia que tengo no puedo. Si los miro les pego. Mejor miro al suelo, sigo sus sombras. Las sombras dicen mucho de las personas, de sus intenciones. Un fotógrafo que no sepa leer las sombras no es un fotógrafo de calle. ¿Sería muy desafiante si les tomo una fotografía? Hago crucigramas con mis pensamientos intentando distraer mi mente, bajarme el enojo de la cabeza a los pies. Cambio de táctica, comienzo a respirar por las plantas de los pies. Inhalo y exhalo por las yemas. Qué delicia respirar por el arco, uno frente al otro es como abrir los pectorales. Inhalo y exhalo por los talones.

—*Madame*, su taxi —me interrumpe un pusilánime—. El taxi ya está pagado por el Gobierno de India.

Qué gentileza por Dios, me lo comento a mí misma.

Pago trescientos ochenta y cuatro dólares con sesenta y cinco centavos por infringir la ley, por el delito cometido. Regreso al aeropuerto. La aerolínea me reconoce el boleto.

En la sala de embarque me resuenan las palabras de Thinlay Norbu cuando dejaba la India diez años atrás. Vive sin quejas, sin demandas, me decía todo el tiempo. Deja que las cosas ocurran por sí mismas, no te interpongas en su camino, no intentes cambiar nada. No sigas luchando contra todo, es un esfuerzo absurdo. El todo no está luchando contigo, ni siquiera se le ha ocurrido. ¿Por qué te enojas?, ¿por qué no puedes aceptar algún hecho?, ¿te gustaría que las cosas fueran diferentes?, ¿tienes algunas ideas que imponer a la naturaleza? Las cosas que te pasan pertenecen al mundo de las ilusiones, atestiguar es lo único que permanece en el mismo centro, en aquello que Es. Lo real no se puede cambiar, Yan Chen, lo único que se puede cambiar es la actitud. En la aceptación está la trascendencia.

India. El latido del vacío

Made in the USA
Coppell, TX
27 January 2022

72481394R00206